金砖力量

THE POWER OF
BRICS

胡必亮 潘庆中 马 勇 万 喆 等著

北京师范大学出版集团
BEIJING NORMAL UNIVERSITY PUBLISHING GROUP
北京师范大学出版社

目　录

序

胡必亮

    2022 年是金砖"中国年"。作为金砖国家轮值主席国，中国安排的相关会议和活动达 170 多场，其中最重要的是 6 月份举办的三场活动——6 月 22 日，金砖国家工商论坛举行开幕式，习近平主席出席并发表题为《把握时代潮流 缔造光明未来》主旨演讲；6 月 23 日，习近平主席主持金砖国家领导人第十四次会晤并发表题为《构建高质量伙伴关系 开启金砖合作新征程》重要讲话；6 月 24 日，习近平主席主持全球发展高层对话会并发表题为《构建高质量伙伴关系 共创全球发展新时代》重要讲话。

    利用三场重要活动，习近平主席发表了三篇重要讲话，分别回答了世界广泛关注的时代之问、世界之问、历史之问，为处在动荡变革中的世界指明了前行方向，为人类共同的未来传递信心与希望，具有重要的现实意义和深远的历史意义。

一、做出符合时代潮流的正确选择

6月22日，国家主席习近平以视频方式出席金砖国家工商论坛开幕式并发表主旨演讲。在演讲中，习近平主席提出了几个最重要的时代之问，并给出了明确答案，呼吁世界做出符合时代潮流的正确选择。

要和平，不要战争。两次世界大战给人类带来的教训是惨痛的。拥抱和平、反对战争是世界各国及其人民的共识，基于所谓实力搞霸权主义、集团政治不受欢迎。正是基于两次世界大战的深刻教训，联合国宪章开门见山地将"维持国际和平及安全"写入联合国的宗旨。

基于联合国宪章的基本精神，习近平主席提出了全球安全倡议，倡导各国坚持共同、综合、合作、可持续的安全观；坚持尊重各国主权、领土完整；坚持遵守联合国宪章宗旨和原则；坚持重视各国合理安全关切；坚持通过对话协商以和平方式解决国家间的分歧与争端；坚持统筹维护传统领域和非传统领域安全。在6月22日的演讲中，习近平主席重申上述要点，倡导以保持全球长久和平和普遍安全为出发点来构建新型国际关系，即构建相互尊重、公平正义、合作共赢的国际关系，摒弃零和博弈，共同反对霸权主义和强权政治。

要发展，不要衰退。习近平主席曾多次指出，发展是解决一切问题的总钥匙。发展的核心在于可持续发展，即聚焦并实现联合国 2030 年可持续发展目标。

中国特别强调聚焦发展的重要性，是因为全球发展正遭遇严重挫折。当前，世纪疫情导致全球极端贫困人口 20 多年来首次上升，世界经济复苏不确定性增加，地区冲突和全球治理挑战严峻复杂。上述当前全球发展的现实情况与联合国确定的 2030 年可持续发展目标相比，差距不是在缩小，而是仍在扩大。因此，习近平主席再次强调全球发展倡议及其重点内容，全面推进减贫、卫生、教育、数字互联互通、工业化等领域的合作。

要合作，不要对抗。面对当前的世界形势，唯一正确的选择是合作。秉承金砖精神，加强团结合作，共同应对全球性挑战，才能取得最终胜利。

目前的合作重点和主要方式至少应包括以下四方面：一是要加强沟通协调，就当前所面临的十分严峻的国际政治经济形势达成共识；二是需要就全球政治、安全、人权、经济、社会等各项发展事业形成相向而行的合作政策；三是以加快实现《联合国 2030 年可持续发展议程》所确定的目标为抓手，重点解决极端贫困、饥饿与营养不良、社会公平正义等问题；四是对当前不断加码的经济制裁做出客观评估并提出解决办法，以防止由于经济制裁而加剧目前的困难与问题。

要开放，不要封闭。在 6 月 22 日的演讲中，习近平主席强调，包容普惠、互利共赢才是人间正道。我们要坚持开放包容，拆除一切阻碍生产力发展的藩篱，引导推动全球化健康发展，让资金和技术自由流动，让创新和智慧充分涌现，汇聚世界经济增长合力。

开放涉及多方面内容，其中最根本的是要坚持继续推进经济全球化进程。只有在经济全球化背景下，世界各国才可以通过发挥比较优势，实现互利共赢，促进共同发展。

因此，从国际层面来看，如何适应经济全球化的深入发展，完善全球经济治理体系非常重要。目前正在推进的世界贸易组织、国际货币基金组织、世界银行的改革，旨在适应不同国家经济实力和发展需求的变化，增加新兴市场国家和发展中国家的代表性和发言权，目的就是为推动世界减贫事业、更好地促进全球可持续发展提供制度支撑。

在改革与完善现有全球经济治理体系的同时，新兴市场国家和发展中国家通过增量的方式增加全球经济治理供给，也是非常有益的探索。金砖国家根据自身发展需要，创设金砖国家新开发银行和金砖国家应急储备基金，对于促进金砖国家以及相关发展中国家的发展、保障其金融安全具有重要意义。如果中国与广大发展中国家一道，积极推动构建新的全球减贫治理平台，将对世界减贫事业做出重大贡献。

只要我们在世界面临百年之大变局的关键时刻做出正确选择，只要我们选择和平、发展、合作、开放，世界向何处去的问题也就自然地有了正确答案，世界和人类将迈向更加美好的未来。

二、推动构建金砖合作高质量伙伴关系

在 6 月 23 日举行的金砖国家领导人第十四次会晤上，习近平主席发表重要讲话时指出，站在历史的十字路口，我们既要回望来时路，牢记金砖国家为什么出发；又要一起向未来，携手构建更加全面、紧密、务实、包容的高质量伙伴关系，共同开启金砖合作新征程。

推动构建更加全面的金砖合作伙伴关系新征程上，金砖合作伙伴要用创新的思维，拓展各方面更加广阔的合作空间。

当前，世界发展进入新的动荡变革期。今后的金砖合作重点主要包括五方面内容：一是基于全球安全倡议，探索出一条全球新型安全之路，即对话而不对抗、结伴而不结盟、共赢而非零和的安全之路，尝试率先通过金砖合作推动构建安全共同体；二是基于全球发展倡议，推动落实《联合国 2030 年可持续发展议程》，探索推动构建全球发展共同体，为促进更加强劲、绿色、健康的全球发展注入新动能；三是把准时代脉搏，促进金砖创新发展，让科技为金砖国家及其人民带来切实好处；四是推进金砖合作更加开放发展，为促进南南合作做出金砖贡献；五是继续加强人文交流合作，为增进相互理解和信任打牢坚实基础。

推动构建更加紧密的金砖合作伙伴关系。针对当前地缘政治形势加剧、大国博弈向纵深发展、全球经济不确定性增

大、全球发展问题更加突出等不容乐观的现实情况，金砖国家
必须展现出更强的使命担当，必须更加紧密地团结起来，推动
金砖合作取得更大成就，为当前这个动荡的世界提供更多的稳
定性。

首先，金砖国家应根据国际形势的发展，提出更有针对性
的新合作倡议。全球发展倡议和全球安全倡议已获得世界很多
国家和国际组织的积极响应，如果金砖国家带头实施两大"中
国倡议"，将有利于自身和世界发展。此外，金砖国家在加强
供应链合作、贸易投资合作、可持续发展合作等方面也提出了
一些新的倡议，这些新倡议的实施将促进金砖国家深化合作。

其次，根据时代发展的新需求，金砖国家建立了一些新合
作平台。例如，金砖国家新工业革命伙伴关系厦门创新基地、
金砖国家疫苗研发中心等平台，为五国加强产业政策对接开辟
了新航路，为推动落实 2030 年可持续发展议程做出新贡献。

最后，金砖国家可以通过促进现有平台、机制发展，实现
更加紧密的合作。要支持金砖国家新开发银行做大做强，稳步
吸收新成员，同时推动完善应急储备安排机制，筑牢金融安全
网和防火墙；也要拓展金砖国家跨境支付、信用评级合作，提
升贸易、投融资便利化水平。这些方面的工作，过去已经有了
较好基础，今后金砖国家将开展更加紧密的合作。

推动构建更加务实的金砖合作伙伴关系。2019 年 3 月，
习近平主席针对当时的国际形势，鲜明指出国际社会正面临治

理赤字、信任赤字、和平赤字、发展赤字四大挑战。破解上述赤字，需要各国采取更加务实的措施，为落实能够促进世界可持续发展的倡议、战略采取切实行动。要把《联合国 2030 年可持续发展议程》、全球安全倡议、全球发展倡议等倡议与金砖国家已经形成的各方面共识结合起来，展开各项具体工作，将这些倡议、战略、共识落到实处。

金砖国家尤其需要推动完善全球科技治理，加强数字经济产业政策对接，促进数字技术人才培养，并开展职业教育合作。如果金砖国家能够带头在这些方面取得实质性进展，将为破解四大赤字贡献金砖力量。

推动构建更加包容的金砖合作伙伴关系。中国提出"金砖 +"合作理念后，中国和其他金砖国家及"金砖 +"国家之间的联系不断增强，合作领域不断扩大，合作深度不断加强；金砖国家对"金砖 +"国家的影响力大幅提升；金砖国家引领其所在地区安全、发展、创新、开放的影响力也大为增强。这些新变化为带动和提升南南合作发展做出了重要贡献。

引入新鲜血液，将为金砖合作带来新活力，也将提升金砖国家的代表性和影响力。习近平主席明确表示，新形势下，金砖国家更要敞开大门谋发展、张开怀抱促合作。在当前国际形势十分复杂的情况下，"金砖 +"合作将为人们带来信心，为践行真正的多边主义树立榜样，为维护世界合作与安全、为促进全球发展注入新动能，为促进人类正义事业发展而引领正确的前进方向。因此，加快推进"金砖＋"机制建设和"金砖＋"
合作发展，扩大南南合作范围和成果，是金砖合作今后的重要
任务之一。

三、构建全球发展共同体迈出新步伐

在6月24日举行的全球发展高层对话会上，习近平主席
发表重要讲话时强调，我们要认清世界发展大势，坚定信心，
起而行之，拧成一股绳，铆足一股劲，推动全球发展，共创普
惠平衡、协调包容、合作共赢、共同繁荣的发展格局。

一般而言，发展指的是从比较落后状态向比较发达状态实
现转变的一个过程，既可以大到国家乃至世界，也可以小到一
个地区乃至村庄。发展所包含的内容十分广泛，其中最基础的
就是经济发展。当经济发展到一定阶段后，社会发展和人的全
面发展变得越来越重要，可持续发展的重要性逐渐提高。发展
的丰富内容在时空上通常是并存的，并不相互排斥，更多的是
相互联系与相互依赖。

本次全球发展高层对话会的主题是"构建新时代全球发
展伙伴关系，携手落实2030年可持续发展议程"。发展是人类
社会的永恒主题，但目前全球发展事业阻力重重，世界经济复
苏正处在关键当口，全球治理变革面临方向性抉择。在百年未
有之大变局与世纪疫情交织叠加的背景下，有的国家将发展议

题政治化，人为地造成了很多困难，使当前的全球发展事业遭遇逆风逆流。为满足各国人民求和平、谋发展、促合作的强烈愿望，世界各国、特别是新兴市场国家和发展中国家必须紧密地团结起来。中国举办全球发展高层对话会，是希望通过构建新时代全球发展伙伴关系，齐心协力促发展，共创全球发展新时代。

中国实施改革开放以来，坚持发展是硬道理的思路，以发展为导向，大力推进各项工作，取得了巨大成就。基于相关经验，中国提出全球发展倡议，吹响了聚焦发展的"集结号"，推动发展问题回归国际核心议程，并全力支持加快落实《联合国2030年可持续发展议程》。中国为促进全球发展提出了中国方案、贡献了中国智慧，倡议迄今已得到100多个国家和国际组织的响应，50多个国家加入了"全球发展倡议之友小组"。

对话会上，习近平主席还宣布了中方落实全球发展倡议的重要举措，包括创设"全球发展和南南合作基金"、加大对中国—联合国和平与发展基金的投入、成立全球发展促进中心、发布《全球发展报告》、建立全球发展知识网络等。中国继续为促进全球发展组织相关资源、推进相关工作，将为加快促进全球发展和更好落实《联合国2030年可持续发展议程》做出更大的中国贡献，展示中国作为负责任大国的全球担当。

除了自身带头做好全球发展促进工作外，中国通过多种方式推进构建全球发展伙伴关系。此次对话会标志着积极推动构建全球发展共同体又向前迈出了十分重要的一步。

本次对话会的与会各方具有广泛代表性和国际影响力。参加这次对话会的政要来自包括金砖五国在内的 18 个国家，2020 年这 18 个国家的国土总面积、总人口和 GDP 总量分别占全球的 41%、52% 和 29%；其中仅金砖国家的国土面积、人口和 GDP 总量就分别占到了全球的 26%、42% 和 25%。此外，与会的其他 13 个重要新兴市场国家和发展中国家中，有不少是国际或地区组织轮值主席国，包括二十国集团轮值主席国印度尼西亚、亚太经合组织轮值主席国泰国、独联体轮值主席国哈萨克斯坦、东盟轮值主席国柬埔寨、太平洋岛国论坛东道国斐济、拉共体轮值主席国阿根廷、非盟轮值主席国塞内加尔、上海合作组织轮值主席国乌兹别克斯坦、阿盟候任轮值主席国阿尔及利亚等。加上金砖国家已经建立的金砖国家新开发银行、应急储备基金、新工业革命伙伴关系建设基地等合作平台，本次对话会充分表明，一个建立在团结、平等、均衡、普惠基础上的全球发展伙伴关系体系正在逐步形成之中。

本次对话会上，与会领导人讨论了共同关心的全球发展问题，并达成广泛共识。对话会明确了齐心协力促发展的重点领域和重点措施，在充分讨论的基础上发布了一份包含 32 项举措的成果清单，覆盖减贫、粮食安全、抗疫和疫苗、发展筹资、气候变化和绿色发展、工业化、数字经济、数字时代互联互通八个领域，并确定了 2022 年的合作重点。落实在上述重点领域的合作，将助力共同构建全球发展伙伴关系，推动实现更加强劲、绿色、健康的全球发展。

我们有理由充分相信，全球发展高层对话会将重振全球发展事业，为加速落实 2030 年可持续发展议程、促进新兴市场国家和发展中国家繁荣富强注入强劲动力。

四、为全球发展注入更多金砖力量

毫无疑问，在百年变局与世纪疫情交织叠加、国际格局和全球治理体系加速调整的时代背景下，金砖国家和"金砖+"国家在金砖"中国年"所发出的"金砖声音"将为推动构建金砖合作高质量伙伴关系、完善全球治理、促进全球共同发展繁荣、加速推进实现联合国 2030 年可持续发展目标、进一步推动构建人类命运共同体起到十分重要的积极作用。

经过 16 年发展，在开放包容、合作共赢的金砖精神指引下，金砖国家已成为国际事务中一支积极、稳定、建设性的力量。回顾金砖国家合作机制十多年来的发展历程，我们发现，金砖国家合作对促进金砖国家贸易大幅增长、对稳定和促进世界经济增长起到积极作用。

经贸合作是金砖国家合作的"压舱石"。数据显示，金砖国家经济总量占全球经济总量的五分之一，货物贸易占全球货物贸易的18%，服务贸易占全球服务贸易的13%，吸引外资占

全球外资投入的 25%；2021 年，金砖国家货物进出口总值达
85498.08 亿美元，同比增长 33.4%，打造了新兴市场国家与发
展中国家合作的样板。

通过加强合作，金砖国家得以更好地发挥发展中国家特
有的"后发优势"，利用第四次工业革命和高科技发展的历史
机遇，实现跨越式发展；同时，金砖国家的发展也引领和带动
了各自所在的地区与地区之间、国家与国家之间更加紧密的合
作，维护和保障了地区发展稳定，从而实现合作共赢。

当前，尽管各国在推动落实《联合国 2030 年可持续发展
议程》方面已取得一定进展，但全球发展赤字仍然存在。6 月
20 日，中国国际发展知识中心发布《全球发展报告》。报告显
示，2020 年，全球极端贫困人口 20 多年来首次上升，新增贫
困人口为 1.19 亿~1.24 亿，极端贫困率上升至 9.5%，多年反
贫困成果遭遇逆转；全球劳动收入减少约 3.7 万亿美元，处
于极度贫困或中度贫困状态的劳动者增加 1.08 亿人；全球营
养不足人口增至 7.68 亿人，其中最不发达国家营养不足发生
率高达 23.1%。

目前的全球发展赤字主要体现在两方面：全球发展总体不
足，发展鸿沟依然明显。因此，落实《联合国 2030 年可持续
发展议程》不仅是金砖国家的事，更需要世界各国共同努力。

我们同时看到，金砖国家在减贫、减碳方面成就显著，切
实推动了全球可持续发展，并为其他发展中国家提供了大量示

范经验。以中国为例，基于自身的扶贫经验，从 2017 年开始，中国在老挝、柬埔寨、缅甸 3 个国家选择 6 个村庄作为试点，实施为期 3 年的"整村推进"和"精准扶贫"试验，试验效果表明中国的扶贫经验在这些国家是有效的。

在减碳方面，中国积极推进能源低碳化转型发展，提高非化石能源占能源消费的比重。据生态环境部数据，2020 年，中国的煤炭消费量占能源消费总量的比重已经由 2005 年的 72.4% 下降到 56.8%。以新能源汽车产业为例，2021 年中国新能源汽车销售量达到 352 万辆，连续 7 年位居全球第一。中国还大规模推进国土绿化，提升森林碳汇水平，40 多年来，中国人工林面积居世界第一，2000—2017 年间，全球新增绿化面积中约四分之一来自中国。

金砖"中国年"的主题是"构建高质量伙伴关系，共创全球发展新时代"。担任 2022 年金砖国家轮值主席国以来，中国始终积极推动共建"金砖 +"合作模式，助力完善全球治理体系。5 月 19 日，金砖国家同新兴市场国家和发展中国家外长视频对话会在北京举行，这是金砖国家首次举行外长层级的"金砖 +"对话活动。

"金砖 +"合作模式是新兴市场国家和发展中国家的平台，为合作而生、为发展而兴，具有开放、包容的特点。对于新兴市场国家和发展中国家而言，"金砖 +"合作模式有利于加强金砖国家与其他新兴市场国家和发展中国家之间的交流与联系、达成更加深入的合作共识。它不仅能够团结新兴市场国家和发展中国家，在减贫、促进经济可持续发展等关键议题上开展合作，也能够更好地发挥金砖国家在各自地区的引领作用，促进各地区的稳定、发展与繁荣。因此，推动拓展"金砖+"合作模式有利于更好地践行真正的多边主义、继续推动全球化发展，为世界各国携手落实《联合国 2030 年可持续发展议程》营造更好的国际环境。

"金砖+"合作模式是在金砖国家合作机制基础上拓展的结果，是对多边外交的丰富和发展。通过邀请其他新兴市场国家和发展中国家开展合作，"金砖+"合作模式为各国携手推动落实全球发展倡议、全球安全倡议等一系列重要的相关倡议提供了对话平台，能够在多边贸易、投资、财政货币政策沟通和其他宏观发展政策协调等领域实现更加广泛的合作，从而推动完善多边贸易规则与体制，并扩大投资领域、改善投资条件，助力实现合作共赢。

未来的"金砖+"合作模式应继续坚持需求导向，以全球发展倡议和联合国 2030 年可持续发展目标为引领，聚焦发展合作，谱写共同发展的"主旋律"，奏响可持续发展的"交响乐"。"金砖+"合作模式应坚持以人民为中心，切实保障和改善民生，继续推动经济高质量、可持续发展，重点抓好在减贫、减碳、粮食安全、工业化、基础设施建设、数字经济等领域的合作。

五、需特别关注和解决的一些重点问题

为了更好地学习和理解习近平主席在金砖"中国年"发表的系列重要讲话精神，更好地把握时代潮流，更好地构建高质量金砖合作伙伴关系，更好地促进全球共同发展，我们撰写了这本书，对金砖国家合作所涉及的一些重点领域和重要内容进行了系统分析，希望对加深这些问题的认识、特别是对于促进这些重要领域的发展以及对于推动相关重点问题的解决与落实起到积极促进作用。

这是一项具有特定意义的专项研究。2022 年 6 月 10 日，外交部举行关于金砖国家领导人第十四次会晤的吹风会，我受邀参加了这次会议。为了积极响应外交部领导关于做好金砖峰会宣传工作的号召，我于 6 月 11 日确定了一个包括 15 个专题的研究提纲，6 月 13 日与我的研究团队成员讨论后形成一致看法，并分工撰写专题报告。报告初稿于 6 月 19 日完成并提交给相关决策部门领导参考。6 月 22—24 日，习近平主席就金砖合作连续发表了三个重要讲话。根据这三个重要讲话精神，我们对初稿进行了修改与完善，7 月 1 日形成了目前的这份报告。

这是一项集体研究成果，由北京师范大学一带一路学院的研究人员合作完成。我负责报告内容的总体设计，包括主要内容与篇章结构安排，并撰写"序言"。其他各章具体的标题和

作者情况如下：

　　这项研究成果能以如此精美的书籍形式快速面世，要归功于北京师范大学出版集团的领导对这项特定研究的高度重视。6 月 15 日，在北京疫情形势仍然十分严峻的情况下，饶涛副总编辑和我就这项研究的内容、呈现形式、写作方法等进行了两个多小时面对面深入交流，他给予我们很多非常有价值的研究与写作指导；责任编辑宋旭景及时与我和其他作者就她认为需要进一步完善、修改的地方进行了深入、细致的沟通、讨论，提出了很多很好的修改意见。对此，我们表示最衷心的感谢！

　　必须说明的是，这项研究主要集中于讨论金砖国家的经济发展问题，对于政治、文化、国际关系等方面的讨论涉及很少，直接原因在于我们这个研究团队的知识背景是以经济学为主的一种结构，我们不敢讨论经济问题以外的其他问题。因此，我们特别希望有其他学科背景的读者提出批评意见，以促使我们的金砖国家问题研究向更加综合、全面、深入的方向发展，促使我们的研究质量得以进一步提高。

2022 年 7 月 17 日于珠海京师家园

第一章
全球视野中的金砖国家

　　金砖国家的概念始于 2001 年美国高盛集团首席经济学家吉姆·奥尼尔提出了"BRIC"（金砖四国），是巴西、俄罗斯、印度和中国四国英文单词首字母的集合，以此代表潜在的投资机会；金砖合作的概念化为行动开始于 2006 年，金砖国家在联合国大会期间举行首次外长会晤，拉开金砖国家合作的序幕；金砖国家领导人会晤机制则始于 2009 年，金砖国家领导人在俄罗斯叶卡捷琳堡举行首次会晤，之后每年举行一次，为金砖国家之间的合作与发展提供了政治指引和强大动力；伴随南非的加入，BRIC 已经成为"BRICS"（金砖国家），金砖国家从单纯的概念开始逐步成为新兴市场国家和发展中国家合作的重要平台。

　　金砖合作历经 16 年，走过了从无到有、从概念到现实、从松散到紧密团结、从金砖到"金砖 +"的发展历程，取得了丰硕的成果。16 年前，金砖国家诞生于新兴市场国家和发展中国家群体性崛起的历史大潮之中，代表了世界格局和国际秩序演变调整的前进方向。16 年后，百年变局和世纪疫情相互交织，世界经济复苏脆弱乏力，发展鸿沟加剧，贫困问题、能源危机、粮食危机、经济复苏艰难等全球性挑战增多，国际形势中不稳定、不确定、不安全因素日益突出，全世界都在寻找解决问题的出路。在这 16 年间，金砖国家在重大国际和地区问题上共同发声，积极推进全球经济治理改革进程，大大提升了新兴市场国家和发展中国家的代表性地位和发言权。同时，在这 16 年间，西方媒体对金砖合作的质疑声也从来没有停息过，所谓"金砖褪色论""金砖分裂论"层出不穷。金砖合作在全球治理中处于何种位置，金砖合作在处于动荡变革期的世界中能够发挥什么样的作用，金砖合作能为应对全球性挑战以及破解全球性问题贡献什么样的金砖智慧和金砖方案，全世界都在拭目以待。

一、从全球治理的跟跑者到全球治理的引领者

（一）经济合作基础进一步夯实

金砖国家的概念由经济投资而起，因经济合作而生，促经济治理为要。16 年来，经济合作一直是金砖合作的基础。

从 GDP 数据看，2001 年当金砖概念刚刚提出之时，当时我国的 GDP 总量为 1.34 万亿美元，而同一阶段的其他国家，

巴西的 GDP 总量为 5599 亿美元，印度为 4854 亿美元，俄罗斯为 3066 亿美元，金砖国家的 GDP 总和为 2.7 万亿美元，仅占全球 GDP 总量的 8%。2021 年，金砖国家的 GDP 总和高达 24.7 万亿美元，占全球比重的约四分之一。仅中国的 GDP 总量就达 17.73 万亿美元，对全球经济增长的贡献率高达 25%。

从经贸合作看，金砖国家拥有广阔的市场机遇和巨大的发展潜力，经贸合作空间广阔。数据显示，金砖国家货物贸易规模占全球的 18%，吸引外资额占全球的 25%。海关数据显示，2021 年，中国与金砖国家双边贸易总值为 4904.2 亿美元，同比增长 39.2%，高于同期中国外贸整体增速。

从金融合作看，2010 年 4 月 15 日，金砖国家银行合作机制成立，各成员国银行不断增进合作共识、拓宽合作领域、创新合作模式，为服务金砖国家经贸投资便利化和经济社会可持续发展做出了重要贡献。金砖国家不断争取国际金融治理中的发言权，在金砖国家推动下，2010 年发达国家同意在世界银行中向发展中国家转移 3.13% 的投票权，在国际货币基金组织中向发展中国家转移 6% 的份额，大大提升了新兴市场国家和发展中国家的代表性地位及发言权。2015 年 7 月，金砖国家新开发银行在上海成立，形成了创新性的制度机制和业务模式。2021 年 9 月，金砖国家新开发银行进行首轮扩员，阿联酋、乌拉圭和孟加拉国成为首批新成员，朝着全球性多边开发银行的方向迈进，为更多新兴市场国家和发展中国家提供金融支持。

（二）"三轮驱动"合作模式进一步完善

16 年来，随着金砖国家实力提升和合作的深入，金砖合作在坚持经济合作为基础的前提下，金砖合作机制已经从单一的经济合作向全方位全领域参与全球治理转变。金砖国家建立了多种务实合作机制，在联合国、二十国集团以及世界贸易组织等多边机制中发挥了重要作用。特别是在 2017 年厦门金砖国家领导人会晤上确定了经济合作、政治安全和人文交流"三轮驱动"合作模式，使其成为为新兴国家争取话语权的合作平台。

政治安全是金砖合作的关键。自成立以来，金砖国家在政治和安全领域不断强化合作，依托安全事务高级代表会议、外长会晤等机制，就重大国际和地区问题加强沟通协调，为世界和平稳定发挥着独特、积极的作用。在政治领域，坚持根据正义和国际法原则和平解决国际争端，主张发挥联合国在处理国际和地区事务中的权威作用，主张维护战略稳定机制和军控体系，主张提升发展中国家在国际事务决策中的实质性参与度，主张在互利合作的基础上构建人类命运共同体。在安全领域，金砖国家相互尊重主权、安全、发展利益，推动构建共同、综合、合作、可持续的安全观，共建人类安全共同体。建立了反恐和情报等合作机制，推动政治与安全合作的实心化，发出更多金砖声音。

人文交流是金砖合作的增长点。"国之交在于民相亲，民相亲在于心相通"。金砖国家国情不同，政治、经济和社会制度也存在较大差异。只有构建起人民之间交流的纽带，才能求同存异，让五国人民心灵相通、相互信任，从而夯实金砖国家合作走深走实的根基。16 年来，金砖国家签署一系列人文交流合作文件，议会、政党、青年、智库、地方合作持续推进，金砖合作的民意基础日益巩固。在 2017 年的金砖"中国年"中，中国作为东道国，精心打造人文合作成果，使人文交流成为金砖合作的第三支柱，推动金砖机制由之前的"双轨并进"，进入"三轮驱动"的新阶段。相比经济合作和政治安全领域合作，人文交流与合作仍是金砖合作的"新轮"，但同时更是金砖合作的巨大增长点。

（三）金砖合作的内涵进一步丰富

在 16 年的合作过程中，金砖国家理解和尊重各国国情差异、核心利益和重大关切，不干涉各国发展道路和发展模式，形成了"开放、包容、合作、共赢"的金砖精神。即使在双边偶有摩擦的情况下，金砖合作机制依然发挥作用，对外发出代表新兴市场国家和发展中国家共同利益的金砖声音。2014 年 7 月，习近平主席在金砖国家领导人第六次会晤时把"金砖精神"概括为"开放、包容、合作、共赢的合作伙伴精神"。金砖合作是不同文明合作的典范，金砖精神是当今世界最重要的精神之一，它符合时代潮流，契合金砖各国利益与诉求。这些理念、原则与部分国家以意识形态划线的"小圈子""一言堂"

形成鲜明对比，在当前南北发展鸿沟不断扩大、国际发展合作动能减弱的背景下尤显珍贵。

16 年来，金砖合作突出一个"实"字，在经贸、财金、科技、农业、文化、教育、卫生、智库等数十个领域大力推进务实合作，不断强化金砖国家的互补性和多样性，拓宽了多领域务实合作。特别是新冠肺炎疫情暴发以来，金砖国家先后举办应对新冠肺炎疫情特别外长会、卫生高官视频会议、外长视频会晤等一系列相关会议，加强信息分享，深入交流抗疫经验。积极开展金砖国家药物和疫苗研发合作，推动 2022 年 3 月成立金砖国家疫苗研发中心，2022 年 5 月启动金砖国家预防大规模传染病早期预警体系相关工作，筑牢抗击疫情的"金砖防线"，展现推动合作抗疫的"金砖担当"。

二、金砖合作正为动荡变革期的世界注入稳定性和正能量

（一）世界格局进入动荡变革期

当前世界正处于百年未有之大变局，全球体系结构和世界发展结构发生巨变，西方世界在全球体系中的传统主导地位面临全新挑战，新一轮工业化进程颠覆了发达国家与发展中国家间的"核心—边缘"区位，在经历了长期的经济全球化和自由主义经济政策之后国家主义治理范式强势回归，逆经济全球化

和保护主义抬头。以金砖国家为代表的新兴国家和发达国家力量对比发生了显著变化，世界经济格局正在深刻调整，"东升西降""南升北降"趋势明显，但西方国家主导的世界秩序并未发生根本变化。美国联合盟友建立排他的"印太经济框架"，以弹性供应链之名行保护主义之实，在亚太地区搞"小圈子"，使以世界贸易组织为基础的贸易多边主义机制失灵失序。

在世界各国正努力走出新冠肺炎疫情造成的非传统安全全球危机的关键时刻，俄乌冲突爆发，地缘政治冲突使得传统安全风险上升，在重塑欧洲地区安全格局的同时，其溢出效应正加速全球政治力量的分和合，全球政治格局也正在发生深刻的调整。以美国为首的西方国家加码制裁，将世界引向"两大阵营"，进一步加剧了世界范围内的意识形态与价值观对立，集团政治和阵营对抗再现。

（二）全球治理再次站在历史的十字路口

2022 年，对世界政治经济而言是极具挑战的一年，新冠肺炎疫情仍未彻底战胜，俄乌冲突又接踵而来，传统安全和非传统安全持续叠加，再次阻断了全球不平衡不确定的经济复苏。2022 年，某些国家奉行冷战思维，拉帮结派，追求零和博弈与你输我赢，动辄确定战略对手搞战略竞争，地区冲突风险陡增。2022 年，全球经济活动缩减，大宗商品价格持续上涨，国际贸易物流受阻，通货膨胀攀升，实际工资水平下降，粮食不安全加剧，国际产业链、供应链"安全"需求上升。2022年，人类发展指数30年来首次下降，世界新增1亿多贫困人口，近8亿人生活在饥饿之中。国际货币基金组织（IMF）发出警告，地缘经济分裂的风险急剧上升。自俄乌冲突爆发以来，已有约30个国家限制了粮食、能源和其他重要大宗商品的贸易。以联合国为核心的国际体系和以国际法为基础的国际秩序正面临着前所未有的挑战，全球治理再次站在了历史的十字路口。

（三）全球危机下呼唤金砖担当

一是亟须金砖合作引领多边主义。以联合国机制为基础的多边主义正面临重大挑战，个别国家试图构建"小院高墙"，打造"平行体系"，重塑自身霸权优势。个别主要经济体货币政策"急刹车""急转弯"，已经产生严重的负面外溢效应，给世界经济和金融稳定带来挑战，广大发展中国家将首当其冲。世界和平赤字、发展赤字、治理赤字、信任赤字日益加剧。面对单边主义和保护主义不断抬头，全球亟须金砖国家继续发出坚持多边主义的强有力的金砖声音。

二是亟须金砖精神引领经济全球化。当前，经济全球化暂时遭受挫折，贸易自由化遭受保护主义冲击，在此情况下，开放包容、合作共赢的金砖精神有助于冲破霸权阴霾，增进国家间理解与互信，助力各国携手共克难关，缓解四大赤字，让合作的"蛋糕"越做越大，让进步的力量越聚越强，为共建人类命运共同体贡献积极力量。

三是亟须金砖安全观对冲霸权主义。当前的俄乌冲突再次证明，以美国为首的北约以牺牲别国安全为代价、片面追求自身安全，只会造成新的矛盾和风险，是行不通的。全球安全倡议为破解全球安全困境提供了中国方案。金砖国家在安全观上照顾彼此核心利益和重大关切，反对单边制裁，相互尊重主权、安全、发展利益，有利于对冲霸权主义和强权政治，抵制冷战思维和集团对抗，共建人类安全共同体。

四是亟须金砖携手在逆境中前行。当前，世界经济复苏脆弱乏力，全球产业链供应链紊乱、大宗商品价格持续上涨、能源供应紧张等风险因素相互交织，加剧了经济复苏进程的不确定性。全球低通胀环境发生明显变化，复合型通胀风险正在显现。发展鸿沟加剧，全球性挑战增多，国际形势中不稳定、不确定、不安全因素日益突出，在逆境中更需要金砖国家共同应对全球性挑战。

三、构建高质量伙伴关系，共创全球发展新时代

（一）以全球发展倡议为引领，铺设加速全球发展的"金砖快线"

发展是新兴市场国家和发展中国家的共同任务，在世纪疫情和地缘冲突背景下显得尤为急迫。与疫情之前相比，极端

贫困人口将增加约 7500 万人，发展中经济体的人均收入预计下降 5%，世界正面临着"近代历史上最严重的粮食危机"。金砖合作承载着新兴市场国家和发展中国家乃至整个国际社会的期望，需要更多新兴市场国家和发展中国家一起，以全球发展倡议为引领，共同落实《联合国 2030 年可持续发展议程》，推动全球共同发展，打造开放多元的发展伙伴网络，以实际行动推动国际社会聚焦全球发展事业，以全面深化经贸、财金、创新、数字经济、绿色发展、减贫脱贫等合作为抓手，采取切实有效的措施铺设加速发展的"金砖快线"。

（二）以全球安全倡议为遵循，筑牢维护世界和平的"金砖防线"

安全是发展的保障，没有国家安全就没有国家发展，没有世界安全也就没有世界发展，历史和现实告诉我们，以牺牲别国安全为代价，片面追求自身安全，只会造成新的矛盾和安全风险。维护全球安全就是为全球发展创造条件，金砖国家应超越冷战思维，践行真正的多边主义，遵守联合国宪章、宗旨和原则，坚持"共同、综合、合作、可持续"的安全观，统筹自身安全和共同安全、非传统安全和传统安全、安全和发展的关系，努力实现共同安全、综合安全、合作安全、可持续安全。当前要切实推动和平，将经济安全、粮食安全、能源安全、生物安全等统筹考虑，采取综合措施积极应对。

（三）以高质量发展为方向，擦亮后疫情时代可持续发展的"金砖成色"

高质量发展既是中国经济发展的主题，也是金砖务实合作的方向。要将高质量发展作为后疫情时代金砖发展的底色，全面推进《联合国 2030 年可持续发展议程》，抓住新一轮科技革命和产业变革机遇，积极落实金砖国家新工业革命伙伴关系，在公共卫生、科技攻关、数字经济、低碳绿色经济等领域推动高质量发展，擦亮可持续发展的"金砖成色"。打造更多精品项目，培育利益共享的创新链、价值链。落实全球发展倡议，发挥工商界贸易往来促进作用，加快跨境电商、海外仓等新业态新模式发展，优化投融资支持，为维护全球产业链供应链安全稳定贡献力量。坚持生态优先，恪守共同但有区别的责任原则，加强绿色环保技术合作，推动建立绿色低碳循环经济体系，助力实现更高质量、更具韧性的增长。

以公共卫生合作开拓新领域。新冠肺炎疫情暴发再次警示，公共卫生安全等非传统安全威胁不断上升，威胁全球人民的生命健康，同时应对公共卫生安全必须国际社会共同努力。金砖国家要优先推动公共卫生合作，支持全球各国抗疫，最大程度保护人民生命安全和身体健康，为全球卫生治理合作提供高质量公共产品。

以数字经济合作发动新引擎。新冠肺炎疫情进一步刺激了数字经济的发展，金砖国家普遍将加大对数字基础设施投入列入重要议程，强化金砖国家数字经济的合作，完善数字化跨境服务贸易，优势互补，推动数字经济合作将成为金砖合作的新引擎。

以绿色经济合作引领新发展。在构建金砖国家工业革命伙伴关系时，金砖国家企业要进一步加强绿色技术的合作，行业协会、商会等组织要围绕产业链、供应链绿色转型升级这一命题，加强绿色政策互鉴，升级绿色商贸合作，为金砖合作增添绿色含量。

（四）以深化"金砖+"合作为契机，完善全球治理扩大"金砖影响"

在当前动荡变革的世界中，金砖国家合作机制承载着新兴市场国家和发展中国家的发展期望，已经成为具有全球影响力的南南合作典范。金砖合作机制的"朋友圈"和影响力不断扩大，是金砖合作机制自身发展的必然路径，也是推动国际关系民主化，推动全球治理体系朝着公正、合理、有效的方向发展的必然要求。同时，金砖扩员也将进一步凝聚新兴经济体和发展中国家的力量，为全球经济复苏提供动力。在深化"金砖+"合作方面，可循序渐进推动，同更多新兴市场国家和发展中国家开展对话交流，加强与国际货币基金组织、世界银行等国际机构建立合作机制，推动金砖合作在全球治理中发挥更为积极的作用，进一步扩大"金砖影响"。

　　当前，百年变局和世纪疫情交织叠加，全球经济复苏脆弱乏力，全球性挑战层出不穷，金砖国家合作面临新变量、新挑战，也迎来新机遇。展望未来，金砖国家合作只要秉承"开放、包容、合作、共赢"的金砖精神，坚持全球发展倡议和全球安全倡议，突出务实合作，扩大"朋友圈"，构建人类共同体，携手应对风险挑战，必将成为全球安全形势的"稳定器"、全球经济发展的"助推器"，为全球市场注入金砖力量，推动金砖合作乘风破浪、行稳致远。

万　喆

第二章

全球减贫的金砖力量：历史与展望

过去 40 年，金砖国家为全球绝对贫困人口的减少做出了重大贡献。近十几年来，世界经济不断受到冲击，这在一定程度上导致世界格局短期内发生改变。因此，金砖国家需要总结和分享过去的经验，不断调整政策来应对贫困问题，为全球包容性增长创造条件，同时也面临着全面加强国际减贫合作、动员发展资源、共同推进全球可持续发展的迫切需要。

一、基于金砖国家情况的贫困衡量标准

减贫是联合国千年发展目标（MDGs）以及联合国可持续发展目标（SDGs）的重要内容之一。1990 年，全球有 19.5 亿人生活在绝对贫困中，这一数字在 2016 年下降到 7.34 亿。巴西、中国、印度和南非对此贡献很大，其中主要功劳应归于中国，让 8 亿人摆脱了绝对贫困。

贫困包括绝对贫困和相对贫困。关于绝对贫困，Kanbur 和 Vines 给出的定义认为：“贫困属于穷人”，简单地说，“穷人是那些很少或没有机会满足基本需求的人”。绝对贫困标准是以维持个人或家庭成员基本生存所需的食物和非食物消费支出为基准，折算成一个可度量的货币量作为贫困标准。世界银行自 2015 年使用的每人 1.9 美元 / 天收入的绝对贫困标准，就是货币标准下的绝对贫困标准。根据这一标准，到 2019 年全球有超过 11% 的人口仍处于绝对贫困状态。根据国家发展程度不同，2018 年世界银行在原有标准基础上又补充了两档新标准：中等偏低收入国家贫困线为每人 3.2 美元 / 天收入，中等偏高收入国家贫困线为每人每日 5.5 美元收入。2022 年，世界银行将转而使用 2017 年购买力平价（PPP）计算全球贫困数据，新的全球贫困线将由目前的 1.90 美元上调至 2.15 美元。[①] 相对贫困人口是指低于人均收入中位数的给定百分比的人口。相对贫困则更适合于描述那些已经摆脱了绝对贫困的国家情况。然而，在收入分配政策保持不变或改善的情况下，平均收入的增长才能减少贫困。或者，只有收入变化的“分配影响”超过其“增长影响”，贫困率才会被部分抵消或增加。这说明分配问题相对于增长至关重要，而减少分配不公对于减贫也至关重要。

世界银行贫困线的标准多用日均收入来衡量，然而这并未

---

① 参见 https://www.worldbank.org/en/news/factsheet/2022/05/02/fact-sheet-an-adjustment-to-global-poverty-lines#12。

考虑其他非货币衡量的贫困，因此，多维贫困指数（Multidim-ensional Poverty Index，MPI）的使用就变得很重要。在评估一个国家的贫困程度时，人口健康状况、教育程度、基础设施的可用性或其他社会指标（犯罪率、社会信任度和凝聚力等）也需要考虑进来。此外，MPI 指数的单维度指标很可能是确定贫困原因的关键所在。MPI 选取了健康、教育和生活水平三个维度，设定 10 个指标来测量贫困（详见图 2-1）。MPI 既可以反映不同个体或家庭在不同维度上的贫困程度，同时还能反映个人或家庭的被剥夺量，这对每人 1.9 美元／天的国际贫困线标准是很好的补充。根据 MPI 的指数大小，将"占至少三分之一的

图 2-1　全球多维贫困指数构成

权重指标中得分很低"的人群定义为多维贫困，其中每个指标在其维度内的权重相同，因此健康和教育指标的权重为六分之一，生活水平指标的权重分别为十八分之一。进一步，如果该个体或家庭在一半的权重指标中得分都很低，则被认定为"极度多维贫困"。MPI 的范围从 0 到 1，其取值越小，说明该个体或家庭贫困程度越低，相反，则越高。本章根据 MPI 及 10 项指标展示了不同时期的贫困人口比例。

二、减贫的政策工具分析

（一）促进经济转型和经济增长的政策

在减贫政策中，经济转型和经济增长无疑起着关键作用。对于经济转型，当国家设法提高劳动生产率，如让劳动力从农业转向工业的过程，这就是摆脱贫困的过程。从经济增长来看，贫困的实际减少取决于其增长弹性（即增长 1% 所带来的贫困减少的百分比变化），而这又取决于就业的增长弹性。例如，如果经济增长仅是通过依赖资本而不是劳动力，那么一国很可能会面临"无就业增长"的局面，在这种情况下，是达不到减贫的效果的。这种情况与主流涓滴假说（Trickle down hypothesis）相反，根据该假说，"分配影响"是正面的，经济增长会使所有阶层的人受益，穷人也包括在内。不过，经济转型和经济增长可能会受不同的经济政策影响。

其一是提高农业生产力的政策。制度创新和技术进步可能对农业生产力产生积极影响。在这种情况下，人们可以通过提高自己工作的生产效率而摆脱贫困。

其二是产业政策。主流经济学家肯定了产业政策的有效性，但扭曲与局限也会让其实施效果大打折扣。即便如此，事实证明积极的产业政策在世界上许多国家依然有效。

其三是政府发展融资政策。工业政策需要资金支持。Datt和Ravallion研究了1960—1994年印度各邦的减贫决定因素，发现政府的发展融资对各邦的减贫有重大影响。Guru和Tsaurai也发现，政府的发展融资政策对金砖国家的减贫起到了非常重要的作用。

其四是外国直接投资政策。当国内缺乏资金时，外国直接投资（FDI）可以起到促进技术进步及有效组织生产过程的作用。然而，外国直接投资可能会受到各国法规的约束，只有当外国投资满足东道国条件时（如外国直接投资在中国所须遵守的法律法规），才会被东道国接受。此外，对外直接投资的生产力也与其所在国行业情况息息相关（例如，很容易将制造业与中国，服务业与印度，采掘业与南非、巴西和俄罗斯联系起来）。

其五是出口导向的增长政策。出口导向型政策虽有利于净出口（通常被视为重商主义立场），但并不一定能保证经济增长。即便净出口可能因出口导向政策或进口替代政策而得到改善，其对经济增长影响的结果可能是相当不同的。在出口导向型政策的引导下，公司为提高其竞争力，而必须提高其生产效率，这有利于经济增长。与此相反的是进口替代政策（直到 20 世纪 80 年代，印度和拉美国家一直采用），由于企业得到了保护而导致了错误的激励，因此对效率提升产生了负面作用。

（二）治理、制度和结构改革

除了促进经济转型和经济增长的政策外（短期内居多），治理的六个维度（政府效率、政治稳定和非暴力/恐怖主义、控制腐败、发言权和问责制、监管质量、法治）十分必要，这些指标解释了国家治理水平低下可能是贫困率居高不下的长期原因。Perera 和 Lee 发现，法律与秩序以及政府稳定性等治理结构因素与贫困率呈负相关。Singh 和 Acemoglu 等人的研究结果一致认为，法治和产权的治理水平是减贫的重要条件，这导致他得出较为极端的结论，即在低收入和中等收入国家，国家失灵（制度薄弱、治理不善、"裙带"政治关系等）比市场失灵影响更大。然而，其另一观点得到广泛认可，即制度发挥着重要的作用，但往往被主流经济学所忽视，好的制度质量是减贫的前提条件。换言之，没有制度调整的加持，单靠经济增长，减贫无法实现。

（三）社会保护和基础设施政策

教育、卫生和基础设施方面的公共支出对于减少贫穷和不平等，促进就业以及"包容性增长"至关重要。

不可否认，经济增长仍然是减贫的一个重要条件，因为只有来自生产增长所获得的税收以及资源分配才能可持续地为此类公共支出提供来源。从这个角度来看，涓滴假说可能会起到一定的作用。需要注意的是，征税时需要合理的平衡，这并非对治理水平的质疑，而是说明一个反应迅速且负责任的政府可以将税收提高到能够减少贫困的水平。

（四）益贫式增长、搬迁和再分配政策

再分配政策可以专门用于刺激经济中最贫困部分的经济增长（益贫式增长）。适当的搬迁政策（如城乡迁移）也发挥了作用，目的是规范迁移流动，以防止问题出现。

发达经济体的官方援助是减贫的另一个渠道。然而，它主要针对低收入国家，但大部分贫困人口生活在得到援助相当有限的中等收入国家。

三、金砖国家的减贫现状与成就

图 2-2、2-3、2-4 概括了金砖五国的贫困率变化，根据不同贫困线标准的使用，五国显示出不同的变化情况。很显然，在考虑 1.9 美元 / 天的贫困率时，只有南非 2008—2014 年期间贫困率下降放缓，甚至还有所上升（遗憾的是，之后没有数

据）。其余国家的贫困率稳步下降，其中，中国的贫困率下降
幅度最大。

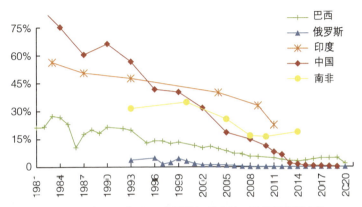

图 2-2 依据 1.9 美元 / 天贫困线标准金砖五国贫困率的变化
（2011 年购买力平价）

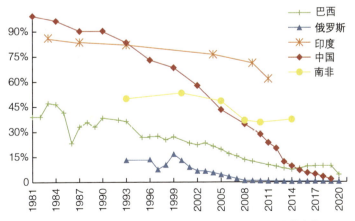

图 2-3 依据 3.2 美元 / 天贫困线标准金砖五国贫困率的变化
（2011 年购买力平价）

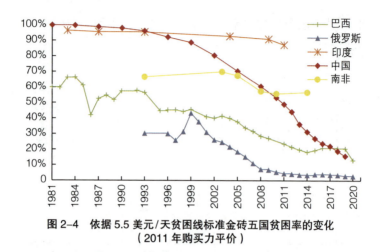

图 2-4　依据 5.5 美元/天贫困线标准金砖五国贫困率的变化
（2011 年购买力平价）

在考虑 5.5 美元/天的贫困线时，只有中国贫困人口的比例大幅下降，而印度的减少速度非常缓慢，尽管印度 20 世纪 80 年代贫困率略低于中国，但是贫困人口的比例始终保持在非常高的水平（2011 年超过 87%）。巴西的贫困率从 21 世纪初的 40% 以上减少至 2011 年的 20% 左右，到 2020 年才降低到 13% 左右。

下面将详细地分析每个国家的情况。

巴西

中国和印度的经济快速增长有助于加速减贫，但在其他金砖国家，尽管经济增长率相对较低（例如，在巴西的外国直接投资集中在采掘业，而不是制造业），但贫困状况也得到了缓解。事实上，巴西在 21 世纪头十年仍然能够减少贫困和不

平等，这要归功于工资政策，包括最低工资计划和社会保障
政策。

　　巴西的情况如图 2-5 和图 2-6 所示。图 2-5 展示了巴西
的贫困率和贫困人口的绝对数量的变化情况。

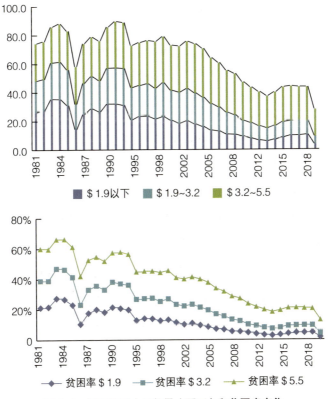

图 2-5　巴西贫困人口数量（百万）和贫困率变化

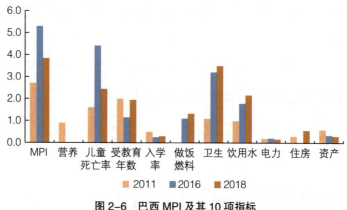

图 2-6 巴西 MPI 及其 10 项指标

图 2-6 分别展示了 2011 年、2016 年和 2018 年巴西在 MPI 指标及 10 项指标中的贫困人口比例。

俄罗斯

根据联合国贸易和发展会议的定义，俄罗斯是金砖国家中唯一的转型经济体，其余四个成员均为发展中国家。贫困问题在俄罗斯历史上一直未受到充分重视，正如 Rahman 等指出，一些学者认为俄罗斯"民穷国富"。图 2-7 和图 2-8 展示了俄罗斯的情况。其中，MPI 及其 10 项指标的数值非常低。

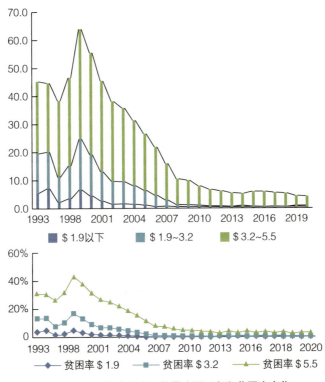

图 2-7　俄罗斯贫困人口数量（百万）和贫困率变化

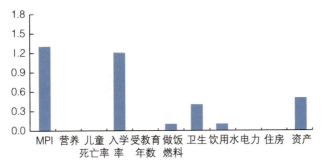

图 2-8　俄罗斯 MPI 及其 10 项指标（2011）

印度

2000—2019 年，印度经济年均增速为 6.5%，随着印度经济快速可持续增长，减贫效果开始显现。其经济增长主要是由服务业推动的，尽管有证据表明 2005—2010 年劳动生产率和实际工资增长强劲，但这对于不断增长的劳动力而言，还无法创造出足够多良好的就业机会。许多研究发现，贫困率在各邦、社会和宗教以及社会弱势群体中稳步下降。就印度而言，搬迁有助于降低贫困率，若不平等程度没有加剧，减贫效果则会更加明显。

印度的情况如图 2-9 和图 2-10 所示。2011 年印度人口超过 12 亿，几乎是 1977 年的两倍。人口的快速增长解释了尽管印度的贫困率下降，但生活在贫困中的人口数量却依然在增加。

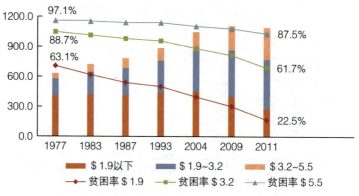

图 2-9　印度贫困人口数量（百万）和贫困率变化

图 2-10　印度 MPI 及其 10 项指标

中国

中国与其他金砖国家最显著的区别是制造业在国民生产总值中的份额较大，这也反映了这些经济体劳动生产率的差异，这也解释了为什么在快速、持续的经济增长中才能实现减贫（2000—2019 年平均增长率 9%）。虽然不平等加剧，但增长效应在很大程度上超过了分配效应，从而产生了净正效应，如果收入分配差距没有随着时间的推移而扩大，净正效应可能会更大。

然而，中国关于贫困的所有指标有一个共同之处是城乡之间的差距仍然很大（收入、生活水平、教育、健康和社会保障），农村地区的贫困率是城市地区的 1.5 倍。鉴于中国在减贫方面取得的巨大成功（约 8 亿人在过去 40 年里摆脱了贫困），人们可能很容易转向更高的目标——减少仍然严重的"相对贫困"。

还应注意到，即使在 2010 年之后，尽管中国经济增长放缓，减贫仍在稳步进行，这意味着再分配政策（包括低保，即保障贫困人口的基本收入）继续发挥着重要作用，这有助于确保更高的贫困增长弹性。

图 2-11 和图 2-12 展示了中国的情况。

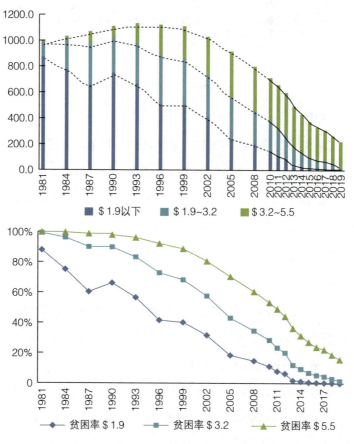

图 2-11　中国贫困人口数量（百万）和贫困率变化

图 2-12 中国 MPI 及其 10 项指标

贫困人口数量、贫困率、中国 MPI 及其 10 项指标都呈下降趋势。

南非

1993—2010 年，南非 MPI 从 37% 下降到 8%，而处于"极度多维贫困"（Severe Multidimensional Poverty）的人口比例也从 17% 大幅下降到 2010 年的 1%。南非的情况如图 2-13 和图 2-14 所示。

南非的情况表明，无论采用何种标准，贫困人口的比例在 2008—2014 年间并未下降。

图 2-13　南非贫困人口数量（百万）和贫困率变化

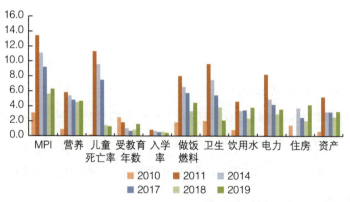

图 2-14　南非 MPI 及其 10 项指标

四、前景和趋势

历史数据显示，金砖国家过去在减贫方面表现总体良好，这个是经济增长和再分配政策有机结合的结果。但是在对金砖减贫保持信心的同时，也应该清醒地认识到疫情后全球减贫不确定性增加，金砖国家减贫事业依旧面临挑战。

从 2008 全球金融危机、2011 欧债危机，再到新冠肺炎疫情、俄乌冲突，近十几年来全球不断出现新的挑战，也正在吞噬国际发展和减贫成果。从长远来看，国际减贫的重要外部条件——国际秩序稳定和全球经济增长将会受到重要影响。以中国为例，中国的经济增长很大程度上得益于世界经济对资本流动（包括外国直接投资）的开放、全球价值链的发展以及世界对国际贸易的开放。

然而，当前有一种所谓"友岸外包"（friend-shoring）的长期趋势似乎正在显现。这可能会导致全球价值链结构发生重大变化，并可能威胁到金砖国家乃至整个世界的经济增长前景。20 世纪的最后 10 年，已经开始的经济区域化进程形成了以美洲、欧洲和亚洲为中心的三个主要区块，这一趋势可能会继续发展，这可能阻碍世贸组织提出的一种全球愿景的实现。

在这样的背景下，一方面，构建高质量伙伴关系十分必要，"一带一路"倡议是少数几个依然保持开放态度的尝试之一，应该进一步鼓励。同时，金砖国家（巴西位于南美，俄罗斯位于欧亚大陆，中国与印度位于亚洲，南非位于非洲大陆）的地理位置表明，金砖国家加强合作，将对世界开放大有裨益，并为在世界范围内发挥比较优势创造互惠互利的条件。

另一方面，当前世界受到冲击的同时，数字革命及其带来的巨大技术进步将影响世界减贫的未来。劳动力市场将面临严峻挑战，不能指望市场足够聪明，自行提供最佳解决方案。只能不断制定与时俱进的政策，才能缓和其影响，避免就业不足，从而过渡到以更高质量的就业为特征的新劳动力市场均衡（Tsaurai 和 Chimbo，2020 年的研究表明，教育投资是必要的，为数字经济助力减贫创造有利条件）。

促进经济增长，保证全球资源开放共享，保障机会平等（例如，保障平等接受教育的机会——特别是在数字经济的新背景下运作所必需的教育——医疗保健、良好的基础设施），才是创造真正共享、包容和可持续增长所必需的。因此，金砖国家要借力金砖"中国年"，凝聚金砖力量，努力共建开放型世界经济，把发展置于各项议程的中心位置，共同推动全球减贫，以落实《联合国 2030 年可持续发展议程》，让发展成果惠及世界人民。

Pompeo Della Posta　刘　倩　陈　林　王莹莹

第三章

金砖国家的粮食安全

金砖国家耕地面积约占世界 32.2%（2020），粮食产量约占世界 40.9%（2020）[①]，全球四大粮食生产国（中国、美国、印度、巴西）中，有三个是金砖国家。由于庞大的人口数量和粮食产量，金砖国家在全球粮食体系中具有重要地位，金砖国家的粮食生产和需求能够在一定程度上影响全球粮食市场，客观分析金砖国家粮食安全问题，不仅能够增强金砖国家粮食保障能力，同时对《联合国 2030 年可持续发展议程》中零饥饿目标的实现具有重要意义。

[①] 数据来源：联合国粮食及农业组织数据库。

一、金砖国家粮食生产基本情况 [①]

粮食生产涉及总产和单产两个方面，总产衡量的是粮食生产规模，单产衡量的是粮食生产效率。粮食是人类生存的必需品，人均粮食产量是衡量一个国家粮食安全的重要指标。不同种类的粮食有不同的用途，因此粮食生产结构对于保障粮食安全也非常重要。

（一）粮食总产缓慢增长

2020 年的数据显示，中国是金砖五国中粮食产量最大的国家，其次是印度，粮食产量大约为中国的一半，巴西和俄罗斯的粮食产量差距不大，大约为中国的五分之一，南非的粮食产量最小，仅有中国的 3% 左右。2011—2020 年，金砖国家的粮食产量总体来说都实现了一定的增长。其中，巴西的增长幅度最大（2016 年除外），粮食产量从 2011 年的 7759 万吨增加至 2020 年的 12557 万吨，增长了 61.8%；印度的增幅相对最小，粮食产量从 2011 年的 28786 万吨增加至 2020 年的 33504 万吨，仅增长了 16.4%；俄罗斯的粮食产量从 2011 年的 9178 万吨增加至 2020 年的 13004 万吨，增长了 41.7%；中国的粮

---

① 本文所指的粮食，仅指联合国粮食及农业组织（FAO）统计口径中的谷物（Cereals），主要包括小麦、水稻和玉米。

食产量从 2011 年的 51937 万吨增加至 2020 年的 61552 万吨，增长了 18.5%；南非的粮食产量从 2011 年的 1293 万吨增加至 2020 年的 1824 万吨，增长了 41.1%。其中，南非的粮食产量波动比较大；印度的粮食产量最稳定，除 2015 年有轻微减少外，其余年份都缓慢增长；中国的粮食产量在 2014 年到 2015 年间实现了高速增长，年增长率达 10.9%，成功跃上 60000 万吨的台阶。

表 3-1　2011—2020 年金砖国家粮食产量　　　　单位：万吨

年份 \ 国家	巴西	俄罗斯	印度	中国	南非
2011	7759	9178	28786	51937	1293
2012	8991	6875	29329	53935	1456
2013	10090	9036	29491	55269	1415
2014	10140	10314	29601	55742	1662
2015	10603	10244	28433	61817	1191
2016	8417	11775	29785	61470	1019
2017	11798	13129	31078	61408	1886
2018	10326	10984	32156	60892	1497
2019	12120	11788	32430	61279	1332
2020	12557	13004	33504	61552	1824

数据来源：联合国粮食及农业组织数据库

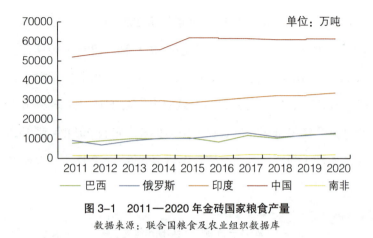

图 3-1　2011—2020 年金砖国家粮食产量

数据来源：联合国粮食及农业组织数据库

（二）人均粮食产量差异较大

金砖国家的人均粮食产量差异较大。其中，俄罗斯的人均粮食产量遥遥领先，近十年间增长速度也比较快，2011 年人均粮食产量为 642 公斤，2020 年达到 902 公斤，比发达国家每人每年 800 公斤的标准还要高；其次是巴西，2011 年的人均粮食产量为 393 公斤，但 2020 年就快速增长到了 591 公斤；印度的人均粮食产量不到 250 公斤，距离世界平均水平还存在较大的差距，且近十年来几乎没有增长；南非的人均粮食产量同样非常低，且波动较大，最高时达 331 公斤，最低时却只有 181 公斤；中国 2011 年人均粮食产量为 386 公斤，只比巴西少 7 公斤，2020 年增长到了 436 公斤，但与巴西的差距却扩大到了 155 公斤。

表 3-2　2011—2020 年金砖国家人均粮食产量及与世界平均值对比

单位：公斤

区域 年份	巴西	俄罗斯	印度	中国	南非	世界
2011	393	642	230	386	249	369
2012	451	480	232	398	276	361
2013	502	630	230	405	264	384
2014	500	717	228	406	305	387
2015	519	711	217	448	215	386
2016	408	816	225	443	181	392
2017	568	909	232	440	331	394
2018	493	760	238	434	259	382
2019	574	816	237	435	228	386
2020	591	902	243	436	307	386

数据来源：联合国粮食及农业组织数据库、世界银行数据库

（三）水稻小幅增产，玉米增产较多

金砖国家在 2011—2020 年这十年中，水稻产量几乎没有增长或增长幅度很小，有些国家甚至有所下降，相比之下，各国的玉米产量增长迅速。巴西的小麦产量从 2011 年的 569 万吨增加到 2020 年的 635 万吨，十年间仅增长了 11.6%；水稻产量甚至有所减少，2011 年为 1348 万吨，2020 年只有 1109 万吨，减产了 17.7%；但玉米产量却从 2011 年的 5566 万吨大幅增产到 2020 年的 10396 万吨，增长了 86.8%。俄罗斯的小麦产量在 2011 年为 5624 万吨，2020 年增产到 8590 万吨，增

长了52.7%；水稻产量几乎没有变化，在106万吨上下波动；玉米产量翻了一番，从2011年的696万吨增至2020年的1388万吨。印度的三大粮食作物产量均实现了较为平稳的增长：小麦产量从2011年的8687万吨增至2020年的10759万吨，增长了23.9%；水稻产量从2011年的15790万吨增至2020年的17831万吨，增长了12.9%；玉米产量从2011年的2176万吨增至2020年的3016万吨，增长了38.6%。南非的小麦产量波动较大，最低时为144万吨，最高时为211万吨；水稻产量几乎没有变化，每年的产量都稳定在0.3万吨左右；玉米增产较多，从2011年的1036万吨增至2020年的1530万吨，增长了47.7%。

小麦和水稻作为主要的口粮作物，对于消除饥饿有着重要意义，金砖国家在粮食产量总体不足的情况下，优先保障口粮供给是十分必要的。目前全球尚有8.1亿饥饿人口，俄罗斯作为全球最大小麦出口国，印度作为全球最大水稻出口国，其小麦和水稻的增产对于实现全球零饥饿目标影响重大。

（四）粮食单产总体不高

金砖国家主要农作物的单产尽管存在一些差异，但总体都不高。中国、巴西和俄罗斯的水稻单产均高于世界平均水平，其中中国的水稻单产最高，达7043公斤/公顷，是世界平均水平的1.5倍；其次是巴西，为6611公斤/公顷；南非的水稻单产最低，仅有2817公斤/公顷，为世界平均水平的60%。中国的

表 3-3　2011—2020 年金砖国家三大主要粮食作物产量

单位：万吨

国家	作物	2011	2012	2013	2014	2015	2016	2017	2018	2019	2020
巴西	小麦	569	442	574	626	551	683	434	547	559	635
	水稻	1348	1155	1178	1218	1230	1062	1246	1181	1037	1109
	玉米	5566	7107	8027	7988	8528	6419	9791	8237	10113	10396
俄罗斯	小麦	5624	3772	5209	5971	6179	7335	8600	7214	7445	8590
	水稻	106	105	93	105	111	108	99	104	110	114
	玉米	696	821	1163	1133	1317	1528	1321	1142	1428	1388
印度	小麦	8687	9488	9351	9585	8653	9229	9851	9987	10360	10759
	水稻	15790	15780	15920	15720	15654	16370	16850	17472	17765	17831
	玉米	2176	2226	2426	2417	2257	2590	2590	2875	2772	3016
中国	小麦	11741	12102	12193	12621	13264	13327	13424	13144	13360	13425
	水稻	20100	20424	20361	20651	21214	21109	21268	21213	20961	21186
	玉米	19278	20561	21849	21565	26499	26361	25907	25717	26078	26067
南非	小麦	201	192	187	175	144	191	154	187	154	211
	水稻	0.3	0.3	0.3	0.3	0.3	0.3	0.3	0.3	0.3	0.3
	玉米	1036	1212	1181	1425	996	778	1682	1251	1128	1530

数据来源：联合国粮食与农业组织数据库

小麦单产远高于世界平均水平，达到了 5742 公斤/公顷，为世界平均水平的 1.6 倍；南非的小麦单产也比较高，达 4137 公斤/公顷，为世界平均水平的 1.2 倍；其余三个国家的小麦单产均低于世界平均水平，而最低的则是巴西，仅有 2607 公斤/公顷，只有世界平均水平的 75%。金砖国家的玉米单产都不高（中国除外），与世界平均水平 5755 公斤/公顷相差不多，但印度的玉米单产尤其低，仅为 3057 公斤/公顷，约为世界平均水平的 50%。

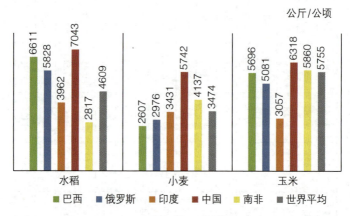

图 3-2　2020 年金砖国家主要农作物单产及与世界平均值对比

数据来源：联合国粮食及农业组织数据库

二、金砖国家粮食消费基本情况

总体来看，金砖国家的粮食消费表现出两个重要特点：一是粮食自给率较高；二是人均粮食消费水平总体偏低。

（一）粮食自给率较高

金砖国家的粮食消费主要依靠自产。南非对进口粮食的依赖程度较高，进口粮食占其国内消费总量的比重稳定地维持在 20% 左右，但也有一些年份进口量比较大，比如 2016 年的进口粮食就占到了其国内消费总量的 37.1%。巴西的粮食进口量也比较大，2016 年进口粮食占国内消费总量的 15.4%。中国的粮食进口经历了先增后减的发展过程，2015 年进口粮食 3263 万吨，占当年国内消费总量的 5.7%，之后逐渐减少，到 2019 年仅占 2.8%。印度粮食进口较少，粮食进口最多的年份为 2017 年，进口了 571 万吨，约占当年国内消费总量的 2%。俄罗斯的粮食进口平均不超过 100 万吨，2019 年进口粮食占国内消费总量的比重仅为 0.7%。

（二）人均粮食消费水平总体偏低

金砖国家的人均粮食消费近十年来略有增长（个别年份为降低态势），但总体水平仍然偏低。印度和南非均未达到联合国规定的人均 400 公斤的粮食安全线，还没有解决好"吃饱"的问题，尤其是印度，距离"吃饱"还有很大差距。2019 年，巴西的人均粮食消费为 428 公斤，中国的人均粮食消费为 442 公斤，都是略高于粮食安全线。俄罗斯的人均粮食消费量最高，为 544 公斤，高出粮食安全线 36%，但距发达国家人均 800 公斤的消费量还存在很大差距。也就是说，金砖五国中，已有

表 3-4 金砖国家的粮食平衡表

单位：万吨

年份	巴西					俄罗斯				
	产量	出口	进口	库存变动	国内消费	产量	出口	进口	库存变动	国内消费
2011	7759	1314	733	-191	7369	9178	1825	82	831	6604
2012	8991	2331	837	-474	7971	6875	2242	114	-876	5624↓
2013	10090	2867	934	475	7682	9036	1901	151	458	6828
2014	10140	2179	759	455	8265	10314	3007	93	179	7220
2015	10603	3166	637	-848	8923	10244	3069	73	-200	7449
2016	8417	2322	1118	-35	7247	11775	3384	103	560	7934
2017	11798	3048	877	637	8990	13129	4322	74	64	8817↓
2018	10326	2501	892	-524	9241	10984	5480	63	-1001	6568↓
2019	12120	4432	943	-411	9042	11788	3938	52	41	7860
2020	12557	3623	910			13004	4485	60		

续表

年份	印度					中国				
	产量	出口	进口	库存变动	国内消费	产量	出口	进口	库存变动	国内消费
2011	28786	567	2	592	27229	51937	85	541	1411	50983
2012	29329	1970	5	323	27040	53935	66	1393	3052	52210
2013	29491	2342	3	-945	28097	55269	60	1451	6113	50548 ↓
2014	29601	1931	4	-350	28025	55742	50	1945	7133	50504 ↓
2015	28433	1279	56	-365	27575	61817	34	3263	7314	57732
2016	29785	1072	226	29	28911	61470	54	2191	3972	59634
2017	31078	1296	571	930	29424	61408	134	2542	2890	60925
2018	32156	1298	23	1532	29349	60892	218	2019	391	62302
2019	32430	1045	60	1324	30121	61279	285	1752	495	62252
2020	33504	1730	34			61552	233	3547		

续表

年份	南非				
	产量	出口	进口	库存变动	国内消费
2011	1293	262	300	−149	1480
2012	1456	109	340	182	1506
2013	1415	300	281	−177	1574
2014	1662	262	294	74	1620
2015	1191	113	273	−297	1648
2016	1019	125	596	−114	1605
2017	1886	241	347	316	1676
2018	1497	239	314	141	1713
2019	1332	144	350	−201	1740
2020	1824	290	341	0	

数据来源：联合国粮食及农业组织数据库

三个国家解决了"吃饱"问题，但是还未能达到"吃好"的标准，仍有两个国家处于供不应求的粮食短缺状态。

表3-5 金砖国家人均粮食消费 单位：公斤

国家 年份	巴西	俄罗斯	印度	中国	南非
2011	373	462	218	379	285
2012	400	393	214	386	285
2013	382	476	219	371	293
2014	408	502	216	368	297
2015	436	517	210	418	298
2016	352	550	218	430	286
2017	433	610	220	436	294
2018	441	455	217	444	296
2019	428	544	220	442	297

数据来源：联合国粮食及农业组织数据库、世界银行数据库

三、金砖国家的粮食安全

国际上通用的"粮食安全"（Food Security）一词，是1974年11月联合国粮农组织在罗马召开的第一次粮食首脑会议上提出的。当时的世界粮食形势十分严峻，1972年世界粮食库存仅有1.75亿吨，且分布十分不平衡，占世界人口约四分之三的发展中国家只有0.54亿吨，仅占31%。会议通过了《世界消灭饥

饿和营养不良宣言》，第一次提出了"粮食安全"概念，即"保证任何人在任何时候都能够得到为了生存和健康所必需的足够的食物"。1996年，联合国粮农组织在《世界粮食安全罗马宣言》中将粮食安全重新定义为：只有当所有人在任何时候都能够在物质上和经济上获得足够、安全和富有营养的粮食来满足其积极和健康生活的膳食需要及食物喜好时，才实现了粮食安全。这一定义隐含着粮食安全的四个关键方面：（1）粮食供应，指一个国家或地区通过各种形式的粮食生产、进口、储备和援助而获取的粮食数量；（2）粮食获取，指一个家庭通过购买、易货、借款、粮食援助等方式，定期获得足够数量的食物的能力；（3）粮食利用，粮农组织将其定义为满足积极和健康生活的膳食需要及食物喜好的食品；（4）稳定的粮食供应、获取和利用，粮食安全取决于随着时间推移、供应、获取和利用能够一致。

关于粮食状态达到什么标准才可以称为安全，国际上有多种评价标准。Coates将粮食安全评估和行动解构为五个维度：（1）粮食数量充足；（2）营养质量充足；（3）具备文化可接受性；（4）安全；（5）确定性和稳定性。[①] 在我国，国家统计局农村社会经济调查司将粮食安全理解为粮食供需平衡系统，2005年确定了由4个子系统、14个细化指标组成的粮食安全评价

---

① Coates J, "Build it back better：Deconstructing food security for improved measurement and action", *Global Food Security* 2(3): 188-194 (2013).

体系。[①] 经济学人智库（EIU）设计的全球粮食安全指数（GFSI）用食品供给、食品可获得性、食品安全和质量这三个维度的 28 个指标进行指标标准化和加权，评价一个国家或地区的粮食安全状况。联合国粮农组织有一个非常简单的评价标准，即当一个国家或地区饥饿人口[②] 比重达到或高于 15% 时，该国就是粮食不安全国或粮食不安全地区。

（一）金砖国家仍存在较多的饥饿人口

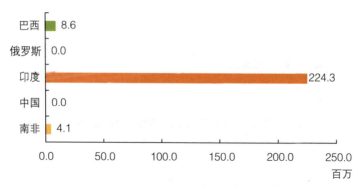

图 3-3 金砖国家饥饿人口数量
数据来源：联合国粮食及农业组织数据库

金砖国家的饥饿人口主要集中在印度，南非、巴西和俄罗斯也有少量的饥饿人口。印度有将近 2.2 亿人吃不饱饭，占其

---

① 国家统计局农村社会经济调查司：《我国粮食安全评价指标体系研究》，载《统计研究》，2005（8）。

② 饥饿人口即营养不良人口，按照 FAO 的标准，饥饿为每日热量摄入量少于 2100cal 的状况。

人口总数的 16.4%，占世界饥饿人口总数的四分之一。南非大约有 410 万饥饿人口，占其人口总数的 7.0%，其饥饿问题也比较严重。巴西大约有 860 万饥饿人口，占其人口总数的 4.1%。

（二）金砖国家的粮食安全水平较低

世界粮食计划署有一张著名的"饥饿地图"，如果一个国家有 5% 以上的人口面临严重粮食不安全问题，将被这张"饥饿地图"亮出黄灯。按照这一标准，印度、巴西和南非都属于"黄灯区"。

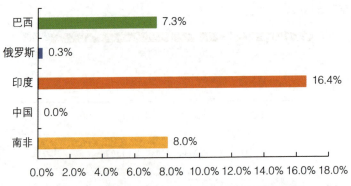

图 3-4　金砖国家严重粮食不安全人口 [①] 占总人口比值

数据来源：联合国粮食及农业组织数据库、世界银行数据库

在经济学人智库（EIU）发布的《全球粮食安全指数

---

① 由于印度的粮食严重不安全人口数据缺失，因此用该国 2019—2021 年的营养不良人口数量替代。

2021》中，俄罗斯在 113 个国家中排名第 23 位，是金砖国家中排名最靠前的国家；其次是中国，排名第 34 位。巴西排名第 63 位，较前年下降 11 位，南非排名第 70，印度排名第 71。由此可见，金砖国家的粮食安全状况总体而言并不理想。

四、金砖国家粮食安全面临的主要挑战

所谓粮食安全，简而言之，就是所有人在任何时候都"买得到"并且"买得起"粮食。因此粮食安全之所以出了问题，要么是"买不到"，要么是"买不起"。"买不到"就是供应不足，不仅仅是指国内生产不足，在全球化背景下，一国的粮食供应除了国内生产，还有国际进口，说明由于种种原因，进口粮食也不足。一般认为，每个国家的资源禀赋不同，适合发展的产业也就不同，有的国家适合发展农业，有的国家适合发展工业，各国应该发挥比较优势，然后借助国际贸易解决不同国家的不同问题。但我们同时也要特别注意，粮食同其它商品不同，既具有经济性，也具有政治性；既具有国际贸易的性质，又具有国家战略性质。[①] 无论是《战国策》中"服帛降鲁梁"的故事，还是 2007—2008 年的全球粮食危机，都深刻地反映出一个道理，那就是依靠别国保障本国的粮食供给风险极大，

---

① 尹成杰：《粮安天下》，4~5 页，北京，中国经济出版社，2009。

依赖进口粮食的国家绝不是粮食安全的国家。"买不起"就是没有支付能力,贫困人口没有足够的收入购买所需的粮食,饱受饥饿折磨,说到底,"买不起"的问题就是贫困问题。从这两个方面出发,金砖国家在粮食安全方面主要面临四个挑战。

(一)农业资源不足限制粮食生产能力

耕地资源和淡水资源是粮食生产不可缺少的自然资源。耕地作为粮食生产的载体,具有稀缺性和不可替代性;淡水资源是粮食生长的源泉,农业可利用淡水资源的数量和质量,是影响粮食产量和质量的最重要因素之一。[①]

金砖国家的耕地面积约占世界总耕地面积的 32.2%,但人口却占世界的 42%,也就是说金砖国家要用相对较少的耕地资源养活相对较多的人口,是一个基本的现实挑战。中国和印度由于人口众多,人均耕地面积仅有 0.1 公顷,为世界平均水平的一半。有的金砖国家,人均耕地面积相对多一些,但呈现出不断减少的趋势。譬如说 2001—2019 年,俄罗斯的耕地面积从 12572 万公顷减少到 12344 万公顷,减少了 228 万公顷;南非的耕地面积从 1409 万公顷减少到 1241 万公顷,减少了 168 公顷。印度的人均耕地面积本来就很少,且在近十年也有所减少,从 16983 万公顷减少到 16932 万公顷,减少了 51 万公顷。

---

① 尹成杰:《粮安天下》,4~5 页,北京,中国经济出版社,2009。

在目前的经济条件下，耕地一旦转作建设用地和工业用地等其它用途，将几乎不可能再用来生产粮食。[①]巴西的耕地面积有所增加，从 5582 万公顷增加到 6352 万公顷，增加了 770 万公顷，但一部分耕地的增加是以破坏热带雨林为代价的，从长远来看会对全球气候变化带来不利影响，进而影响粮食产量。[②]与此同时，金砖国家的耕地质量也出现了不同程度的下降，这也将直接带来粮食综合生产能力的降低，将进一步加大粮食供给的压力。

表 3-6　2019 年金砖国家耕地面积及与世界平均值对比

国家	耕地面积（千公顷）	总人口（千人）	人均耕地面积（公顷）
巴西	63518	211050	0.30
俄罗斯	123442	144406	0.85
印度	169317	1366418	0.12
中国	134881	1407745	0.10
南非	12413	58558	0.21
世界	1556059	7683438	0.20

数据来源：联合国粮食及农业组织数据库、世界银行数据库

金砖国家的淡水资源为 142770 亿立方米，约占世界总量的 33.3%。总体而言，金砖国家的淡水资源供求形势十分严

① 尹成杰：《粮安天下》，4~5 页，北京，中国经济出版社，2009。
② 赵勤：《金砖国家粮食生产与安全问题研究》，载《学习与探索》，2012 (10)。

峻。南非的淡水资源相当稀缺，人均淡水资源仅为世界平均水平的 13.7%。印度和中国的淡水资源也非常紧张，人均淡水资源分别为世界平均水平的 18.9% 和 35.4%。巴西和俄罗斯的人均淡水资源从数值上来看很高，但是这两个国家都有一个相同的问题，那就是淡水资源的分布严重不均衡——巴西 80% 的淡水资源位于北部亚马逊河流域，其它地区尤其是东北部却干旱缺水；俄罗斯 88% 的淡水资源分布在气候寒冷、人口稀少的北部和东部，人口占全国 75% 的南部和西部地区的淡水资源却仅占全国的 12%。淡水资源短缺，将直接给粮食生产带来不利影响。以中国为例，中国每年农业生产缺水 300 亿立方米，因此造成的粮食减产约 200 亿公斤。①

表 3-7　2019 年金砖国家淡水资源及与世界平均值对比

国家	淡水资源（十亿立方米）	人均淡水资源（立方米）
巴西	5661	27025
俄罗斯	4312	29845
印度	1446	1069
中国	2813	2005
南非	45	775
世界	42809	5658

数据来源：世界银行数据库

① 农业部农业贸易促进中心政策研究室：《FAO：缺水威胁巴西粮食安全》，载《世界农业》，2015（3）。

（二）气候变化加剧粮食生产不确定性

全球气候变化是当前人类社会面临的严峻挑战之一。政府间气候变化专门委员会（IPCC）第六次评估报告第一和第二工作组的报告指出："人类活动产生的温室气体排放已经导致全球气温升高约 1.1℃，如果全球变暖在未来几十年或更晚的时间内超过 1.5℃，人类本身、自然系统、生物多样性都将面临额外的严重风险。"气候变化深刻地影响着农业生产和粮食产量[①]，温度升高将引发农作物对水分蒸发的需求增加，并导致土壤中的水分快速枯竭，[②]对水资源的供应也会带来诸多挑战。有证据证明，气候变化已经对许多地区乃至全球的小麦和玉米生产带来了负面影响。Marcia Zilli 等学者研究发现气候变化将导致巴西的玉米和大豆减产。[③]大多数地区异常炎热天气的出现频率增加，对大多数农作物造成了破坏，而且已观测到其对

---

① 联合国粮食及农业组织编著，李婷、刘武兵、郑君译：《气候变化和粮食安全：风险与应对》，33 页，北京，中国农业出版社，2019。

② FAO，"2013 Report of the First Meeting of the Plenary Assembly of the Global Soil Partnership"，11-12(June 2013). *Hundred and Forty - eighth session*,Rome,2-6 December 2013,CL148 / 13,Rome.

③ Marcia Zilli, Marluce Scarabello,Aline C. Soterroni,Hugo Valin,Aline Mosnier, David Leclère,Petr Havlík,Florian Kraxner,Mauricio Antonio Lopes,Fernando M. Ramos，"The impact of climate change on Brazil's agriculture"，*Science of The Total Environment*,Vol. 740,2020.

稻谷产量和品质造成了不利影响。[①] 气候变化还会引发经常性的干旱和其他灾害，过去百年发生一次的大旱，现如今每 20 年就会发生一次。巴西和印度的很多地方都没有大型的灌溉设施，农业生产基本上依赖自然降水，干旱对这两个国家的粮食生产非常不利。例如，2015 年巴西遭遇严重干旱，农业生产受到巨大影响；2010 年俄罗斯百年不遇的持续高温干旱天气，使当年粮食产量下降 37%。

（三）农业现代化水平较低

农业现代化指的是农业从传统生产向现代生产变化的过程。农业现代化的衡量标准主要包括农业机械化、农业科学技术的进步及其应用、农业产业化、农业信息化、农业劳动者高素质化等方面。相较于传统农业，现代化农业的生产效率要高得多。在农业自然资源有限的情况下，农业现代化就是保障粮食安全的重要途径。西方发达国家的农业现代化大约起源于 19 世纪 70 年代，到 20 世纪 60 年代基本完成，历时约一百年。英国是世界上最早完成农业现代化的国家，其农业现代化以"圈地运动"为开端，最终建立了新型农业资本主义生产关系。日本、韩国是亚洲较早开启农业现代化进程的国家，日本在 1990 年实现了农业现代化，政府重点对农业、农村进行投

---

① 联合国粮食及农业组织编著，李婷、刘武兵、郑君译：《气候变化和粮食安全：风险与应对》，7 页，北京，中国农业出版社，2019。

资，城乡差距基本消失。韩国从 20 世纪 70 年代发起"新村运动"，经过 20 多年的努力，到 1993 年韩国人均 GNP 已达 7660 美元，农村人均收入达到城市居民的 95%，居于中等发达国家水平。[①] 金砖国家作为发展中国家，农业现代化水平相对而言还比较低，有学者基于产业要素年代差距分析法测出中国农业现代化发展总体水平大体相当于美、英等国 20 世纪 60 年代末到 80 年代初的水平，同日本 20 世纪 90 年代初水平相当，印度、巴西、南非与中国基本处于相同的发展阶段。俄罗斯的农业现代化进程也相对缓慢，农业科学技术还不太发达，农业机械以及许多农业生产资料都主要依赖进口。

（四）贫困和不平等现象较为严重

世界银行《1986 年世界发展报告》指出："普遍营养不良的根源往往不是粮食生产不足，而是贫困和收入分配不均。"贫困和饥饿相伴而生，极端贫困人口每天的生活费不足 1.9 美元，在饥饿中挣扎。金砖国家还有不少的极端贫困人口。根据世界银行最新数据，印度大约有 3.1 亿极端贫困人口，占该国人口总数的 22.5%，超过世界全部极端贫困人口的三分之一；南非大约有 1100 万极端贫困人口，占其人口总数的 18.7%；巴西也有少量极端贫困人口，约为 361 万，占其总人口的 1.7%。

---

① 王锋：《制度变迁与我国农业现代化的实现》，载《经济学家》，2015（7）。

与此同时，金砖国家的不平等现象也较为突出。南非的不平等现象最为严重，基尼系数超过 0.6；巴西的基尼系数约为 0.5；均超出了 0.4 的警戒线。印度、中国和俄罗斯的基尼系数也都非常接近 0.4。加上三年来新冠肺炎疫情的影响，不少国家都出现了比较严重的返贫现象。联合国的相关报告显示，新冠肺炎疫情导致全球大约有 0.7 亿人重新陷入极端贫困状况。疫情等因素引发的粮食价格上涨导致印度新增了数百万陷入饥饿的家庭，许多人现在每天只吃一顿饭。

五、金砖国家解决粮食安全的基本思路

《联合国 2030 年可持续发展议程》提出的最重要目标之一就是消除饥饿。但现实情况却不尽如人意，最近几年全球在实现消除饥饿目标方面不仅没有取得进展，还出现了比较严重的倒退现象。根据联合国粮农组织最新发布的《2022 年世界粮食安全和营养状况》，2019 年全球营养不良发生率为 8%，2020 年上升至 9.3%，2021 年进一步上升到 9.8%；目前的全球饥饿人口数量比疫情前增加了 1.5 亿。因此世界各国以及相关国际组织都应该十分认真地重新确定粮食安全基本思路，并采取积极有效措施，否则很难于 2030 年实现零饥饿目标。

基于以上分析，并借鉴相关国际经验，我们认为金砖国家今后解决粮食安全问题的基本思路应该抓住三大要点：一是

提高粮食生产效率；二是促进农产品国际贸易发展；三是完善全球治理。

（一）提高粮食生产效率

由于金砖国家的农地资源总体上并不丰裕，因此提高农地的粮食生产率就成为问题的核心。也就是说，金砖国家解决粮食安全问题最重要的思路，就是要千方百计地提高单位面积的粮食产量。基于中国以及世界相关经验，金砖国家可重点考虑从五方面提高粮食生产效率：第一，提高土壤质量，如提高灌溉水平、通过合理施肥提高土壤肥力；第二，提高科技成果在粮食生产过程中的转化效率，如良种良法的推广特别是优质杂交水稻种子的推广对于水稻增产具有显著效果；第三，通过增加现代要素投入实现粮食单产增加，如适度增加氮磷钾等化肥的使用；第四，通过更加有效的制度提高粮食产量，如中国在改革开放初期通过实行家庭联产承包责任制，极大地提高了生产效率，粮食产量迅速实现大幅增长，其他国家在土地制度、经营制度等方面也都有很大提升和改进空间；第五，通过完善政策提高粮食产量，如政府通过适当方式对粮食生产提供一定的补贴（也有国家对粮食消费者提供补贴），或者适时适当提高粮食收购价格等，都将直接激励粮食生产者，进而促进粮食增产。

（二）促进农产品国际贸易发展

充分利用国际粮食市场来平衡国内粮食供求，是确保国家粮食安全的另一个重要的基本思路。世界各国的土地资源差别很大，有些国家天然地具有粮食生产的资源优势，如俄罗斯、美国、加拿大、澳大利亚等，有些国家就没有这方面的资源优势，如中国、日本、韩国等。

具有农地资源优势的国家，可以充分发挥其比较优势，将其一部分粮食用于出口，获取外汇收入；农地资源紧张的国家，则可以从国际市场上购买自己所需要的粮食。因此通过国际贸易方式来解决一些国家的粮食安全问题，就成为一个非常重要的粮食安全战略。

例如，中国是世界粮食产量最多的国家，目前的年产量在6.8亿多吨，但由于人口太多，人均粮食产量并不高，不到500公斤。同时中国也是世界上最大的粮食进口国，2011—2020年进口粮食总量超过1.5亿吨，这样一来，中国也是世界上粮食储备总量最多的国家，以此保证中国在粮食安全上绝对不会出问题。印度也是世界产粮大国之一，但由于人口多，人均粮食产量只有200多公斤，大大低于粮食安全线的基本要求，同时印度每年都会出口相当多的大米且粮食进口很少，因此印度成了世界上饥饿人口最多的国家，粮食安全一直都是其主要问题之一。那么，印度是否可以更好地利用国际粮食市场来改善其粮食安全呢？回答当然是肯定的。一种可行的办法是通过出口优质大米换取更多外汇收入，然后购进相对便宜的粮食作物，增加其国内的粮食供应量，缓解粮食安全压力。俄罗斯和巴西主要是利用国际市场出口粮食，俄罗斯不存在粮食安全问题，但巴西还是存在粮食安全问题的，尽管其人均粮食产量已经超过 500 公斤，但由于社会分配不均使得相当数量的人没有解决温饱问题。南非仅靠国内生产，也是很难解决粮食安全问题的，也需要更好地利用国际市场来平衡其国内粮食供需。

（三）完善全球治理

一个国家的粮食安全，除了依靠自身努力外，全球治理的水平和质量也起着十分重要的作用。从宏观上讲，世界各国的粮食安全得到有效保障的一个前提条件就是一个长久和平的环境，从而使全球粮食自由贸易得以顺利进行，否则有些依靠粮食进口的国家就会出现比较严重的问题。如受俄乌冲突的影响，非洲、中东、亚洲一些通过从乌克兰和俄罗斯进口粮食实现其粮食供需平衡的国家，目前已经出现或即将出现粮食危机。因此，通过完善全球治理体系防止战争或地区冲突的发生，或者通过全球治理机制迅速制止战争、遏制地区冲突，具有关键性意义。

另一个十分重要的全球治理问题，就是经济全球化问题。如果不能保障经济全球化的健康推进，本来就十分脆弱的全球粮食产业链、供应链，可能完全断裂。对于粮食进口国而言，就意味着其粮食安全得不到保障；对于粮食出口国而言，就意味着其粮食生产比较优势不仅得不到充分发挥，甚至还会带来一定的经济损失。因此全球治理机构和世界各国都有责任和义务坚持走真正的多边主义道路，团结合作，继续推进经济全球化进程，并努力使其向着更加开放、包容、普惠、均衡、共赢的方向发展。

气候变化给全球粮食安全带来的直接的、新的挑战也需要世界各国根据新的形势，尽快构建和完善全球气候治理体系，为有效应对极端气候做好充分的准备，尽可能地减小因全球气候变化对粮食生产可能带来的不利影响。

目前的饥饿问题，既有粮食生产方面的问题，导致"买不到"粮食；也有很多人收入低、"买不起"的问题。这一方面需要各国政府进一步完善收入分配制度，进一步推进减贫事业；另一方面，目前的全球治理相关机构，如联合国粮农组织、世界粮食计划署、国际农业发展基金等，应更好地发挥作用，真正地将每一个人都买得到粮食、买得起粮食作为人类生存和发展的一项能实现的基本权利，通过更加有效的措施支持、帮助、促进全球粮食生产及其更加公平的分配，真正实现每个人都免于饥饿的基本目标。

胡必亮　张怡玲

第四章

金砖国家工业化

　　工业革命以来，人们几乎从未怀疑过工业化给国家发展带来的巨大促进作用。我们甚至更简明直白地称发达国家为"工业化国家"或者"工业国"。工业化已经成为财富、经济发展、技术领先、政治权力和国际主导地位的代名词。[①]工业化被认为是工业（尤其是制造业）产值在国民经济中的比重不断上升，同时工业就业人数在总就业人数中比重不断上升的过程。其伴随的是农业产值在国民经济中比重的不断下降，且农业就业人数在总就业人数中比重的不断下降。发展经济学界也称之为"结构转型"过程，也即是指生产资源或要素逐渐由生产效率较低的农业经济领域转移到生产效率相对较高的工业或服务业经济领域，或者从传统经济领域转移到现代经济领域的过程。

[①]　Adam Szirmai, "Industrialisation as an engine of growth in developing countries, 1950-2005", *Structural Change and Economic Dynamics*, 2012(4).

无论是早期的欧美发达国家还是"二战"后的东亚发展中经济体都得益于工业化，实现了技术的进步、经济的发展、财富的积累。

20世纪50年代以来，实现民族独立的广大发展中国家为实现工业化做出了不懈努力，以促进经济的快速发展。但遗憾的是，至今只有少数东亚发展中经济体成功实现了这一目标，而其他发展中经济体仍在探索可能的经济持续增长路径。21世纪以来，新兴市场国家逐渐成为新的全球经济增长动力[1]，在国际政治经济舞台上发挥着越来越重要的作用[2]，其工业化发展路径和结构转型过程也展现出不同的特征。McMillan 等研究发现工业化结构转型对经济发展的作用在经济体间存在很强的异质性，并认为"我们不应为部门间结构转型的一般模式在今后的国际发展中发挥较弱的作用而感到惊讶"，如工业化在印度对经济增长的贡献要比在改革开放后的中国要小得多。[3]

[1] 胡必亮、周晔馨、范莎：《全球经济格局新变化与中国应对新策略》，载《经济学动态》，2015（3）。

[2] 胡必亮、唐幸、殷琳、刘倩：《新兴市场国家的综合测度与发展前景》，载《中国社会科学》，2018（10）。

[3] Margaret McMillan, Dani Rodrik, and Claudia Sepulveda, *Structural change, fundamentals,andgrowth: A framework and case studies*,Washington,The World Bank, 2017.

即便如此，工业化仍被认为与人类福祉息息相关。尤其是在 2008 年全球金融危机后，世界各国所面临的经济发展不确定性的挑战陡增，工业化发展又重新成为全球共识。2015 年《联合国 2030 年可持续发展议程》中就专门设立了旨在"建造具备抵御灾害能力的基础设施，促进具有包容性的可持续工业化，推动创新"的**目标** 9（SDGs 9）。而这一可持续发展目标与其他目标具有很高关联性。联合国工业发展组织（UNIDO）认为，"包容性和可持续的工业化可以推动持续的经济增长，创造体面的就业和收入（SDGs 8）；有助于减少贫困（SDGs 1）、饥饿（SDGs 2）和不平等（SDGs 5、SDGs 10），改善健康和福祉（SDGs 3），提高资源和能源效率（SDGs 6、SDGs 7、SDGs 11、SDGs 12），减少温室气体和其他污染排放（SDGs 13、SDGs 14、SDGs 15）。"[1] 由此可见，工业化仍是未来全球发展面临的一项重要课题。

2020 年新冠肺炎疫情暴发以来，全球发展陷入困境，疫情带来的冲击对广大发展中国家尤甚，《联合国 2030 年可持续发展议程》的推进趋于缓慢。2021 年 9 月，习近平主席在第 76 届联合国大会一般性辩论上提出了全球发展倡议，旨在对接《联合国 2030 年可持续发展议程》，全面推进减贫、卫生、教

---

① United Nations Industrial Development Organization, *How industrial development matters to the well-being of the population: Some statistical evidence*, Vienna, UNIDO, 2020.

育、数字互联互通、工业化等领域合作，推动全球共同发展，其中工业化是重点领域之一。2021 年 10 月，在二十国集团领导人第十六次峰会第一阶段会议上，习近平主席再次呼吁支持非洲和最不发达国家实现工业化的倡议。2022 年 6 月 22—24日，习近平主席分别在金砖国家工商论坛、金砖国家领导人第十四次会晤、全球发展高层对话会上重申了加强金砖国家、新兴市场国家和发展中国家合作，共同促进工业化发展与制造业转型升级的主张。中国已经在促进广大发展中国家工业化方面做出了巨大努力。

金砖国家包括当今世界最主要的新兴市场经济体和发展中国家，2020 年金砖国家国土面积占世界领土总面积超过 26%，人口总数占世界总人口的约 42%，而 GDP 总量占世界 GDP 总量的近 25%，贸易总量占世界贸易总量的约 18%。可见在经济发展领域，金砖国家在世界经济中的地位迅速提升，但相比于其巨大的人口规模，仍有提升空间。在此背景下，讨论其工业化发展及合作不仅对全球发展具有重要现实意义，也对《联合国 2030 年可持续发展议程》目标的实现有重要的现实意义。

一、金砖国家工业化简述

鉴于 20 世纪 30 年代苏联重工业经济的迅猛发展，并与西方资本主义经济体在大萧条中挣扎的现实形成鲜明对比，金砖五国纷纷建立了以计划经济为主导的进口替代发展策略①，强调发展资本密集型工业（尤其是重工业）。但这一"结构主义"②工业化发展策略的实施在金砖国家产生了不同的政策效果，而相同的是，五国均没有因此走上可持续的发展道路，后期的政策调整使得各国走向不同的工业化方向。

（一）印度与中国

印度与中国在"二战"后到 20 世纪 80 年代期间经历了较为类似的工业化发展历程。印度独立后虽然在政治上接受了西方的民主制度，但是在经济发展策略上却选择了苏联式政府主导的计划经济，而非西方倡导的自由市场经济。希望通过优先发展重工业在相对短的时间内完成印度的工业化赶超。到 20 世纪 80 年代，印度虽然建起了庞大的国有经济和一定的工业基础，但由于计划经济体制的内在缺失及进口替代策略的僵化，使得其工业化发展后劲不足，并没有起到促进经济持续快速发展的目的。1960 年印度人均 GDP 为 302.67 美元，到 1980 年增长到 387.64 美元，增长极其缓慢。改革开放前的中国也经

---

① 指限制某些外国工业品进口，促进国内有关工业品的生产，逐渐实现以国内产品替代进口产品，为本国工业发展创造有利条件，实现工业化。
② 结构主义思想是"二战"以来发展经济学领域逐渐形成的，其主张生产资源或要素逐渐从传统低生产效率经济领域（农业）转移到现代高生产效率经济领域（工业或服务业）的过程，以实现经济的快速持续发展。

历了类似的工业化发展历程，政府主导的计划的、激进的、封闭的工业化发展策略造成了巨大的效率损失，1960年中国人均GDP为238.2美元，到1978年也仅为381.1美元。

20世纪80年代后，印度依赖政府大量投资的工业政策变得不可持续，国际收支的危机和外债的压力陡增。这也使得印度逐渐抛弃了结构主义的发展思路，进而走向新自由主义的方向。在将进口替代的政策调整为进口替代与出口促进相结合的发展策略的同时，放松对自由市场经济的管制，提出了自由化、私有化、开放化的发展方略，也不再刻意强调工业化尤其是制造业对于经济发展的重要性。转而，印度提出"用电子革命把印度带入21世纪"的口号，并在行政管制、税收、教育、信贷等方面给予电脑软件行业以政策扶持，从而带动了相关服务业的快速发展。政策的调整的确使印度经济实现了相对较快的增长，但同时也出现了因工业化进程停滞而带来的经济结构失调、财富分化等问题。而中国的经济调整则选择了不同于印度的方向。中国的市场化进程是以一种更为渐进的方式进行的，同时借鉴出口导向发展策略引进外资，使得加工贸易得以快速发展，制造业也在此基础上发展起来。

表 4-1　印度与中国各产业增加值占 GDP 比重（%）

	印度				中国			
	1960	1980	2000	2020	1960	1980	2000	2020
农业	41.3	31.3	21.6	18.3	23.2	29.6	14.7	7.7
工业	20.8	26.0	27.3	23.5	44.4	48.1	45.5	37.8
服务业	37.9	42.7	51.1	58.2	32.4	22.3	39.8	54.5

数据来源：世界银行，其中工业指采矿业、制造业、建筑业、电力、水和天然气行业。其中，印度服务业数据根据农业和工业占 GDP 比重按百分制推算而得。

从表 4-1 可以看出，印度产业结构变动的主要特点为农业占比的快速下降和服务业占比的快速上升并迅速成为支柱产业，而工业占比变化相对较小。印度的经济结构演变轨迹看似打破了传统工业化国家"农业—工业—服务业"的发展模式，而是直接从以农业为主导的经济跳跃到以服务业为主导的经济，从而避开工业化发展阶段。相比之下虽然中国工业增加值占比也存在下降趋势，但下降的部分主要为改革开放前期建立的重工业比重下降，而以轻型工业为代表的制造业得到了快速的发展。

印度这一"新型发展"道路的好坏至今没有定论，而更多人对其工业发展的欠缺产生了担忧，包括高端服务业吸纳低技能劳动力的能力，服务业发展与国内消费能力不匹配导致的外部经济依赖等问题。[1]印度政府显然也意识到了这样的问

① 毛克疾：《"印度制造"的双重困境——印度工业化的曲折道路》，载《文化纵横》，2019（3）。

题。为改变现状，2014 年莫迪政府上台之后提出了"印度制造"计划，试图通过鼓励外商直接投资、降低行业准入标准等措施，撬动印度巨大的市场潜力和人口红利，推进工业化发展。

（二）巴西与南非

与印度和中国相比，巴西和南非工业化起步较早，这得益于其各自丰富的自然资源。到"二战"结束时，两国已经建立起了一定的工业基础和体系，并达到一定的收入水平。1960 年巴西和南非的人均 GDP 已经分别达到 2611 美元和 3839 美元。[①]

受经济危机的影响，20 世纪 30 年代至 50 年代巴西工业化进程向政府主导的重工业发展，并在贸易领域实施进口替代战略。其工业产品结构也逐渐从非耐用消费品过渡到生产资料产品和制造业产品。由于重工业发展需要大量资本和技术投入，而巴西国内资本无法满足这一要求，因此依赖外资和外债成为重要政策选择。基于此，一段时间内巴西工业高速发展，创造了 1967—1974 年 GDP 增长率高达 11% 的"巴西奇迹"。但这一"对外依赖型工业化"使得巴西对国际经济环境极其敏感，造就了其不可持续性。20 世纪 70 年代全球石油危机爆

---

① 数据来源：世界银行，以 2015 年不变价美元计算。

发，此后 10 年巴西政府债务重重，进而丧失了发展机会，影响了其工业化进程。20 世纪 90 年代以后，巴西也走上了自由化、私有化、市场化的新自由主义改革之路，结果是大批廉价外国商品进入，其工业结构出现向初级产品工业偏向之势。经济虽取得了恢复和增长，但其制造业体系仍然没有形成，反而呈现出去工业化的趋势。[①] 巴西制造业增加值占比从 1984 年的 34.27% 下降到 2020 年的 9.77%。[②] 近年来，巴西虽然对结构转型的关注有所减弱，但政府仍然注重对工业发展能力、科技创新、中小型企业发展等的参与和投资。[③]

南非的工业化发端于其 19 世纪 70 年代开始的"矿业革命"。钻石、黄金的发现和开采帮助南非摆脱了对农牧业经济的依赖，走向了工业化发展道路。20 世纪 20 年代开始，南非制造业发展开始发力，并采取进口替代政策，工业结构逐渐由矿业为主向制造业为主转移。"二战"后，南非加强政府对经济的干预，工业结构开始由一般制造业向以军工业为代表的重工业扩展，工业化发展趋势保持良好势头。据统计，1945—1949 年，南非制造业产值年均增长率为 9.1%，

---

① 陈才兴：《二战后巴西与韩国工业化发展道路比较研究》，载《世界近现代史研究》第五辑，2008；王飞：《从"去工业化"到"再工业化"——中国与巴西的经济循环》，载《文化纵横》，2018（6）。

② 数据来源：世界银行。

③ Fernando Santiago, *The role of industrial policies in the BRICS economic integration process*, Vienna, United Nations Industrial Development Organization, 2020.

1955—1960 年年均增长率为 4.5%。1960 年制造业产值在 GDP 中的比重上升到 21%，而矿业和农业分别降到 14% 和 12%。[①] 到 20 世纪 70 年代中期，南非已建立起一定的现代工业体系，收入水平居于世界中等发达国家行列。[②] 但此后南非经济增长开始乏力，制造业在国民经济中的作用也逐渐减弱。20 世纪 80 年代南非政府放弃了长期执行的进口替代政策并开始转向出口导向战略，以鼓励制造业出口，但由于其政治现代化滞后于经济现代化，制造业发展疲软的态势并没有得到根本改善。

表 4-2　巴西与南非各产业增加值占 GDP 比重（%）

	巴西				南非			
	1960	1980	2000	2020	1960	1980	2000	2020
农业	15.7	9.9	4.8	5.9	10.7	5.8	2.6	2.5
工业	28.3	39.2	23.0	17.7	35.9	45.3	28.2	23.4
服务业	56.0	50.9	72.2	76.4	53.4	48.9	69.2	74.1

数据来源：世界银行，其中工业指采矿业、制造业、建筑业、电力、水和天然气行业。其中，服务业数据根据农业和工业占 GDP 比重按百分制推算而得。

从表 4-2 可以看出，1980—2020 年巴西和南非产业结构演化趋势有类似之处。两国经济中农业增加值占比不断下降，

① 沐涛：《南非的工业化道路及其经验教训》，载《社会科学》，1997（8）。
② 沐涛：《南非现代化之路及其特征》，载《世界历史》，2021（6）。

同时伴随着服务业增加值占比不断快速提升，工业增加值占比呈现出先上升后下降的趋势。这说明 20 世纪 80 年代以来，巴西和南非经济发展去工业化和服务业化趋势明显，这也是两国陷入中等收入陷阱的重要原因。

（三）俄罗斯

20 世纪 90 年代初苏联解体后，俄罗斯遭受了新自由主义"休克疗法"激进式改革造成的严重经济危机。在此背景下，优越的自然资源禀赋使得俄罗斯经济越发依赖自然资源的开发与出口。2000 年俄罗斯自然资源收入占 GDP 比重达到 22%，此后该比值虽逐年下降，但仍然超过 10%。而这种资源依赖型发展模式虽短期对促进经济增长有积极作用，但却容易受到外部经济环境的影响，同时也对制造业产生了挤出效应，致使其陷入由"荷兰病"导致的"去工业化"过程之中。2008 年全球金融危机后，特别是 2014 年受欧美制裁后，俄罗斯政府逐渐意识到工业化尤其是制造业发展对经济持续增长的关键作用，力图通过创新驱动的"新工业化"来重振制造业，实现从资源出口型到创新驱动型的发展模式突破。[①]

---

① 　高际香：《俄罗斯经济 30 年：从"去工业化"到"新工业化"》，载《北方论丛》，2021（3）。

表 4-3 俄罗斯各产业增加值占 GDP 比重（%）

年份 行业	1990	2000	2010	2020
农业	15.5	5.8	4.1	3.7
工业	32.6	49.7	53.8（其中制造业为12.8）	56.3（其中制造业为13.3）
服务业	51.9	44.5	42.1	40.0

　　数据来源：世界银行，其中工业指采矿业、制造业、建筑业、电力、水和天然气行业。其中，服务业数据根据农业和工业占 GDP 比重按百分制推算而得。

　　表 4-3 中可以看出，虽然俄罗斯总体工业增加值占比较高，但自然资源和能源类产业在其中占主导地位，而制造业在其中占比相对较小。同时还可以看到，俄罗斯服务业的增加值占比呈递减趋势。

二、金砖国家制造业发展

　　一般认为，制造业发展是一国或地区工业化发展的集中体现，也是国家创造力、竞争力和综合国力的重要体现。从经济发展角度看，制造业在技术进步、产业关联性、可贸易性方面相较于其他产业有绝对优势，可以成为经济持续增长的动力；从社会和政治稳定方面讲，制造业提供就业能力，尤其是吸收低技能劳动力的能力较强，能为人们提供相对稳定的收入来源，减少社会的动荡和政治的不稳定性。制造业比重的迅速增长，同时伴随着初级产品生产的相对重要性逐渐下降是结构转型的重要特征。

（一）制造业增加值规模

根据联合国工业发展组织的统计数据，受国际疫情影响，2020 年全球制造业增加值规模较 2019 年萎缩约 1 万亿美元，约为 13 万亿美元（以 2015 年不变价美元计算）。全球制造业发展极其不均衡，高收入国家和中等偏上收入国家制造业增加值规模合计占到全球总规模的 91.46%[①]，中等偏下收入国家和低收入国家仅占到 8.54%（其中低收入国家占比仅为 0.37%）。从表 4-4 可以看出，金砖国家制造业合计增加值占全球比重呈逐年上升趋势，这与以经济合作与发展组织（以下简称 OECD）国家和七国集团（以下简称 G7）国家为代表的发达国家制造业增加值规模变动趋势形成鲜明对比。2020 年金砖国家制造业增加值规模合计为 4.8 万亿美元，全球占比超过 37%，并正式超过 G7。说明以金砖五家为代表的新兴市场国家已经在制造业规模上超越了以 G7 为代表的发达国家，并展现出良好的发展势头，成为推进全球工业化发展的主要力量。

---

① 如果从中等偏上收入国家中刨去中国，这一比重将下降为 60.18%，也即 2020 年中国对世界制造业增加值规模贡献超过 30%（31.28%）。

表 4-4 金砖国家制造业增加值占世界比重及相关对比

年份	金砖国家						OECD	G7
	中国	印度	巴西	俄罗斯	南非	合计		
1990	4.00%	1.15%	2.53%	3.63%	0.46%	11.77%	75.49%	58.81%
1995	7.52%	1.44%	2.66%	1.67%	0.42%	13.71%	73.69%	56.60%
2000	9.83%	1.49%	2.21%	1.57%	0.39%	15.49%	72.29%	54.39%
2005	13.74%	1.74%	2.19%	1.77%	0.38%	19.82%	67.10%	49.62%
2010	21.63%	2.32%	2.04%	1.55%	0.35%	27.89%	58.44%	42.38%
2015	26.59%	2.74%	1.55%	1.39%	0.31%	32.58%	53.84%	38.25%
2020	31.28%	3.03%	1.32%	1.34%	0.27%	37.24%	48.85%	33.66%

数据来源：根据联合国工业发展组织（UNIDO）数据计算 [1]

① 源数据可获取于联合国工业发展组织官方网站。

金砖国家制造业增加值规模以中国为大，2020年中国制造业增加值占世界比重超过30%，仅略低于G7国家总和，占金砖五国总体的比重达到84%，且呈逐年上升趋势。值得注意的是，20世纪90年代以来，印度制造业增加值占世界比重缓慢增加，于2018年超过3%，展现出一定的工业化发展苗头。这表明印度政府2014年以来的"印度制造"计划正在发挥积极作用。而巴西、俄罗斯、南非制造业增加值规模占世界比重则呈持续下降趋势。

（二）制造业增加值占 GDP 比重

从图4-1中可以看到，制造业在世界经济中的重要性日益凸显，表现为逐渐提升的制造业增加值占GDP比重。其中中国的制造业增加值占比一枝独秀，但自2012年以后有掉头向下趋势。其余四个国家的该项比值均低于世界平均水平。俄罗斯和巴西制造业增加值占比下降速度较快，分别由1990年约17%和15%下降至12%和10%以下。南非制造业增加值占比也呈逐年下降趋势，表现出显著的去工业化趋势。而印度制造业发展有向好的势头，增加值占比由1990年的13%上升至2020年的16%，仅略低于世界平均水平。

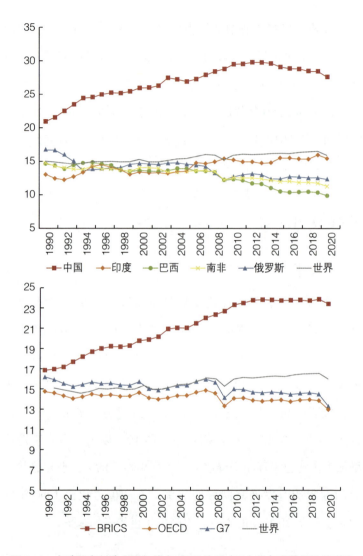

图 4-1 金砖国家制造业增加值占 GDP 比重（%）及与世界平均值对比

数据来源：根据联合国工业发展组织（UNIDO）数据计算

从与发达经济体的对比来看，制造业在金砖国家国民经济中的重要性更甚，表现为相对较高且持续增长的制造业增加值占 GDP 比重，而制造业在 OECD 和 G7 国家经济中的重要性呈下降趋势，表现为制造业增加值的占比逐年下滑，说明金砖国家已经成为全球制造业发展的主要推动力量。

（三）制造业出口贸易

商品出口一定程度上代表了一国或地区在某商品上面的比较优势和生产能力，讨论金砖国家在制造业出口贸易及出口商品结构方面的表现有助于我们准确把握其制造业发展潜力。

从图 4-2 中可以看出，金砖国家整体上初级产品出口占比快速下降，速度超过世界平均水平，从 20 世纪 60 年代的 70% 以上下降到 21 世纪初 20% 以下的水平。这说明金砖国家商品出口结构存在由简单的、初级的、低附加值的产品，向复杂的、高级的、高附加值的制造业商品转移的趋势。而进入 21 世纪以来，这一趋势有转弱势头。从制造业方面看，金砖国家制造业产品出口占比在 20 世纪八九十年代期间经历了快速增长，并在此后呈现出缓慢波动上升趋势，并于 21 世纪初超过了世界平均水平，达到 70% 左右。

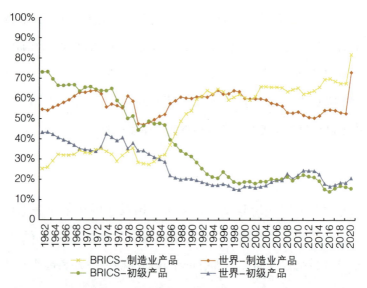

图 4-2 金砖国家初级产品和制造业产品出口占比及与世界平均值对比
数据来源：哈佛大学国际发展中心（CID）

　　从金砖国家内部看（见图 4-3），初级产品出口占比下降速度最快的是中国，呈持续下降趋势。印度和南非初级产品出口占比于进入 21 世纪前经历了快速下降，但进入 21 世纪以后这一趋势有所改变，甚至出现了一定的上升趋势。而巴西和俄罗斯初级产品出口占比在经历 21 世纪前快速下降之后开始了相对快速的爬升，这与两国产业结构"自然资源化"和去工业化不无关系。两国初级产品出口占比分别于 2020 年达到 72% 和 64%，显示出其对初级产品出口的依赖程度。

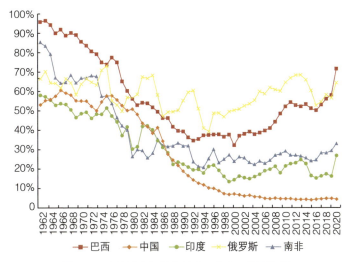

图 4-3 金砖国家初级产品出口占出口贸易比重

数据来源：哈佛大学国际发展中心（CID）

　　相对应的是，中国制造业出口占比于 20 世纪 80 年代以后快速增长，并于 21 世纪初进入稳定期，比值维持在 85% 以上。而其余四国制造业出口占比整体低于 50%，且呈现出不同程度的倒 U 形态势。

　　从初级产品出口和制造业出口占全球份额来看，二者都呈上升趋势，但制造业出口所占份额增长速度明显快于初级产品出口。2020 年金砖国家制造业出口份额占全球的 23%，这主要得益于中国制造业出口占全球份额的快速提升，从 20 世纪 80 年代的 1% 快速上升到 2020 年的 20%。2020 年金砖国家初级产品出口份额为 15%，其中以巴西和俄罗斯自然资源类产品出口贡献最大。

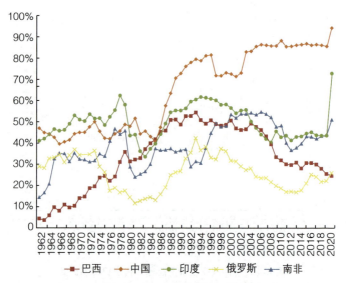

图 4-4　金砖国家制造业产品出口占出口贸易比重

数据来源：哈佛大学国际发展中心（CID）

图 4-5　金砖国家初级产品和制造业产品出口占全球份额

数据来源：哈佛大学国际发展中心（CID）

从上述分析可以看出，金砖国家制造业发展整体向好，对世界制造业发展的贡献超过传统发达国家。印度工业化发展有向好趋势，表现为制造业增加值占 GDP 比重以及制造业增加值规模占世界份额的提升。而其他三国工业化发展压力更大。巴西和俄罗斯正在遭受资源"诅咒"的考验，南非制造业发展则呈衰退态势。

三、金砖国家工业化存在的问题

鉴于不同的工业化发展轨迹，金砖国家面临的发展压力各有不同，可以总结为以下几个方面：

第一，制造业的转型升级。中国制造业增加值占 GDP 比重于 2012 年开始缓慢地下降，表明中国传统的工业化发展模式面临着较大压力。主要原因在于中国劳动力成本的上升导致的制造业的国际转移，而高端制造业仍未在国内确立起主导地位。因此，中国进一步的工业化方向应当是创新导向的。

第二，产业结构自然资源化。巴西和俄罗斯工业化发展正在面临这样的问题。产业结构的自然资源导向导致了对制造业的挤出效应，使得两国历史上较好的工业化基础不复存在。这与相关国家产业政策不无关系。西方国家和国际机构发展指导下的贸易自由化、市场自由化、紧缩的货币政策和金融自由化等新自由主义经济政策导致了两国过早的去工业化。[①] 这类政策使得发展中国家只专注于它们当前的比较优势而不是长期动态比较优势。

第三，产业结构过度服务业化。长期以来，巴西、南非两国经济中农业比重不断下降，但其伴随过程却是服务业不断快速扩张，而非工业。印度的产业结构也出现了类似的苗头。在过早去工业化的情况下，服务业不太可能是技术先进的服务业。在发达国家去工业化过程中，至少有一些取代制造业的服务业是相对高技术、高技能、可贸易、报酬递增且与其他经济部门联系紧密的服务业。而在发展中国家的去工业化过程中，取代制造业的服务业更倾向于是低附加值的消费服务[②]，因此成为工业化发展的阻碍因素。

第四，制度的阻碍。对于南非来说，对种族隔离制度处理的失当使得其工业化发展饱受困扰。一方面，长期的种族隔离造成了南非黑人受教育程度普遍较低，使得大量普通劳动力无法适应产业发展需求；另一方面，20世纪90年代种族隔离制度废除以后，过于激进的变革使得大量白人技术骨干人员流失海外。因此南非陷入高技术领域人才短缺和低技术领域大量失

---

① Fiona Tregenna, "Deindustrialization and premature deindustrialization", in Ghosh, J.R. Kattel and E. Reinert eds., *Handbook of alternative theories of economic development*, Cheltenham, Edward Elgar Publishing, 2016.

② 同上。

业的两难结构性困境。种族矛盾、贫富差距等问题相互交织限制了南非的工业化发展。对于印度而言，其严苛的劳工保护制度与僵化的土地制度无法为工业化发展提供有力支持。土地制度改革的失败也导致印度的农业无法提高生产效率，进而难以形成支撑其工业化发展的国内消费市场。[1]

四、金砖国家工业化展望

从全球经济格局演变趋势和金砖国家发展潜力看，金砖国家在世界上的经济地位日益提升，同时拥有丰富的人力资源和自然资源、广阔的消费市场。因此，金砖国家的工业化不仅对本国经济发展和消除贫困等具有重要意义，也将对全球发展和《联合国2030年可持续发展议程》的实现产生深刻影响。金砖国家之间的合作将有利于发展机会的增加和经验的分享，实现互利共赢和共同发展，共同助力《联合国2030年可持续发展议程》的实现。但也要看到：

第一，金砖国家工业化需要模式创新。随着传统工业化窗口期的结束，传统的工业化发展模式可能已经不再适用于金砖国家。首先，新一轮科技革命和产业变革使制造业生产效率普遍提高，对劳动力的需求呈下降趋势。因此，即便是对于劳动

---

[1] 毛克疾：《"印度制造"的双重困境——印度工业化的曲折道路》，载《文化纵横》，2019（3）。

力资源丰富的印度，也无法通过发展传统劳动力密集型产业建立起其工业化的基础。其次，对于已经出现产业结构过度服务业化的巴西和南非也很难再返回到传统的工业化发展模式上，并建立起原有的工业体系。最后，应对全球气候变化是当今世界一项严峻挑战，传统"先污染，后治理"的工业化路径变得不可持续，工业化的绿色转型变为现实要求。

第二，金砖国家工业化需要制造业转型。工业 4.0 时代的到来使得数字化、智能化、自动化技术得以深入发展和应用，而这也为金砖国家工业化的数字化转型提供了历史新机遇。2020 年 11 月，金砖国家制定《金砖国家经济伙伴战略2025》，数字经济成为重点合作领域。2022 年 5 月，以"深化新工业革命领域创新合作，推动实现更加强劲、健康、韧性的可持续发展"为主题的第六届金砖国家工业部长会议上，金砖国家共同发表了《第六届金砖国家工业部长会议联合宣言》，并指出"金砖国家应共同把握新一轮科技革命和产业变革机遇，充分释放新一代信息技术潜力，对传统产业，尤其是制造业进行改造提升，搭建互利共赢的数字化转型国际合作平台，共建创新发展良好生态，为金砖国家产业数字化发展注入新动能"。在 2022 年金砖"中国年"期间，习近平主席重申了这一发展思路，并发出制造业数字化转型合作倡议，金砖国家可以通过交流与合作共同建设数字基础设施、获得前沿数字技术，从而在第四次工业革命背景下促进制造业的数字化转型和工业化发展。

第三，金砖国家工业化需要加强合作。在当前背景下，仅靠自身的努力以及传统全球化的力量，发展中国家很难走上工业化道路。2008 年全球金融危机以来，传统发达国家在全球经济中的地位逐渐下降，减弱了其进行对外发展援助的动力。而随着一批新兴市场国家和发展中国家的群体性崛起，发展中国家之间的合作（如南南合作）成为新的选择，且在国际发展中发挥着日益重要的作用。[①] 作为最具代表性的新兴市场国家和发展中国家，金砖国家之间的合作将是促进其工业化发展的有利举措，尤其是在工业基础设施建设、国际贸易与投资、科技创新等领域的合作。同时，基于中国提出的"金砖 +"的合作理念，立足金砖国家、新兴市场国家和发展中国家，加强产业政策对接，能够推动相关国家产业向价值链高端升级，增强产业链供应链韧性。

第四，金砖国家工业化需要制度体系的适应性调整。工业化的实现要求对制度体系进行相应的适应性调整，滞后或不适应的制度环境将对工业化产生阻碍。金砖国家（除中国外）在20 世纪八九十年代普遍机械地采取了新自由主义的发展思路，而忽略了本国的工业化制度需求和适应性。制度变革的速度往

---

① UN Gap Task Force, "Taking stock of the global partnership for development", *United Nation*, 2015；林毅夫、王燕：《超越发展援助：在一个多极世界中重构发展合作新理念》，5~11 页，北京，北京大学出版社，2016。

往应是内生而缓慢的，过于激进或迟钝的变革都容易导致制度性交易成本上升，反过来制约经济的进一步转型发展。因此，金砖国家在结构不断转型的同时，应注重制度的适应性变革，降低工业化发展的交易成本，提高经济效益。

张坤领

第五章

金砖贸易：推进经济全球化发展的新动力

经过 20 年的发展，金砖国家之间的经贸合作不断加深，日渐稳固。金砖国家之间的贸易的年增长率达 10.5%[①]，远超世界平均水平。中国是金砖贸易中最重要的贡献者。2021 年，中国与其他金砖国家的贸易额达到 4904.2 亿美元，同比增长 39.2%。

2022 年 6 月，金砖国家领导人第十四次会晤核准了经贸部长们通过的《金砖国家加强多边贸易体制和世贸组织改革声明》，发出了坚定支持多边贸易体制的"金砖声音"。

---

① 为具有时间序列的可比性，全部年份的计算南非数据也纳入。

一、金砖国家整体贸易情况

图 5-1 和图 5-2 分别展示了金砖五国的进出口量和占世界的进出口比重。金砖国家的整体出口量从 2000 年的 4759 亿美元，上升到 2020 年的 35086 亿美元。整体进口量从 2000 年

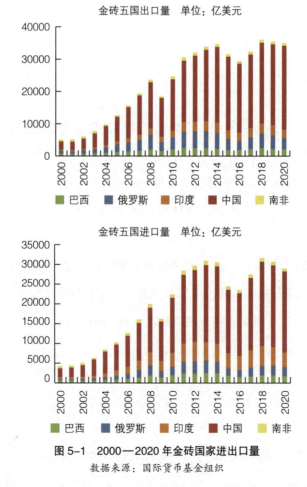

图 5-1　2000—2020 年金砖国家进出口量

数据来源：国际货币基金组织

的 3974 亿美元上升到 2020 年的 29009 亿美元，进出口年增幅均达到 10.5%。出口占世界贸易的比重从 7.4% 上升到 20.2%，进口比重则从 6.0% 上升到 16.6%。

从图 5-2 中可以看出，金砖五国的贸易是在波动中发展的。从量上来看，两次主要的下降发生在 2009 年和 2015 年，

图 5-2　2000—2020 年金砖国家进出口占世界进出口比重

数据来源：国际货币基金组织

分别是由全球金融危机和 2015 年大宗商品价格暴跌导致的。从占全球的比例来看，2015 年金砖国家的贸易占比明显下降，这说明金砖五国对于大宗商品的交易价格较其他地区更加敏感。尽管有波动，但金砖国家贸易持续发展是一个显而易见的事实。从金砖概念提出时贸易总量不到全球 10% 到现在贸易总量接近全球四分之一，金砖国家在世界贸易格局中发挥着越来越重要的作用。

除了金砖国家总体贸易在持续发展，其内部之间的贸易量在 20 年间也维持着很高的增长率。图 5-3 展示了金砖国家内部的贸易状况[1]，2000 年内部贸易额仅为 178 亿美元，但在疫情影响下的 2020 年仍然达到 3417 亿美元，20 年间贸易年增长率为 15.9%，是世界平均增长率的 3 倍。

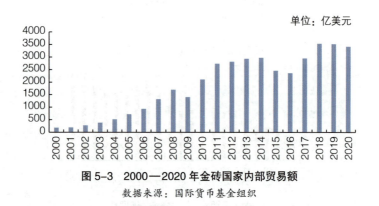

图 5-3　2000—2020 年金砖国家内部贸易额

数据来源：国际货币基金组织

---

① 金砖国家内部间贸易用金砖国家间出口额表示，纳入进口额则导致重复计算。

图 5-4 显示，金砖国家间的出口额占金砖国家总出口额和占世界总出口额的比重稳步上升。到 2020 年，金砖国家间的出口额占金砖国家总出口额的约 10%，占全世界出口额的 2%。进口占比更高一点，2002 年金砖国家间进口额占金砖国家总进口额的 13.2%，占全世界总进口的 2.2%。

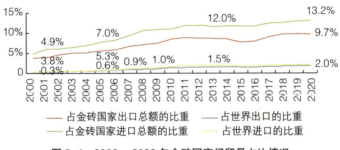

图 5-4　2000—2020 年金砖国家间贸易占比情况

数据来源：国际货币基金组织

图 5-5 显示，在金砖国家内部，中国与其他国家的贸易量占比最大，占一半左右，最高曾达到 56.1%，近五年有所回落，2020 年中国在其中的贸易量占比为 49.1%，巴西和俄罗斯占比在 20% 左右，印度接近 10%，南非接近 5%。所以说，中国是金砖国家间贸易体量最重要的贡献者。

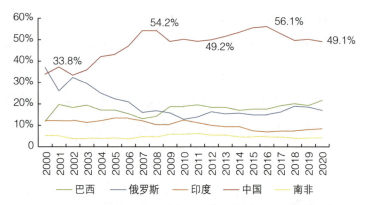

图 5-5 2000—2020 年金砖国家间贸易量占各国贸易量的比重
数据来源：国际货币基金组织

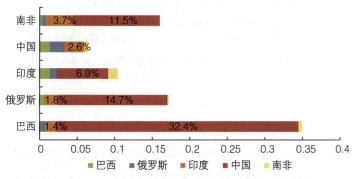

图 5-6 2000—2020 年金砖国家间出口占各国总出口的比重
数据来源：国际货币基金组织

图 5-6 是金砖国家间出口占各国总出口的比重示意图，也就是说金砖国家间贸易之于这个国家总体贸易的重要性程度。占比最大的是巴西，对其他四个金砖国家的出口占到了巴西总出口的 35%，其中对中国的出口就占到了巴西总出口的

32.4%，对印度的出口占到了 1.4%，对俄罗斯和南非的出口相对较少，分别是 0.7% 和 0.5%。

俄罗斯对金砖国家的出口占到了总出口量的 17.1%，其中中国占据了 14.7%，印度 1.8%，巴西 0.6%，南非不到 0.1%。南非对金砖国家的出口占到了总出口量的 16.0%，其中中国占 11.5%，印度占 3.7%，巴西和俄罗斯分别占 0.4% 左右。印度对金砖国家的出口占到了总出口量的 10.4%，总出口的 6.9% 来自对中国的出口，对巴西和南非的出口在 1.3%，对俄罗斯的出口占比相对较少，不足 1%。中国对金砖国家的出口占其总出口量的比重是最低的，总体量在 6.5% 左右，相较而言，出口最多的地区是印度，占到中国全部出口额的 2.6%。

二、中国与其他四国的贸易

（一）整体贸易规模

如果把其他金砖四国视为一个经济体，那么 2020 年中国对其出口额为 1676 亿美元，约占中国总出口额的 6.5%，大于中国对日本的出口规模。中国从金砖国家的进口额为 1826 亿美元，是从美国进口的 1.3 倍，约占中国总进口额的 8.8%。图 5-7-a 展示了中国对金砖国家进出口占中国总进出口的比重。从历史数据来看，从金砖国家的进口占比一直高于出口占比，这说明对中国来说，在与金砖国家的贸易中进口更为重要。2020 年，中国的进口额的 8.9% 来自从金砖国家的进口。具体到国家来看（图 5-7-b），2020 年，中国从巴西的进口最多，占中国全部进口额的 4.1%；其次是俄罗斯，占 2.8%，从印度和南非的进口额比较接近，占中国总进口额的 1% 左右。

2020 年，中国 6.5% 的出口目的地是金砖国家，较 2019 年有所下降。出口最多的金砖国家是印度，约占中国总出口的 2.6%，第二位是俄罗斯，约占 2%。对巴西的出口约 1.3%。对南非的出口最低，2020 年仅为 0.6%（图 5-7-c）。同年，中国对美国的出口额占其总出口额的 17.4%，对欧盟的出口额占其总出口额的 15.1%。从这个角度来看，未来中国对金砖国家的出口还有很大潜力。

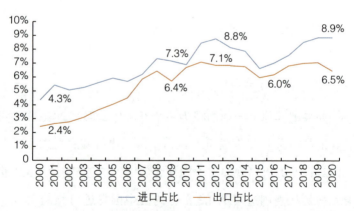

图 5-7-a 2000—2020 年中国对金砖国家进出口占中国总进出口贸易比重

数据来源：国际货币基金组织

图 5-7-b　2000—2020 年中国从金砖国家进口比例

数据来源：国际货币基金组织

图 5-7-c　2000—2020 年金砖国家从中国进口比例

数据来源：国际货币基金组织

（二）贸易强度

贸易强度指数（Trade Intensity Index）最早由学者布朗① 提

————————

① Brown，A.J.,*Applied Economics*: *Aspects of the World Economy in War and Peace*, New York, Rinehart and Company, 1948.

出，他使用贸易强度这一概念分析了两国实际贸易流量与引力模型所估计的理论贸易流量之间的偏差。目前在文献中，贸易强度可以从出口和进口两个角度分析。出口贸易强度被定义为一个国家出口到某个贸易伙伴国家的份额相对于世界出口到该贸易伙伴国家的份额。

出口强度指数永远为正数。如果大于 1，意味着中国向该国的出口比例大于其对世界其他地区的出口比例，反之则小于其对世界其他地区的出口比例。出口强度亦表明该国对中国商品的需求度，以及中国作为进口来源地对该国的重要性。图 5-8 反映了过去 20 年间，中国对其他金砖国家的出口强度。

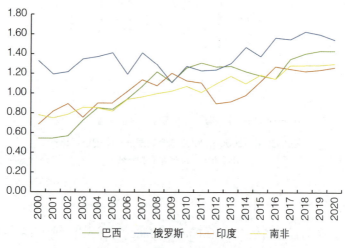

图 5-8　2000—2020 年中国对金砖国家的出口强度

数据来源：国际货币基金组织

　　从 2015 年起，中国对其他金砖国家的出口强度均超过了 1，表明中国对这四个国家的出口比例大于世界其他地区。其中，对俄罗斯的出口强度最高，这表明俄罗斯是金砖国家中对中国商品需求程度最大的地区。这一方面是由于中俄地理位置近，为双边贸易创造了便利条件。另一方面是俄罗斯对中国的机器、机械产品和纺织品等有强大的需求，且没有替代性贸易伙伴。此外，2000 年以来，中国对巴西和南非的出口强度也在变化中增长，特别是巴西，增幅明显，有追赶俄罗斯的趋势。对印度的出口则波动性很大，近四年一直是四个国家中出口强度最低的，但数值上仍然超过了 1.2，证明对于印度，中国同样也是重要的进口贸易国。

　　用类似的方法计算进口强度结果如图 5-9 所示。进口强度变化较出口更复杂、波动性更大。2000—2002 年，俄罗斯是中国最重要的货物进口国，在这之后被巴西超越。这主要是由于中国对巴西矿产品的需求迅速增长。2007—2011 年，中国从巴西进口的矿产品总量超过了俄罗斯，在 2010 年甚至达到了从俄罗斯进口的 1.6 倍。2011—2015 年，中国对南非的进口强度显著增强，最高时曾在 2013 年达到 3.25，这主要是源于中国对南非贵金属和宝石的巨大需求。2015 年，中国从南非进口的贵金属和宝石贸易额超过 210 亿美元，占到从南非进口总额的 70%；2016 年对巴西的进口强度重新跃居首位，并且保持逐年稳定上升。中国对印度的进口强度一直较低，且从

2005 年之后逐年下降，现在水平维持在 0.6 左右。

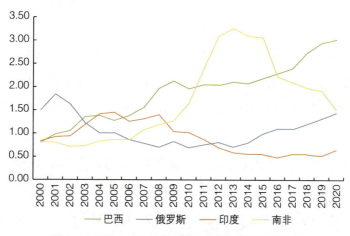

图 5-9 2000—2020 年中国对金砖国家的进口强度
数据来源：国际货币基金组织

总体来说，在出口贸易强度方面，俄罗斯是中国出口贸易相关度最高的国家，其次是巴西。在进口贸易强度方面，中国对巴西的进口比例相对最大，即巴西是金砖国家中与中国进口贸易相关度最大的国家。

（三）贸易平衡

贸易平衡简单来讲就是探究国家之间的贸易顺差和逆差问题。图 5-10 展示了过去二十年中国和其他四国的贸易平衡情况。可以发现，中国与巴西一直以来都存在贸易逆差，且逆差

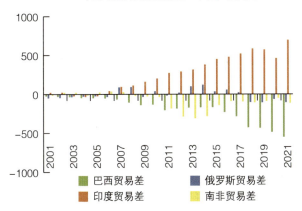

中国与金砖国家贸易差　单位：亿美元

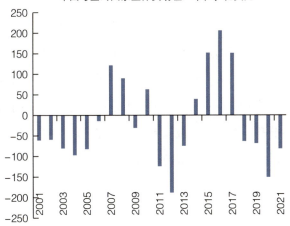

中国与金砖国家整体贸易差　单位：亿美元

图 5-10　2001—2021 年中国与金砖国家贸易平衡情况

数据来源：中国海关

持续扩大。根据中国海关最新数据，2021 年中巴贸易逆差超过 550 亿美元。中国与俄罗斯的贸易平衡状况不断变化，但最近四年一直维持着每年 100 亿美元的逆差。中国与南非过去 20 年也是以中国贸易逆差为主。2012—2014 年贸易逆差在 300 亿美元左右，最近五年逆差在 100 亿美元左右。中国与之存在贸易顺差的唯一金砖国家是印度，且贸易顺差有持续扩大的趋势。2021 年中国对印度的贸易顺差接近 700 亿美元。

在过去 20 年的时间里，从贸易总体上看，中国与金砖国家呈现贸易赤字状态：印度基本上是贸易顺差的唯一来源国，中国与其他三国贸易中基本上都是逆差，其中与巴西的贸易逆差有日渐增大的趋势。这说明，中国对这些国家的整体货物商品需求较其对于中国的需求更大。在金砖集团中，中国更多地承担需求方的角色，这其中的原因是中国经济的快速发展使得对一些商品需求量上升，特别是对初级商品的需求量的增加导致了进口的增加。同时，中国的大量需求也使得初级商品的价格急剧上升，而巴西、俄罗斯和南非拥有丰富的金属、矿石、煤炭和石油等，中国经济的快速发展对这些商品的需求量的增加及其带来的价格上涨，使得中国相对这三个国家产生贸易逆差。

（四）贸易规模和结构

巴西

图 5-11 展示了过去 20 年中国与巴西之间的贸易发展情况。进出口贸易额都稳步增长，但中国对巴西的进口增长明显高于对巴西的出口增长。中国对巴西进口的年均增长率为 21.2%，对巴西出口的年均增长率约为 20.3%。从图 5-11 中可以看出中国对巴西进出口变动保持了高度的一致性。进口和出口同时经历了两次下降，一次是 2009 年，原因是 2008 年全球金融危机；一次是 2015 年，主要是因为全球经济总体复苏乏力，外需低迷，全球大宗商品价格大幅下跌和大宗商品进口量增速放缓，同时国内经济下行压力较大，对外贸易发展进入新常态。对俄罗斯和印度的进出口也在此两个年份经历了下降。

到 2021 年，中国已经连续 13 年成为巴西第一大贸易伙伴国。2021 年中国巴西双边贸易额达 1625 亿美元，再创历史新高，同比大幅增长 36%。其中，巴西对中国出口额为 1089 亿美元，占巴西出口总额比重 31%，同比增长 28%；自中国进口额为 536 亿美元，占巴西进口总额比重 22%，同比增长 36%；巴西对中国贸易实现顺差为 553 亿美元，较去年同期增长 21%，占巴西总顺差比重高达 66%。

近些年，特别是 2021 年巴西对华贸易顺差扩大，主要是因为全球大宗商品（如粮食、石油和矿产等产品）价格上涨和美元汇率高起。从巴西的角度分析，出口方面，采掘业、农业

和加工制造业等产业表现突出，同比分别增长 62%、22% 和
26%，其中铁矿石、石油和大豆等主要出口产品同比分别增长
73%、54% 和 35%。

图 5-11　2001—2021 年中国对巴西进出口额
数据来源：中国海关

　　我们进一步通过主要进出口的三大商品占比来分析中国同
金砖国家的贸易结构。图 5-12 是基于 HS 编码① 分类的，中国
从巴西的主要进出口商品的构成。可以发现，过去 20 年来，中
国向巴西出口的结构较为稳定，前三大出口商品依次是机器机
械类、化工产品类和贱金属类。机器机械类的出口贸易额比重最
大，一直稳定在 40% 左右。其次是化工产品类，稳定在 15% 左

---

① The Harmonized Commodity Description and Coding System，商品名称及编
码协调制度。

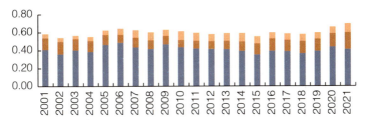

图 5-12-a　2001—2021 年中国向巴西出口主要商品

数据来源：中国海关

图 5-12-b　2001—2021 年中国从巴西进口主要商品

数据来源：中国海关

右，金属类的出口贸易额在 5%～10% 之间波动。从巴西进口
的商品结构也非常稳定，常年来一直是以矿产品为主。2010 年
和 2011 年进口的矿产品曾占到从巴西进口总额的 60%。近些
年有所下降，但也维持在 50% 左右。进口第二大商品是植物
产品，主要包括粮食、大豆等。这一部分的进口贸易占比持续
扩大，从 2001 年的 26% 到 2018 年的 38%。目前进口额占比

稳定在 30% 以上。仅此两项，就占到了中国从巴西进口比例的 80% 以上。

俄罗斯

中俄贸易在波动中持续发展。进口的三次下降是由于 2008 年金融危机、2015 年全球大宗商品价格大幅下跌和 2020 年的新冠肺炎疫情。但在 2021 年，中俄货物贸易额还是达到了 1468.9 亿美元，同比增长 36%。中国连续 12 年稳居俄罗斯第一大贸易伙伴国。其中，中国对俄出口 675.7 亿美元，同比增长 34%；中国自俄进口 793.2 亿美元，同比增长 37%。

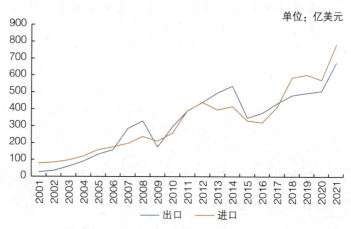

图 5-13　2001—2021 年中国对俄罗斯进出口额

数据来源：中国海关

　　根据 2021 年的数据，中国向俄罗斯出口的主要三种商品是机器机械类、贱金属类以及纺织品类。根据历史数据来看，机器机械类和纺织品类的出口贸易额占比呈现反向发展态势。在 2001 年，中国对俄的出口中纺织品类占到了 30%，这一数字到 2021 年缩减到 8%。而机器机械类的出口占比从 2001 年的 10% 持续增长至 2021 年的 43%。这一方面反映了中国机器机械类产业的持续发展，其目前已经成为中国对俄出口最重要的外汇来源；另一方面也反映了俄罗斯对于中国机器机械类商品的依赖性日益增长。

　　关于进口（见图 5-14-b）更加一目了然，一直以来俄罗斯都是中国最重要的矿产品进口国。中国从俄罗斯进口的矿产品量 20 年来持续上升。尽管图 5-14-b 显示其贸易额占比有所波动，但这并不是由于中国从俄罗斯进口减少引起的，而是国际能源价格波动导致的。从数量上来看，中国从俄罗斯进口的石油、煤炭、天然气等产品的数量一直以来都在增加。2021 年，中国从俄罗斯进口的矿产品贸易额占中国从俄罗斯进口总贸易额的 73%。俄罗斯目前是中国第一大能源进口来源国、第一大电力进口来源国、第二大原油进口来源国和第二大煤炭进口来源国。除此之外，中国从俄罗斯进口的第二、三大商品是贱金属类和木制品类，其 2021 年的进口贸易额占比分别是 9% 和 5%。

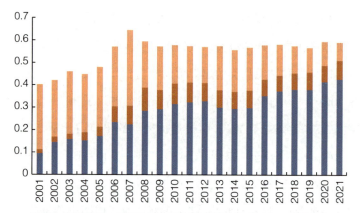

图 5-14-a 2001—2021 年中国向俄罗斯出口主要商品

数据来源：中国海关

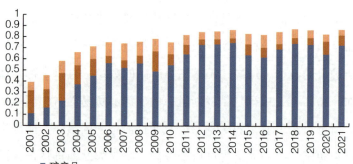

图 5-14-b 2001—2021 年中国从俄罗斯进口主要商品

数据来源：中国海关

尽管总量上与能源贸易数据有差距，但是农产品和食品日渐成为俄对华出口的重要增长点之一。2021年，中国从俄罗斯进口菜籽油及芥籽油1万多吨，同比增加近60%；进口大麦近8万吨，与2020年相比增加了37.9倍；进口牛肉近2万吨，同比增加了近2.4倍。中国海关数据显示，2022年前五个月中俄贸易总额已经达到658.1亿美元，同比增长28.9%，其中大部分增长来自中国从俄罗斯的进口。

南非

中国和南非的双边贸易额约占中国和非洲贸易总额的五分之一，南非是中国在非洲最大的贸易伙伴。2021年全年，中国和南非贸易总额达543.5亿美元，同比增长50.7%。从历史上看，中国对南非的进口波动性非常大，出口则相对平稳。2009年中国和南非的双边贸易额受金融危机影响有所下降，但是当年中国成为南非的第一大贸易伙伴国，同时也成为南非第一大出口目的地和第一大进口来源地。此后一直保持这个态势。2010年随着全球经济开始复苏，两国双边贸易呈现增长的态势。特别是2010—2014年，中国从南非进口呈倍数增长。2011年进口总额是2010年的2.16倍，2012年又是2011年的1.39倍。进口在2014年达到历史峰值，超过483亿美元。这四年间进口增长率超过48%。尽管从2014年起出现负增长，但是整体进口贸易规模还是维持在200亿美元以上。

图5-15 2001—2021年中国对南非进出口额

数据来源：中国海关

从出口结构来看，近20年变动较小。占主导的是机器机械类产品，目前占全部出口的33%左右。排名第二的是纺织品类，同时该类产品占出口贸易额的比重20年来一直在下降，目前占13%左右。第三位是贱金属类，出口额稳定在10%左右。

从进口结构来看，两大进口商品是宝石、贵金属类和矿产品，两者的进口比重历史上有些波动，但其作为排名第一、第二的进口商品的地位没有变化。根据2021年的数据，宝石、贵金属类进口占进口贸易额的47%，矿产品占40%，仅这两类就达到了进口贸易额的87%。这也体现了中国作为世界上主要贵金属消费国和能源消费国的地位。

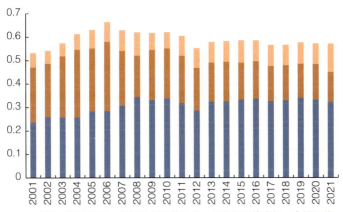

图 5-16-a　2001—2021 年中国向南非出口主要商品

数据来源：中国海关

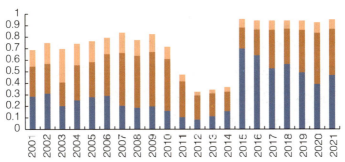

图 5-16-b　2001—2021 年中国从南非进口主要商品

数据来源：中国海关

印度

中国和印度贸易规模的明显扩大始于 2005 年。数据显示，2013 —2014 年、2017 —2018 年、2020 —2021 年中国是印度最大贸易伙伴。除了中国，美国、阿联酋都曾是印度最大贸易伙伴。根据印度商工部发布的最新数据显示，美国在 2021—2022 财年（印度的财政年度是从每年 4 月 1 日至次年 3 月 31 日）已超过中国，成为印度最大贸易伙伴，双边贸易额达到 1194.2 亿美元。不论是不是第一大贸易伙伴，中国出口对于印度的重要性都不言而喻。印度自中国进口商品种类的贸易额在不断增加，排名前 100 位的进口物项品类，每一项进口额都超过 1 亿美元。印度在制成品进口方面对中国的依赖持续保持。2021 年，中印贸易额达到 1256 亿美元，创历史新高。

对印度的出口较进口增长更为明显。除了在 2009 年和 2012 年有小幅下降和 2020 年受疫情影响之外，其余年份均保持增长态势。20 年来年均增长率超过 20%。中国对印度出口额的持续增长是双边贸易额增长的主要因素。

中国从印度的进口则波动较大。2001—2011 年，进口是上升状态，在 2011 年达到顶峰，进口额达 234 亿美元。但此后一路下滑，到 2016 年达到最低谷，为 118 亿美元。2016 年之后一直攀升，2021 年创下历史进口新高，达到 280 亿美元。

单位：亿美元

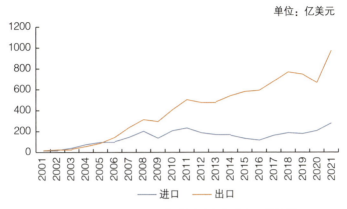

图 5-17 2001—2021 年中国对印度进出口贸易额

数据来源：中国海关

　　在中国对印度的出口当中，机器机械类常年占近 50% 的出口额。其次是化工产品类和贱金属类。这三类一直都是中国向印度出口的主要产品，2021 年此三类的出口占比达到 73.5%。中国从印度进口的商品，2012 年之前，矿产品的进口占据非常高的份额，曾在 2008 年达到 73.6%，具体包括铁矿石和铜矿石。2012 年之后矿产品进口占比有所下降，但也保持在 20% 以上。进口占比居第二、三位的是贱金属类和化工产品类。但是可以看出这三类主要商品的进口总占比近些年较 2012 年之前有所下降，增长较快的进口产品包括贵金属、纺织品等，这也说明了中国从印度的进口产品日渐多元化。

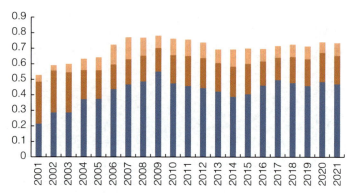

■ 机器、机械器具、电气设备及其零件；录音机及放声机、电视图像、
　 声音的录制和重放设备及其零件、附件

■ 化学工业及其相关工业的产品

■ 贱金属及其制品

图 5-18-a　2001—2021 年中国向印度出口主要商品

数据来源：中国海关

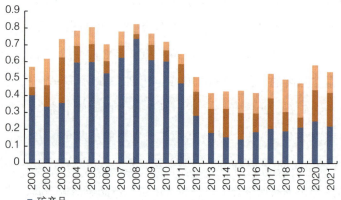

■ 矿产品

■ 贱金属及其制品

■ 化学工业及其相关工业的产品

图 5-18-b　2001—2021 年中国从印度进口主要商品

数据来源：中国海关

　　通过对中国与其他四个金砖国家的进出口产品结构的分析，中国的机器机械类、贱金属类、化工产品类和纺织品类是最主要的出口产品，这与中国的出口优势是一致的。2021 年，中国出口量最大的五类产品分别是机器机械类、纺织品类、杂项制品类、贱金属类和化工产品类。但中国从金砖国家的进口与中国从世界其他国家的进口并不一致。2021 年，中国进口量最大的产品是机器机械类产品，中国从金砖国家中的主要进口产品没有机器机械类，美国和欧盟是中国机器机械产品最大的来源国。这说明，金砖国家作为发展中国家，在这种资本密集型的产业方面尚不具备比较优势。中国的第二大进口商品是矿产品，这在四个国家对中国的出口产品结构中都有体现，而且也是四个国家出口比例最高的产品。从这一点可以看出，金砖国家在为中国提供能源和矿产方面，发挥着巨大的作用。2021年，中国的矿产品进口额 6769 亿美元，从金砖国家进口的矿产品达 1312 亿美元，占 20%。

　　中国的第三、四大进口商品是化工产品类和贱金属类，这一点在对金砖国家的进口产品结构中也有所体现。中国第五大进口产品为光学仪器，与机器机械类类似，金砖国家在这方面没有比较优势。

　　总体来说，中国对金砖国家的出口以中高技术制造品为主。中国对金砖国家的进口以能源和初级产品为主，且进口结构比较稳定。

（五）贸易竞争性

一般来讲，两国之间的贸易竞争性可以用美国经济学家巴拉萨提出的显示性比较优势指数（RCA）表示。当 RCA > 2.5 时，说明该国具有极强的国际竞争力，当 1.5 < RCA ≤ 2.5 时，说明该国具有强国际竞争力；当 0.8 < RCA ≤ 1.25 时，说明该国具有较强的国际竞争力；当 RCA ≤ 0.8 时，说明该国的国际竞争力较弱。

我们据此得出中国和四个国家在国际贸易标准分类（SITC 分类）[①] 下的竞争情况（因表格繁琐，在此略去数字结果，只说明结论）。

分析中国的 RCA 指数可知，中国的 RCA 在商品门类中有非常明显的分界线。SITC6–8 的 RCA 值高于 1.25，表示中国在"主要按材料分类的制成品""机械和运输设备"和"杂项制成品"有明显的出口优势。而在其他 6 个门类中，RCA 均低于 0.8。这说明中国的出口优势非常固定且稳定，中国的出口优势表现在工业制成品方面，而在初级产品方面没有竞争优势。

---

① 0 类代表"粮食及活动物"；1 类为"饮料及烟叶"；2 类为"除燃料外的非食用未加工材料"；3 类为"矿物燃料、润滑油及有关物质"；4 类为"动物及植物油、脂肪及蜡"；5 类为"未列明的化学及有关产品"；6 类为"主要按材料分类的制成品"；7 类为"机械和运输设备"；8 类为"杂项制成品"；9 类为"未列入其他分类的货物及交易"。

RCA 数据显示巴西的 SITC 前五类产品（SITC 0-4，初级产品）的 RCA 指数大于 1，而工业制成品（SITC-5，SITC7-9）的 RCA 指数均小于 0.8。且 2008—2020 年的数据结果均保持基本稳定。也就是说，巴西在初级产品方面具有较强的国际竞争力，但是在工业制成品方面不具有国际竞争力，这与中国的竞争力优势情况恰恰相反。因此，中国和巴西在国际市场上具有竞争力的产品种类并不相似，不存在较强的贸易竞争性。

具体到商品类别来看，巴西在"除燃料外的非食用未加工材料"（SITC-2）的 RCA 值最高，2013 年以来数值一直大于 7，具有极高的竞争性。该门类包含金属类矿产，印证了巴西是一个金属类矿产大国的事实。同时，"粮食及活动物"（SITC-0）、"动物及植物油、脂肪及蜡"（SITC-4）等产品同样具有很强的竞争性优势，说明了巴西也是一个农牧业大国。在工业制成品方面，中国与巴西在"主要按材料分类的制成品"（SITC-6）上的 RCA 指数均大于 0.8，存在较强的贸易竞争性。除此产品外，巴西在其他工业产品上不存在竞争力，与中国存在较低的贸易竞争性。

在中国与俄罗斯的贸易当中，只有在"主要按材料分类的制成品"（SITC-6）类产品上中国和俄罗斯才具有较强的竞争性，除此之外，中国与俄罗斯几乎没有产品存在竞争，对世界出口市场的竞争并不激烈。作为一个能源大国，俄罗斯是世界上最大的天然气输出国和第二大石油输出国。因此在能源贸易方面，其"矿物燃料、润滑油及有关物质"（SITC-3）类产品的 RCA 值接近 6，印证了俄罗斯在矿产资源的出口方面具有极强贸易优势。在工业制成品方面，相比中国，俄罗斯的工业发展比较落后。只有"主要按材料分类的制成品"（SITC-6）的 RCA 指数大于 0.8，具有一定的比较优势，而其他的工业制成品的 RCA 指数均远远小于 0.8，竞争性较弱。相反中国在工业制成品方面竞争性比较强，因此中俄两国在工业制成品方面呈弱贸易竞争性。

中国和印度都是人口基数庞大的发展中国家，但是两国贸易竞争力差别较大。相比中国，印度在初级产品方面具有较强的国际竞争力，印度的"粮食及活动物"（SITC-0）类产品的 RCA 指数呈现逐年上升的趋势，说明印度在此类产品方面的国际竞争力不断攀升。此外，印度在"矿物燃料、润滑剂及有关物质"（SITC-3）、"动物及植物油、脂肪及蜡"（SITC-4）和"未列明的化学及有关产品"（SITC-5）类产品上的 RCA 指数均大于 0.8，且有上升的趋势。在工业制成品方面，"主要按材料分类的制成品"（SITC-6）从 2015 年起已经超过 2，在这方面与中国有较强的竞争性。

南非自身的要素禀赋情况决定了南非在资源密集型产品上具有比较优势。在初级产品方面，南非在"除燃料外的非食用未加工材料"（SITC-2）类产品上与巴西情况类似，具有极强的国际竞争优势，其 RCA 值接近 5，并且呈现逐年递增的趋势。除此之外，南非的"粮食及活动物"（SITC-0）、"饮料及烟叶"（SITC-1）类产品的 RCA 指数大于 1.25，同样具有较强的国际竞争优势。但与其他具有丰富资源的国家不同，南非不仅仅在初级产品上具有极强的国际竞争性，在工业制成品上也具有一定的竞争性。在工业制成品方面，在"主要按材料分类的制成品"（SITC-6）类产品的出口上更具有比较优势，中国与南非具有一定的贸易竞争性。但由于南非整体贸易体量小，所以其能在国际市场上与中国形成竞争的贸易份额较小。

综上分析可以看出，巴西、俄罗斯、印度和南非在初级产品的世界贸易中占有比较优势，而这正是中国出口相对劣势的部分，中国的工业制成品出口优势项目是巴西、俄罗斯和南非不具有竞争力的商品门类。因此，中国和其他金砖国家对国际市场的争夺不存在强烈的竞争性。较弱的竞争性为双边贸易的进一步发展、挖掘相互之间贸易潜力提供了空间。

三、金砖贸易高质量发展前景展望

有关数据表明，在"金砖国家"这个名词提出后的 20 年间，金砖国家在世界贸易体系中的角色越来越重要，目前整体出口量占全球的 20.2%，进口量占全球的 16.6%。其内部之间的贸易占五个国家总贸易量的约 10%。

中国与金砖国家的贸易在 2001 年加入世界贸易组织（WTO）之后变得更加活跃。一方面是因为中国的贸易之门被打开，融入了世界贸易体系当中；另一方面是从 2001 年起，世界上的新兴经济体进入了高速发展阶段。我们发现，中国和金砖国家之间的贸易赤字有增大的趋势，这说明金砖国家所提供的矿石、能源等初级产品对中国的经济发展有着至关重要的作用。

通过对产品竞争性的分析，我们发现中国与其他金砖国家贸易关系呈现弱竞争性特征。中国具有竞争优势的产品主要集中在工业制成品方面，而其他金砖国家的竞争优势产品主要集中在初级产品方面。总体来看，中国与其他金砖国家具有贸易竞争性的产品种类较少，进而表现出弱竞争性。

通过以上结论，我们得出促进中国与其他金砖国家未来贸易合作的相关启示：

进一步提升中国在出口中的竞争优势。机器机械类是中国对其他金砖国家出口的关键商品，中国企业应该利用现有优势，提高生产技术水平，推动产品优化升级，同时降低成本，提高利润率。在稳定市场、满足不同国家消费者需求的基础上，谋求更大的盈利空间。

拓宽贸易合作领域。弱竞争性往往意味着强互补性。中国和其他金砖国家应该以此为出发点，寻找新的贸易合作领域。进一步深入了解贸易国的产业产品情况，了解国内外市场需求，有针对性地进出口相关产品；其次，双方通过贸易进行优势互补，从而改变传统的贸易结构，增加次优势产品的贸易额，进一步增加在农产品、能源和资源、高科技、设备制造和现代服务方面的贸易额。

构建有利于绿色转型的贸易环境，围绕绿色发展提出贸易务实合作举措。当前，绿色转型为全球可持续发展提供了新机遇，成为新的经济增长动力源，也是金砖成员和广大发展中国家希望加快发展的重点领域。

充分利用高质量共建"一带一路"来开拓金砖国家贸易合作、促进贸易潜力实现。金砖国家首先是"一带一路"建设的重要合作伙伴。"一带一路"建设所推进的基础设施建设和投资贸易便利化，维护了全球发展中国家和新兴市场国家的共同利益，为金砖国家之间的贸易进一步发展提供了条件和保障。随着"一带一路"建设的进一步推进，签署自由贸易协定、建立产品的共同标准、优化贸易程序、消除市场准入障碍等举措有望实现，中国和金砖国家间的贸易将会迎来更大发展，金砖国家也将共同推动全球经济向开放和包容的方向发展。

范　莎

第六章

金砖国家投资合作

　　当今世界需要重振后危机时代持续低迷的国际投资，而建立新的投资规则和投资秩序成为全球经济治理的一项核心议题。当前的国际投资规则严重失衡，美欧等发达经济体长期占据新规则调整的主导权，忽略了不断崛起的发展中国家的利益诉求，包括金砖国家在内的发展中国家迫切需要参与新规则制定。金砖机制是发展中大国合作的重要平台，2022 年 6 月金砖国家第十二次经贸部长会议上达成了《金砖国家贸易投资与可持续发展倡议》《金砖国家加强供应链合作倡议》等成果文件，为进一步推进金砖国家投资合作提供了更多政策便利。然而其在投资领域的机制建设仍然相对滞后，示范引领作用不够显著，应着力加强思考金砖国家如何加强投资合作，以促进本国经济增长的同时，推动构建高质量伙伴关系，开启金砖合作新征程，进一步促进共建"一带一路"高质量发展，携手迎击当前的逆全球化潮流。

一、金砖国家国际投资发展现状

当前阶段，金砖国家作为新兴经济体的代表，在全球国际投资中的引领作用正在凸显，未来合作潜力巨大。

（一）金砖国家成为国际投资的重要集散地，增长势头显著

联合国贸易和发展会议在其 2013 年发布的《全球投资趋势监测》［Global Investment Trends Monitor（Special Edition）］报告中提到，金砖国家作为新兴经济体的代表，已经超越了发达经济体，成为推动全球投资的重要力量。基于联合国贸易和发展会议的数据，2021 年金砖国家国际投资存量达到 7.57 万亿美元，相比于 2011 年的 1.11 万亿美元，增长了 2.35 倍，高于世界国际投资在这十年的增速（1.1 倍）。图 6-1 更加形象地显示出自 1990 年以来，金砖国家国际投资存量规模变化趋势，可以看出在整个 20 世纪 90 年代，金砖国家的国际投资存量持续在 0.5 万亿美元以下变动，增长幅度非常小。而进入 21 世纪，这一增长开始缓慢抬头，金砖国家这一新兴经济体群体国际投资逐渐崛起。从 2010 年以后，增速加快，金砖国家作为全球投资的新生力量，在拉动全球投资增长中做出了重要贡献。

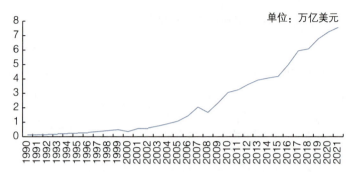

图 6-1 1990—2021 年金砖国家国际投资存量规模变化趋势

数据来源：由联合国贸易和发展会议网站发布的数据整理所得①

金砖国家的国际投资流量也呈现出高速增长态势，2020 年金砖国家国际投资流量占世界的比重达到最高，为 23.62%，超过两成的全球跨国投资是金砖五个国家产生的。图 6-2 中可以看出总体上金砖国家国际投资流量持续上升，虽然在 2015 年经历了陡降，不过很快就重振增长趋势。具体来看，金砖国家吸引外资流入占世界外国直接投资的比重远高于其对外投资流量占比，在 2020 年这一比重达到 26.5%，占比超过四分之一，这反映出金砖国家总体上有非常强的外资吸引力。金砖国家对外直接投资占世界的相应规模比重也在上升，2020 年达到最高，为 20.08%。

---

① 详见网址：https：//worldinvestmentreport.unctad.org/annex－tables/。

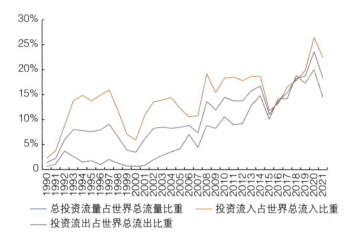

图 6-2 1990—2021 年金砖国家国际投资流量总体及流入、流出分别占世界对应投资流量的比重

数据来源：由联合国贸易和发展会议网站发布的数据整理所得①

　　从国际投资增速来看，金砖国家 2011—2021 年国际投资流量年均增长率为 3.1%，远高于世界同时期年均增速 0.2%，其中金砖国家吸引外资流入年均增速为 1.7%，对外投资流出规模年均增速为 5.4%，均远远高于对应的世界国际投资流入增速（-0.2%）和流出年均增速（0.5%）。在金砖五国中，国际投资年均增速最高的是南非，达到 26.2%；其次是中国，实现国际投资年均增速 5.1%；俄罗斯和印度也分别以 1.8% 和 2.2% 的年均增速，远高于世界平均水平；巴西总体的国际投资流量表现有所下降，降低了 3.8%，主要是因为吸引投资流入规模

---

① 详见网址：https：//worldinvestmentreport.unctad.org/annex－tables/。

出现快速下滑，从 2011 年的 974 亿美元下降到 2021 年的 504 亿美元，其流出的国际投资规模年均增长率为正值，增速达到 7.6%，巴西对外投资增长趋势明显。因此，金砖国家国际投资对于世界国际投资规模的增长具有显著推动作用，快速成为国际投资重要的集散地。

（二）中国国际投资在金砖国家群体中地位凸显，具有较大投资合作潜力

2021 年中国对外直接投资存量达到 2.58 万亿美元，金砖国家对外直接投资存量为 3.7 万亿美元，占比 69.7%，金砖国家对外投资规模中约有七成由中国贡献，俄罗斯、巴西、南非和印度的对外直接投资规模占比仅为 10.8%、8%、5.9% 和 5.6%，远低于中国对外投资水平。在吸引外资方面，2021 年金砖国家总体吸引外资规模为 3.87 万亿美元，中国吸引外商直接投资规模为 2.06 万亿美元，占比 53.4%，金砖国家吸引的外资存量中超过一半是中国吸引的，巴西、俄罗斯、印度和南非的这一比重分别是 15.3%、13.5%、13.3% 和 4.5%。可见，无论是吸引外商直接投资还是对外直接投资，中国在金砖国家中的地位都非常重要，远高于其他四个国家，尤其是对外直接投资体量非常大，中国与金砖国家其他成员国的投资合作潜力巨大。

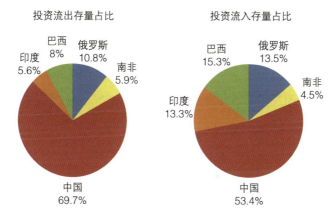

图 6-3　2021 年金砖国家国际投资流出和流入存量规模占比

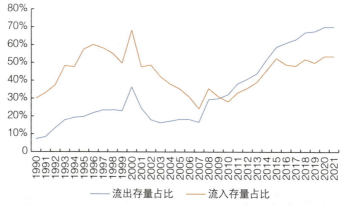

图 6-4　1990—2021 年中国的国际投资存量占金砖国家总量的比重

从动态变化来看，中国国际投资在金砖国家总量的占比，自 1990 年至今，首先经历了缓慢上升，从 2000 年开始有所下降，从 2009 年至今的十几年间保持了稳定上升趋势。并且，中国对外直接投资占比与中国吸引外资占比形成剪刀差发展趋势，以 2009 年为分水岭，在 2009 年之前中国吸引外资占金砖国家吸引外资的比重持续高于中国的对外直接投资规模在金砖国家的比重，而随着中国对外直接投资占比自 2009 年之后快速上升，超过了吸引外资的分量，中国对外直接投资在金砖国家中的规模占比在 2020 年高达 70.1%，这预示着金砖国家对外直接投资中超过七成来自中国。2020 年中国吸引外资占金砖国家比重为 53.65%，这也预示着金砖国家吸引的外商直接投资中，有超过一半流入中国。中国的国际投资分量远高于金砖国家中其他国家，投资能力和吸引力巨大。那么如何在金砖合作框架内，高效推进中国与金砖国家其他成员国的投资合作，实现共同发展，将是一个重要且非常具有现实价值的话题。

（三）金砖国家整体上持续处于投资净流入状态，外资吸引力快速上升

2022 年 6 月联合国贸易和发展会议最新发布的《2022 年世界投资报告》数据显示，2021 年外国直接投资流入量排前 10 名的经济体是美国、中国、中国香港、新加坡、加拿大、巴西、印度、南非、俄罗斯和墨西哥，涵盖了所有金砖国家。金砖国家吸引外商直接投资流量显著高于对外直接投资流量，2021 年金砖国家对外直接投资的体量要小于外商直接投资，属于投资净流入的范畴。图 6-5 显示出金砖国家自 1990 年，总体上的国际投资情况持续处于投资净流入状态。相比来说，全球投资则有部分年份表现为投资净流出，也即国际投资流入减去流出的规模是负值，包括在 2021 年，净流入也降到 −1253 亿美元，也即投资流出高于流入。

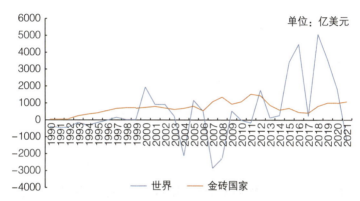

图 6-5　1990—2021 年金砖国家国际投资净流入与全球总体水平

注：净流入为外商直接投资流入规模减去对外直接投资流量

在金砖五国中，2021 年除了俄罗斯国际投资净流入为 −254 亿美元外，南非、中国、印度和巴西的国际投资净流入均为正值，流入规模分别为 409 亿美元、358 亿美元、292 亿美元和 273 亿美元。这些国家在 2021 年的投资吸引外资规模普遍高于对外投资规模。如果将时间线拉长到 1990 年至今，图 6-6 显示出这五个国家的国际投资净流入情况，可以看出 1990—2008 年，金砖五国大部分都表现为投资净流入为正的情况，尤其是中国的投资净流入显著高于其他国家，这一阶段中国打开对外开放的大门，努力吸引外资，外资流入规模持

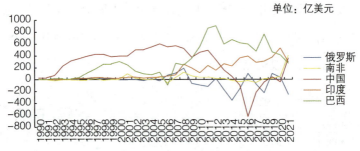

图 6-6　1990—2021 年金砖国家的国际投资净流入分布情况

续增长，而中国对外投资规模的快速扩张则是在 2008 年金融危机前后，这一时期境外产业园区加快发展，境外投资并购发展迅速，越来越多的地方企业和民营企业开始主动走向世界。因此，从图 6-6 中可以看出，2008 年以后，中国的国际投资净流入开始快速下降，是因为这一时期对外投资规模扩张引起的，到 2016 年国际投资净流入达到最低值，这一年中国吸引外商直接投资为 0.13 万亿美元，而对外直接投资流量为 0.2 万亿美元，对外直接投资高于吸引外资规模，之后这一差值区间开始缩小，净流入有所回升，到 2021 年回到正向净流入状态，这一年中国吸引外资 0.18 万亿美元，对外投资流量为 0.15 万亿美元。巴西和印度在 2008 年全球金融危机之后，吸引外资规模持续高于对外投资规模，国际投资净流入不断上升，在吸引外资流入方面潜力巨大。俄罗斯和南非的国际投资净流入变化幅度相对较小。

随着发展中国家经济快速增长，后发优势不断体现。以金砖国家为代表的新兴经济体相对于发达国家具备更加低廉的要素成本，并且在融入全球化的过程中，开放程度和技术水平也持续提升，吸引国际资本从渐趋饱和的成熟市场抽离，投资流向发展中国家，尤其是向更具投资潜力的金砖国家转移。金砖国家吸引外资规模不断增长的过程中，跨国资本的直接或间接外溢效应也在凸显，一方面本国企业借助外资企业的外溢效应实现技术升级，提高走向海外市场进行跨国经营的能力，另一方面也有利于东道国经济的可持续高质量增长。

二、金砖国家国际投资阶段演化

要从总体上把握金砖国家国际投资发展的动态演化情况，需要回答三方面的问题：当前金砖五国已经发展到什么阶段、呈现怎样的演变过程，以及为何呈现出这样的发展特征。本部分尝试基于 IDP 国际投资发展理论回答以上问题。

（一）Dunning 国际投资发展阶段的 IDP 理论

从 20 世纪 80 年代以来，大量学者开始关注发展中国家的国际投资问题，而其中最具代表性的是英国经济学家 Dunning 的国际投资发展理论，他结合所有权优势、内部化优势和区位优势理论，提出了投资发展路径（Investment Development Path，IDP）假说，也即著名的国际投资发展理论。该理论认

为，一国的对外直接投资净额 NOI（Net Outward Investment）
等于对外直接投资额减去吸引外商直接投资额，这一指标是该
国经济发展阶段的函数。Dunning 将人均 GDP 作为反映经济
发展阶段的重要参数，研究 67 个国家 1967—1978 年的对外
直接投资净流量与经济发展水平之间的关系，实证检验发现，
在不同经济发展阶段的国家，其经济结构、工业化水平、市场
规模以及政府政策具有显著异质性，那么企业面对的所有权优
势、内部化优势和区位优势也必然不同，因此一国的国际直接
投资净流量与发展水平之间具有高度显著的相关关系。[1] 随后
Dunning 和 Narula 又在前期研究基础上对这一理论进行了补充
修订。[2] IDP 理论结合一国国际投资净流出 NOI（国际投资流
出与流入之差），按照人均 GDP 将国际投资划分为五个阶段，
如图 6-7 所示。

[1] Dunning J H.,*International production and the multinational enterprise*, London,Allen& Unwin,1981,p.221.

[2] Dunning J H., Narular, "Foreign direct investment and government:catalysts for economic restructuring", *The investment development oath revised:some emerging issues*, London,Routledge, 1996, pp.22 - 25.

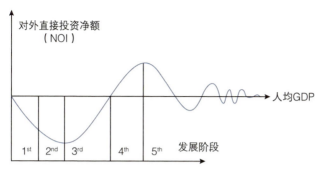

图6-7　国际投资 IDP 理论模型

资料来源：根据 Dunning & Narula 的研究（1996）整理所得

　　总体上，各个国家的国际直接投资流动与其经济发展水平具有系统相关性，在各国经济发展的不同阶段，其国际直接投资呈现出特定的变化规律，表现为（见图6-7）：在前四个阶段对外直接投资净额呈 U 形或 J 形曲线分布，第五阶段在零水平上下波动。这是因为在经济发展初期，处于第一阶段，区位优势不足以吸引国际直接投资流入；经济发展到第二阶段，国际直接投资流入开始增加，但是对外直接投资规模微不足道；经济发展到第三阶段，国际直接投资流入速度开始放缓，对外直接投资增长速度上升，净对外投资得到改善；经济发展到第四阶段，国际直接投资流出存量接近甚至超过国际直接投资流入存量，企业有能力与世界范围内的企业竞争；经济发展到第五阶段，净对外投资开始下降，国际直接投资流入与国际直接投资流出维持相对平衡。

　　在国际投资发展 IDP 理论提出后，各国学者陆续以土耳其、加拿大等不同的国家为样本开展实证研究进行检验，均发现了国际直接投资净流出 NOI 的阶段性变化与经济发展之间的关系，支持了 IDP 理论。有较大影响力的相关成果是，2006 年联合国贸易和发展会议的研究，其在该理论基础上通过对全球 135 个国家的分析，得到全球总体意义上人均 NOI 与人均 GDP 之间的 U 形关系，并界定了各阶段人均 GDP 的分界点：2500 美元、10000 美元、25000 美元和 36000 美元，以此将国际投资划分为五个发展阶段。第一阶段是人均 GDP 低于 2500 美元的国家，这些国家处于欠发达阶段，缺乏所有权优势和内部化优势，几乎没有区位优势，因此有几乎很少的外商直接投资流入，没有对外直接投资发生，NOI 为零或负值。当国际投资发展进入第二阶段，人均 GDP 高于 2500 美元，但是低于 10000 美元时，区位优势和所有权优势开始显现，吸引外商直接投资规模加快发展，并有少量对外直接投资流出，净流出 NOI 为负值，规模进一步扩大。当国际投资发展进入第三阶段，人均 GDP 高于 10000 美元，低于 25000 美元时，区位优势开始降低，所有权优势和内部化优势增强，外商直接投资流入速度放缓，这一时期对外投资规模增速加快，虽然净流出 NOI 仍然为负值，但是正在不断缩小。当国际投资发展进入第四个阶段，人均 GDP 高于 25000 美元，低于 36000 美元时，区位优势快速让位于所有权优势和内部化优势，这两个优势逐渐变得显著，对外直接投资规模超过外商直接投资流入规模，投资净流出变为正值。当国际投资发展进入第五阶段，人均 GDP 高于 36000 美元，三种优势（区位优势、所有权优势和内部化优势）变得复杂，国际投资的流入流出规模变化大体趋同，这时投资净流出 NOI 在零值附近波动。

IDP 理论只是在总体上解释了一个国家国际投资流入流出与经济发展水平之间的内在联系，由于不同的国家即使是处于同一经济发展阶段，仍然在经济结构、资源禀赋、市场特征和政策环境方面具有诸多差异，因此，对于金砖国家从个体层面的国际投资发展阶段分析就更加必要了。以下将利用 IDP 理论的基本检验方法，从联合国贸易和发展会议与世界银行数据库测算得到金砖五国人均投资净流出规模和人均 GDP（以 2015 年不变价美元为准）数据，并绘制人均 NOI—人均 GDP 散点图，对当前金砖五国国际投资所处发展阶段做出研判，这种方法能够反映出不同经济发展水平下人均净外向直接投资的发展状况。

（二）中国的国际投资发展阶段分析

图 6-8 为中国的人均 NOI—人均 GDP 散点图，并对散点图拟合了五次项曲线。拟合效果非常好，R^2 为 0.8698，可以解释 86.98% 的人均 NOI 变化。从拟合曲线来看，中国的人均国际投资净流出 NOI 随着人均 GDP 的提高，先呈现出较好的 U 形特征，在经济发展逐渐成熟以后，开始变为比较明显的倒 U 形关系特征，这说明 IDP 理论对于中国的国际投资发展阶段定位

具有一定的解释力。随着人均 GDP 的不断增长，NOI 由负值逐渐变为正值，在 U 形关系的前期阶段，NOI 在负值区域，数值绝对值先增大后减小，同样在 NOI 进入正值区域后，也随着经济发展水平的提高，NOI 值先增长后减小，因此根据 IDP 理论，当前中国的国际投资发展表现为净流出，大小趋近于 0，可能已经开始从第四阶段进入第五阶段。中国的国际投资正在快速发展，国内学者识别了不同时期中国国际投资所处的发展阶段，高敏雪和李颖俊经过研究发现，在 21 世纪初期中国国际发展处于第二阶段，朱华的研究发现 2010 年中国的国际投资已经从第二阶段进入了第三阶段。[①] 本研究发现到 2020 年，中国的国际投资从第四阶段进入第五阶段，从多方面研究发现了中国国际投资发展的动态演化过程。

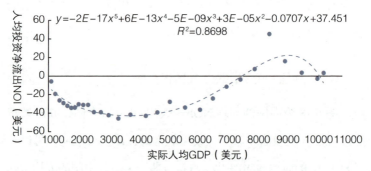

图 6-8　中国人均 NOI—人均 GDP 散点图及拟合曲线

① 高敏雪、李颖俊：《对外直接投资发展阶段的实证分析——国际经验与中国现状的探讨》，载《管理世界》，2004（1）；朱华：《投资发展周期理论与中国 FDI 发展阶段定位研究》，载《经济学动态》，2012（5）。

不过需要引起注意的是中国的国际投资发展与传统的投资发展周期理论所揭示的过程差异较大，可以看出国际投资发展超前于经济发展水平，从 1992—2020 年人均 NOI—人均 GDP 拟合曲线的动态变化来看，当前中国的国际投资发展呈现出净流出为正，但是逐渐趋近于 0 的第四阶段末期或第五阶段初期，这一时期国际投资流入流出规模基本趋同，NOI 接近 0。然而我们可以看出经济发展水平未达到第五阶段对应的人均 GDP 为36000 美元，相比于发达经济体，中国在目前的所有权优势和内部化优势尚不显著的情况下，却能维持快速的国际投资规模增长。

中国的国际投资发展过程为何呈现出异于传统投资发展理论的特征？当前在人均 GDP 未跨入发达国家行列的情况下，为何国际投资净流出 NOI 规模率先进入第五阶段？

在吸引外资流入方面，疫情全球蔓延、国际局势纷繁复杂的背景下，中国仍然保持了非常高的外资吸引力。《2021 年中国国际收支报告》显示，2021 年，跨境双向投融资持续活跃，各类来华投资合计净增加 6616 亿美元，其中，来华直接投资3340 亿美元，较 2020 年增长 32%，创历史新高。这首先得益于中国非常强的经济稳定性和政策稳定性，投资者对于向中国投资具有比较稳定的预期，不确定性大大降低。经过四十多年的改革开放，已经形成了一套经济发展制度，提高了投资者对中国未来经济发展政策透明度的信任。并且疫情大流行使全球所有国家都面临非常大的跨国投资合作压力，中国非常好的防疫工作也降低了外资企业到我国经营可能面临的风险。其次是营商环境的不断改善和未来长期发展潜力，同样使中国表现出非常高的投资吸引力，中国经济发展的潜力在全球范围内非常高，是最具有前景的国家之一。

在对外投资方面，2021 年我国各类对外投资合计净增加6234 亿美元，这主要是在境内外汇流动性较充裕的情况下，境内主体增加了在境外的投资和存款、贷款等活动。中国对外投资增长迅猛的一个非常重要的原因在于，中国在基建领域的独特能力和优势，再加上"一带一路"倡议中基础设施先行的政策导向，中国对一些基础设施落后的欠发达国家进行了大规模基础设施投资。根据中国全球投资跟踪数据库（China Global Investment Tracker），2005—2020 年中国对外投资单笔项目金额超过 1 亿美元的大型投资的行业分布情况，可以看出能源类和交通类投资项目数几乎占了大型投资的一半，共计 1726 项，占比 48.9%，涉及项目投资金额总计 1.13 万亿美元，占比53.8%，两个行业的项目金额超过总体金额的一半。这也是为何中国能够区别于传统发展中国家的国际投资发展路径，在人均 GDP 未达到第五阶段时，国际投资提前进入第五阶段。

（三）巴西的国际投资发展阶段分析

图 6-9 为巴西的人均 NOI—人均 GDP 散点图，对散点图

拟合二次项曲线，R^2 为 0.7308，拟合效果较好。从散点图分布情况来看，一方面，巴西 1992—2020 年人均 GDP 不断增长，但是仍然低于 10000 美元，最高时为 9248 美元。另一方面，巴西人均国际投资净流出 NOI 持续为负值，并且绝对值不断扩大。结合 IDP 国际投资发展理论和联合国贸易和发展会议测算的投资发展阶段划分区间，巴西目前处于国际投资发展的第二阶段，在这一时期，国家的区位优势和所有权优势开始显现，对外资吸引力快速提高，外商直接投资流入加快发展，同时有少量对外直接投资，因此净流出 NOI 为负值，并且国际投资流入流出的差距不断扩大。

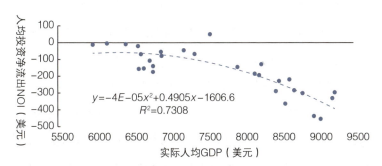

图 6 9 巴西人均 NOI—人均 GDP 散点图及拟合曲线

巴西的国际投资发展阶段符合 IDP 发展理论中关于第二阶段的界定。当一国经济发展水平进入第二阶段，伴随着该国消费水平上升的是居民消费结构中外国商品的比重不断扩大，再加上政府开始重视对外资的吸引，从而通过不断提高行政审批效率、改善法律环境等方式改善营商环境，并且为了吸引外资，给予较好的优惠政策，再加上一国经济发展水平的不断提高，对外国直接投资的吸引力也快速上升。这一时期对外直接投资微不足道，因此投资净流出为负值，表现为净流入，这一规模不断扩大。根据联合国贸易和发展会议公布的数据，巴西在 2021 年全球吸收最多外国直接投资的国家中排名上升至第 7 位，正处于外资流入快速增长的阶段。

（四）印度的国际投资发展阶段分析

图 6-10 为印度的人均 NOI—人均 GDP 散点图，对散点图拟合线性方程，得到 R^2 为 0.8363，拟合效果较好。拟合结果显示，印度的人均国际投资净流出 NOI 与人均 GDP 的关系为显著负向影响，也即经济发展水平的提高伴随的是投资净流出的不断降低，又因为净流出为负值，因此绝对值不断扩大。以 2015 年不变价美元计算的人均 GDP 显示，印度 1992—2020 年人均 GDP 最高为 1973 美元，按照 IDP 国际投资发展阶段划分，如果以人均 GDP 规模来看，目前印度国际投资应该处于第一阶段，然而从其 NOI 规模快速增长的进程来看，目前印度可能处于第二阶段，在这一阶段，外国直接投资流入快速增长，净流出为负值，并且绝对值数额快速提高。

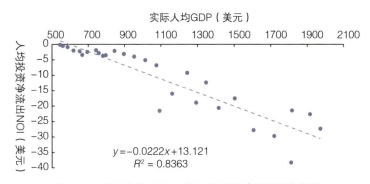

图 6-10　印度人均 NOI—人均 GDP 散点图及拟合曲线

　　虽然印度经济发展水平尚且不高，然而其人口较多且出生率相对较高，劳动力资源优势非常明显，再加上政府对了外资流入的鼓励政策出台，也推动了外资流入速度。就在 2021 年底，印度已经批准了一项价值为 100 亿美元的激励计划，打算吸引全球各地的半导体等科技产业来印度投资建厂，借此机会想要发展成为芯片大国。因此，尽管公共卫生事件令市场增幅放缓，印度 2021—2022 财年还是获得了价值 72 亿美元的外国投资，其中 30 亿美元是 2021 年 9 月份涌入。其吸引的这一外资规模是所有新兴市场国家中第二高的，仅次于巴西的 90 亿美元。印度在这个阶段，国际投资以净流入为主，并且随着经济发展不断成熟，吸引外商直接投资规模持续扩大。

（五）俄罗斯的国际投资发展阶段分析

　　图 6-11 显示，俄罗斯的人均国际投资净流出规模在不同

的阶段表现出差异化特征，在人均GDP低于7500美元的时期，持续在零值周围波动，也即投资流出与流入相当，而之后出现分化，同等水平的经济发展阶段，可能出现投资流出与流入差值完全相反的方向，因而投资与经济的关系变得不可预测，可能符合NOI第五阶段国际投资发展特征，国际投资流出与流入的差值无法因经济发展水平的不同而表现出一致的变化特征，三种优势（区位优势、所有权优势和内部化优势）变得复杂。可能俄罗斯天然的能源资源优势成为吸引投资的特别竞争力，从而打破了投资与经济之间的相关关系，正因为资源禀赋的影响，也使南非的国际投资阶段同样不可预测。

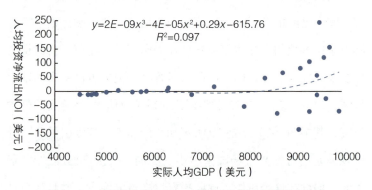

图 6-11　俄罗斯人均 NOI—人均 GDP 散点图及拟合曲线

（六）南非的国际投资发展阶段分析

南非的国际投资净流出与经济发展的关系不太稳定，从图 6-12 可以看出，在人均 GDP 低于 5000 美元时，人均 NOI

是正值，不过经历了先上升后下降的变化趋势，在人均 GDP
高于 5000 美元以后，人均 NOI 持续为负值，并且没有表现出
与经济发展的显著关系，当人均 GDP 高于 6200 美元后，似乎
又进入净流出为正值的区间，并且从图中的拟合曲线来看，也
未能发现其国际投资与经济发展之间的显著关系。

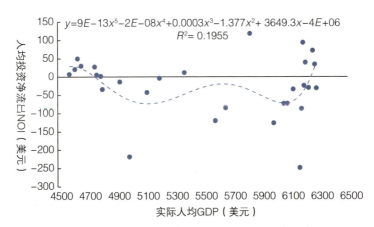

图 6-12　南非人均 NOI—人均 GDP 散点图及拟合曲线

三、金砖国家国际投资合作前景

当前，金砖合作进入高质量发展阶段，应利用各国产业结
构和资源禀赋互补优势，提升国际投资合作水平，助力各国产
业结构转型升级。

（一）中国当前快速增长的对外投资发展势头，将为金砖国家注入投资合作动力

金砖国家国际投资规模持续增长，正在逐渐成为全球国际投资的重要集散地，其中金砖国家吸引外资流入占世界对外直接投资的比重增长快于其对外投资占比，在 2020 年全球两百多个国家吸引的外资流入总量中，五个金砖国家吸引外资流入规模超过了全球的四分之一，这反映出金砖国家在吸引外资方面具有显著的比较优势。

在金砖国家中，中国的国际投资地位凸显，呈现出较大投资合作潜力。在快速增长的金砖国家外资流入规模中，超过一半流入了中国，而同时，接近七成的金砖国家对外投资是来自中国。中国非常强的经济稳定性和政策稳定性，以及不断改善的营商环境，再加上中国在基建设施领域的独特能力和优势，使其提前进入国际投资发展成熟期。

金砖国家其他成员国所处的国际投资发展阶段显示其较强的外资吸引力，有为开展与中国的投资合作创造得天独厚的条件。研究发现，金砖国家中巴西和印度目前处于国际投资发展的第二阶段，在度过第一阶段的国际投资发展初期，进入第二阶段以后，区位优势和所有权优势开始显现，对外资吸引力的速度加快，外商直接投资流入规模不断扩大，正处于吸引外资的关键时期。

中国对金砖国家其他成员国的投资规模快速增长，表现出非常大的合作潜力。图 6-13 显示 2003—2020 年期间中国对印度、南非、俄罗斯和巴西的直接投资情况，可以看出中国对俄罗斯的投资在近十年增速最快，在 2015 年首次达到最高值，为 140.2 亿美元，之后维持在 120 亿 ~ 140 亿美元之间。中国对南非的投资规模增长也较快，在 2017 年达到 74.73 亿美元，中国对印度和巴西的直接投资则由几亿美元上升到近些年超过 40 亿美元，均经历了投资规模的快速扩张，发展势头比较迅猛，合作潜力很大。

图 6-13 中国对金砖国家其他成员国的直接投资存量

（二）加快金砖框架下的基础设施投资合作，助力"一带一路"高质量发展

在同等生产要素投入的情况下，高质量的基础设施将伴随

调节效应促进产出规模的提高，并且良好的基础设施有助于作为吸引外资的优势而扩大外资流入规模，也能够通过商品贸易便利度而增加贸易规模，良好的交通设施也有利于健康和教育水平的提高，缩小地区间的收入差距。金砖国家每年的基础设施投资资金大约只占 GDP 的 4% ~ 5%，需求缺口很大，再加上全球性金融危机叠加疫情，造成财政收入不断紧张的形势。其中巴西的基础设施投资仅占 GDP 的 2%，如果想要在基础设施水平方面赶上南美领先的智利的基础设施水平，那么就需要保持占 GDP 4% 的基础设施投资规模比重超过 20 年。[1]另外，印度的基础设施投资也仅占 GDP 的 4.7%，自身在基础设施建设方面存在上千亿美元的资金缺口。[2]

中资企业对金砖国家投资的初期，主要是投向铁矿石、石油等能源资源类行业。随着合作的不断深入，开始向农业、制造业和服务业等领域拓展延伸。目前来看，中国对巴西的投资主要集中在交通、能源、机械设备、信息技术等领域；对印度的投资主要是公共基础设施类投资居多，比如投资公路、铁路、通信等设施；对俄罗斯的投资主要集中在能源和农业两个行业，当然俄罗斯在吸引外资的过程中，更希望加快在基础设

---

[1]　Annabelle Mourougane, MauroPisu, *OECD Economics Department Working Paper No.898. Promoting Infrastructure Development in Brazil*, Paris, OECD Publishing, 2011, p. 6.

[2]　[美] 道格拉斯·彼得森：《基础设施建设应更多依赖债券市场融资》，《经济观察报》，2014-03-22。

施、制造业及高科技新兴产业方面的外资投入，而中国或许未来与俄罗斯开展投资合作；中国与南非的投资合作主要是受到"一带一路"建设的推动，在当地投资的目的是通过提高当地生产能力以促进形成南非经济内生增长动力。

因此未来金砖国家投资合作扩大的一个重点是，发挥中国在基础设施建设方面的独特优势，扩大对金砖国家其他成员国基础设施领域的投资。正如上文提到的巴西、印度等金砖国家在经济发展过程中普遍存在的一个问题是基础设施建设薄弱，存在的资金缺口很大。因此，为了吸引外资流入，支持本国基础设施建设，金砖成员国出台了各种招商引资计划，尤其是对中国企业拓宽了投资领域，对于在港口、机场、海上运输等基础设施建设领域投资的外资企业，出台优惠政策支持其在本国进行基础设施开发、经营和维护，甚至对外资企业实行免税政策。中国提出的"一带一路"倡议，目的是通过互联互通与共建国家形成双赢局面，而这其中的设施联通又是先行条件和首要任务。金砖国家都是共建"一带一路"国家，中国也应该发挥其在资金、劳动力、基础设施建设经验等方面的优势，扩大对其他金砖国家基础设施建设投资，拓展金砖国家市场的同时推动经贸合作，助力共建"一带一路"高质量发展。

（三）深化金砖绿色投资合作，助力可持续能源转型发展

金砖国家经济体量大，是世界经济中不可忽视的重要力

量。在全球能源领域占据着重要地位，金砖国家拥有世界约42%的人口，贡献了约25%的经济总量，能源生产和消费分别占到全球的35%和40%，在全球能源市场中地位凸显。能源是金砖国家合作的重要组成部分，当前全球能源安全与转型发展问题交织，在绿色发展理念下，能源生产正在向低排放甚至零排放过渡。金砖能源投资合作也从2009年的《"金砖国家"领导人俄罗斯叶卡捷琳堡会晤联合声明》中提出的"确保能源稳定、可持续"到2021年新德里宣言中提到的"能源转型和加强能源安全"转变。

金砖国家能源投资合作具有坚实的基础，近些年新能源已成为中国与其他金砖国家能源合作的重要趋势。正如金砖国家新开发银行副行长莱斯利·马斯多普提到的，绿色和可持续发展将成为中国未来的主要增长动力。中国正积极推进能源低碳化转型发展，提高非化石能源占能源消费的比重。2020年，中国的煤炭消费量占能源消费总量的比重已经由2005年的72.4%下降到56.8%。2021年中国新能源汽车销售量达到352万辆，连续7年位居全球第一。中国还大规模推进国土绿化，提升森林碳汇水平，2000—2017年间，全球新增绿化面积中约四分之一来自中国。

目前，中国的可再生能源海外投资已经遍及全球各国，金砖国家也已经成为全球绿色能源投资的主要力量。根据壳牌石油发布的《世界能源统计年鉴2022》可知，中国在2021年仍然是全球太阳能和风能发电能力增长的主要驱动力，分别占全球新增产能的 36% 和 40%。因此，应继续发挥中国的引领作用，深化金砖国家内部能源与绿色经济领域全方位合作，发挥金砖国家可再生能源产业和技术上的互补优势，构建新能源产业链发展机制，促进可再生能源规模化快速发展。

刘清杰

第七章

金砖国家金融合作：三大合作体系筑牢金融安全网

一、金砖国家金融合作的基础和优势

金砖国家的金融合作具有良好的经济基础和多方面的优势，从贸易上看，过去五年来，金砖五国的贸易量年均增长超过 10%，2021 年甚至超过 30%，占世界的 17.9%。金砖国家的资源禀赋情况各不相同，从事国际间贸易的商品结构互不相同，所以金砖国家进行金融合作可以实现贸易互补，充分发挥资源优势。同时金砖国家间的产业结构和发展阶段也互不相同，使得金融合作可以实现不同发展阶段的产业互为补充，充分发挥金砖国家在资源上的优势互补，实现合作共赢，增加收入，降低失业，减少贫困。

（一）较高的开放度和互补性

16 年来，金砖国家的贸易开放度显著上升（表 7-1）通常开放度越高的国家，从金融合作中所获得的收益越高，越倾向于进行金融合作。金砖国家推动制定《金砖国家经济伙伴战略 2025》，将贸易投资和金融、数字经济、可持续发展视为重点合作领域，为金砖国家经贸合作勾勒出清晰的路线图。

此外，金砖国家相对国土面积大、人口多，不仅自身经济发展迅速，其所具有的优势产业还具有很强的互补性，如巴西是农业大国，有世界"原材料的供应地"之称；印度的软件业在世界市场中具有显赫地位，素有"世界办公室"之名；而俄罗斯是世界上最大的石油和天然气出口国，有"世界能源加油站"的美誉；因此，我们可以直观地认为：巴西的农业、中国的工业、印度的服务业、俄罗斯的资源再加上南非的市场，金砖国家之间可以形成一条完整的产业链和一个巨大的新兴市场。[①]

表 7-1　金砖国家贸易开放度

2020 年	巴西	中国	印度	俄罗斯	南非
贸易开放度	32.35	34.51	37.87	46.08	51.13

---

① 马凯怡：《金砖国家金融合作推进国际货币体系改革》，载《财富时代》，2020（5）。

（二）初步的金融合作机制

金砖国家内部成员的金融发展水平虽然参差不齐，由图 7-1 可知，金砖国家金融发展综合指数均逐步上升，存在趋同趋势，差距不断减小。各国都具备较为全面的金融基础设施，也在金融法规政策、金融合作服务平台、证券交易平台方面建立了初步的金融合作机制，这为金砖国家在经贸领域、财金领域的合作打下了稳固的基础。但距离建立能够为经济合作提供有力支撑的深层次、高效率的金融合作格局，有很长的路要走。要真正建立行之有效的合作机制和合作模式，要求我们在选择合作路径时要脚踏实地。①

图 7-1　金砖国家金融发展指数

（三）应急储备合作经历

2008 年全球金融危机爆发后，发展中国家经济受全球金

---

① 熊晓炼、陈加才：《金融发展、经济增长与碳排放的动态交互效应——基于金砖国家的实证考察》，载《经济研究参考》，2019（11）。

融市场剧烈波动的严重影响，包括金砖国家在内的许多新兴经济体受到货币贬值、出口下降甚至通货膨胀的影响。2014 年，金砖国家领导人第六次会晤建立应急储备安排（CRA），初始资本为 1000 亿美元。CRA 旨在防止金融危机重演，为金砖国家融资提供短期流动性资金，以应对潜在的重大金融风险，加强全球金融安全。2015 年，金砖国家签署了《金砖国家应急储备安排中央银行间协议》，确定了 CRA 运作的技术参数。该基金的总规模为 1000 亿美元。中国贡献了 410 亿美元，巴西、俄罗斯和印度各贡献了 180 亿美元，南非贡献了 50 亿美元。CRA 标志着金砖国家在经济金融领域的合作进一步加强，为金砖国家的金融安全和市场信心提供了重要支持。

二、金砖国家金融合作现状

（一）央行间货币互换稳步推进，本币结算机制逐步完善

中国人民银行于 2013 年与巴西中央银行签署了规模为 1900 亿元人民币 / 600 亿巴西雷亚尔的双边本币互换协议；于 2014 年与俄罗斯联邦中央银行签署了规模为 1500 亿元人民币 / 8150 亿卢布的双边本币互换协议；于 2015 年与南非储备银行（南非央行）签署了规模为 300 亿元人民币 / 540 亿南非兰特的双边本币互换协议，其中与南非和俄罗斯的双边本币互换协议分别于 2018 年和 2020 年进行了续签。2011 年，中国人民

银行与俄罗斯联邦中央银行在俄罗斯签订了新的双边本币结算协定，中俄本币结算从边境贸易扩大到了一般贸易，并规定两国经济活动主体可自行决定用自由兑换货币、人民币和卢布进行商品和服务的结算与支付。此外，中国与南非储备银行和俄罗斯联邦中央银行分别于2015年和2016年签订人民币清算安排的合作备忘录，为双方使用人民币结算搭建了基础性平台。通过货币互换和本币结算，金砖国家成员国可直接使用本币与成员国进行贸易和投资，减少对美元中介的依赖，有效规避美元汇率波动风险，降低企业的汇兑成本，不仅有助于增进双边贸易投资合作，促进货币安全性，防范金融风险，也有助于提升人民币的国际地位，推动人民币的国际化进程。

（二）金融机构跨国合作日益完善，优势互补为实体经济提供金融支撑

　　银行间市场逐步开放，资本市场合作有序开展。2011年，金砖国家于三亚峰会签署《金砖国家银行合作机制金融合作框架协议》，其中约定中国国家开发银行、巴西开发银行、俄罗斯开发与对外经济银行、印度进出口银行和南非南部非洲开发银行五家成员行将在资源、高新技术和环保等重要领域进行投融资合作，积极开展资本市场合作，进一步促进成员行在经济金融形势以及项目融资方面的信息交流。同年10月，在南非举行的国际证券交易所联会会议上，巴西证券期货交易所、俄罗斯莫斯科银行间外汇交易所、印度孟买证券交易所、中国香港交易及结算所有限公司和南非约翰内斯堡证券交易所宣布成立金砖国家交易所联盟。该联盟的建立形成了一个包含市值超过 9 万亿美元、拥有 9481 家注册公司的巨大资本市场。2012 年 3 月，该联盟五个创始成员又宣布，从 2012 年 3 月 30 日起各成员交易所的基准股市指数衍生产品在彼此的交易平台互挂，实现用本币买卖交易，以为金砖国家提供多元化的投融资渠道，提高资金的使用效率。在联盟合作的第二阶段，五家交易所还计划合作开发代表"金砖国家"的新股市指数相关产品，将其在各交易所的衍生产品及现货市场实现相互上市；在联盟合作的第三阶段，还可能合作发展其他资产类别的相关产品及服务等。金砖国家间证券业务和资本市场合作的逐步加深，将对完善金砖国家金融体系，优化金融结构，提高融资效率，优化资源配置，推动各国国民经济健康稳定发展起到不可忽视的重要作用。

银行间合作机制不断完善。2012 年 3 月，金砖国家在印度新德里签署《金砖国家银行合作机制多边本币授信总协议》和《多边信用证保兑服务协议》，协议涉及贸易融资、投资项目等多个领域，贷款数额将视未来业务的开展而定，直接和实际地推动了金砖国家的银行间合作。2013 年南非德班峰会，金砖国家进出口银行和开发银行达成《可持续发展合作和联合融资多边协议》。同时，为满足非洲大陆经济快速增长及其基础设施资金方面的巨大需求，五国还达成《非洲基础设施联合融资多边协议》。这些协议以多边促进双边的方式推动金砖国家境内以各国官方货币进行商品贸易服务与投资活动，有力推动了各国经贸往来，扩大投融资规模和促进国民经济的快速发展。在 2014 年的巴西峰会上，金砖国家签署了《金砖国家银行合作机制创新合作协议》，同时出口信贷保险机构签署了技术合作谅解备忘录。2017 年厦门峰会，金砖国家签署《金砖国家银行合作机制银行间本币授信协议》和《金砖国家银行合作机制信用评级合作谅解备忘录》，金砖国家银行合作机制进一步完善。金砖国家间资本市场的协调合作不仅有利于拓宽各国的融资渠道，满足中小微企业等投融资主体多元化的发展需求，还将促进各金融机构的融资效率提升，优化整体市场资源配置的能力。

（三）新开发银行成为金砖国家金融合作的重要载体

在国际金融危机背景下，为了推动国际金融治理体系的变革，满足发展中国家的基础设施建设需求，金砖国家共同发起成立了新开发银行。2014 年在金砖国家领导人第六次会晤期间，各国领导人共同签署了建立新开发银行（NDB）的协议。2016 年，总部设在上海的新开发银行全面投入运营。新开发银行成立六年来，积极利用其自身影响力在国际市场上融资，为金砖国家项目建设和经济发展提供贷款和股权投资，在促进发展中国家基础设施建设、可持续发展、经济进步和国际金融合作等多方面成果显著。

新开发银行为发展中国家基建和经济社会可持续发展提供坚强贷款支持。根据新开发银行年度报告，2016 年成立之初新开发银行即批准 7 项贷款，总价达 15.11 亿美元，包括 6 个涉及可再生能源的项目和一个支持改善道路的项目，其中人民币贷款使用基于三月期的上海银行间同业拆放利率（Shibor），美元贷款使用六个月的伦敦同业拆借利率。此后，新开发银行批准的贷款项目和贷款额度逐年递增。2016—2020 年，新开发银行共批准 72 个贷款项目。截至 2020 年底，新开发银行批准贷款总计 244 亿美元，资金流入的前五大领域分别为清洁能源、交通基础设施、水资源管理、城市发展、环境保护。2020 年，面对新冠肺炎疫情的严峻挑战，新开发银行向中国、印度、南非和巴西批准了用于社会救济措施以及经济复苏的贷款，总额共计 60 亿美元。2020 年全年新开发银行共新增批准了 19 笔贷款，总计达 103 亿美元。新开发银行通过提供无政治附加条件的长期限、低利率的开发性贷款为金砖国家基础设施建设、社会可持续发展、应对疫情和经济复苏提供了金融资源支持。

此外，在 2017 年金砖国家领导人厦门会晤上达成开展政府和社会资本合作（PPP）的共识后，新开发银行积极与各国政府、商业金融机构以及私营部门开展合作，与政府资本和社会资金等整合，为金砖成员国的亿美元级大型建设项目提供贷款。同时，新开发银行与金砖国家基础设施及政府和社会资本合作工作组持续保持良好合作，探索利用 PPP 安排为金砖国家成员国的一系列新的大型建设项目提供金融支持，有力地促进了各国间金融发展经验分享，为各国未来开展金融合作打下基础。

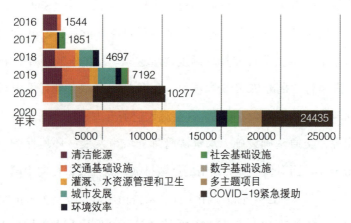

图 7-2　2016—2020 年新开发银行批准项目涉及领域情况
数据来源：新开发银行年度报告

除发放贷款外，新开发银行在 2019 年首次批准对巴西进行 1 亿美元的股权投资，并在第二年批准了对印度的 1 亿美元股权投资。在提供中长期贷款的基础上，新开发银行通过采用股权投资等多样化的金融工具，不仅满足了发展中国家多样化的融资需求，还优化了新开发银行自身业务组合配置，降低了整体投资风险，提升了其业务的灵活性和收益的稳定性。

表 7-2　2016—2020 年新开发银行批准贷款性质情况

	2016		2017		2018		2019		2020		2016—2020	
	金额（百万美元）	数量（个）	金额（百万美元）	数量（个）	金额（百万美元）	数量（个）	金额（百万美元）	数量（个）	金额（百万美元）	数量（个）	金额（百万美元）	数量（个）
主权贷款	1144	5	1851	6	3697	11	5594	16	9554	14	21934	54
非主权贷款	400	3	—	—	1000	4	1498	5	623	4	3569	16
股权投资	—	—	—	—	—	—	100	1	100	1	200	2

数据来源：新开发银行年度报告

在融资方面，新开发银行凭借优良的机构信用评级在国际市场中发行债券、票据并进行短期借款。其中通过发行债券融资是通过新开发银行资金来源的重要渠道。2016年新开发银行成立之初，即在中国银行间债券市场成功发行了首只发行规模为30亿元、期限5年的人民币绿色金融债券。首期债券认购总额即超过90亿元，超过30名投资者参与了簿记建档。2020年4月，新开发银行在中国发行50亿元人民币3年期新冠肺炎债券。2020年6月，新开发银行在国际市场上发行了首批价值15亿美元的3年期新冠肺炎应对债券。除了专项债券，新开发银行在俄罗斯、中国和南非等成员国家积极发行以本币计价的债券，不仅减轻借款人风险，还促进了成员国金融市场的深化。截至2020年底，新开发银行在国际和国内市场发行的债券总额达到55亿美元，欧元商业票据发行总额为28亿美元。

（四）应急储备安排共筑金融安全网

2013年金砖国家德班峰会提出建立1000亿美元的应急储备安排。在2014年福塔莱萨峰会上，金砖国家有关部门负责人共同签署了建立初始资金规模为1000亿美元的应急储备安排协议。2015年金砖国家完成成立应急储备安排协议的批约程序。2016年应急储备安排投入运行。截至2021年，应急储备安排已顺利完成4次演练。应急储备安排通过建立外汇储备基金，在成员国家出现资本外流、债务危机等金融紧急情况时提供援助资金，将有效帮助成员国维护金融稳定，增强外币偿债能力并降低其汇兑风险。应急储备安排不仅提升了金砖国家间的金融合作层次，帮助成员国家携手应对发达国家货币政策外溢效应，还对现有的国际救援机制形成有效补充，切实推动了国际金融组织和货币体系的改革。

（五）推进国际货币体系改革，加强国际金融政策协调

国际金融危机充分暴露了现行国际货币和金融体系的缺陷和不足，随着新兴经济体的迅速崛起，现行国际货币金融体系结构不合理、缺乏代表性等问题越发突出。

在国际金融体系改革方面，金砖国家统一协调，坚定立场，共同要求尽快改革当今不合理的国际金融体系和组织架构。在2014年《金砖国家领导人第六次会晤福塔莱萨宣言》中，各国直接表明对2010年国际货币基金组织（IMF）改革方案无法落实的失望，认为必须使IMF治理结构现代化以更好地反映新兴市场国家和发展中国家在世界经济中不断增加的权重，并呼吁IMF成员寻找出落实第14轮份额总检查的方式，避免进一步推迟，以确保提高新兴市场国家和发展中国家的话语权和代表性。次年，国际货币基金组织份额改革终于完成。2016年IMF正式生效的份额和治理改革方案中约6%的份额将向有活力的新兴市场国家和发展中国家转移，中国份额占比从3.996%

升至 6.394%，排名从第六位跃居第三位，仅次于美国和日本。中国、巴西、印度和俄罗斯四个金砖国家跻身 IMF 股东行列。在 2021 年《金砖国家领导人第十三次会晤新德里宣言》中，各国再次表明对国际货币基金组织第 15 轮份额总检查未能完成份额和治理改革的失望，并进一步呼吁 IMF 解决新兴市场国家和发展中国家代表性不足的问题，使其实质性参与国际货币基金组织治理，保护最贫穷和最弱小成员国的发言权和份额，制定更好反映成员国经济体量的新份额公式。

在金融货币政策协调方面，鉴于当前发达经济体采取的量化宽松或变相宽松货币政策导致流动性过剩的负面效应正在向新兴市场经济体溢出，导致新兴经济体和发展中国家面临汇率、资本和大宗商品价格过分波动的风险，金砖国家一致要求发达经济体采取负责任的金融和货币政策，避免导致全球流动性过剩，并采取结构性改革来削债减赤、增加就业、促进增长。

三、金砖国家金融合作的挑战与合作前景

（一）面临挑战

疫情影响下成员国经济风险上升，动摇金融合作基础

根据世界银行公布的数据，2020 年新冠肺炎疫情暴发导致金砖国家整体生产总值下降到 20.62 万亿美元，降幅达 2.26%，

为 2000 年以来金砖国家整体经济首次萎缩。受此影响，各国间贸易和投资往来大幅萎缩，以中国出口贸易为例，除俄罗斯外，中国对巴西、南非和印度的出口贸易额分别下降 1.65%、7.88% 和 10.83%。疫情还导致金砖国家间的投资大幅下降，以印度的对外投资为例，2020 年印度对巴西、中国、俄罗斯和南非的投资分别为 1.1 亿美元、6.39 亿美元、6.11 亿美元和 2.26 亿美元，较 2019 年分别增长 −52.24%、12.56%、−15.47% 和 −32.07%。经贸联系的下降直接导致各国间货币合作、证券市场合作等金融合作需求下降。

与此同时，疫情等外部冲击使各国政府部门支出大幅提升，2020 年 12 月南非、中国、巴西、印度和俄罗斯的政府部门杠杆率分别达 71%、69%、97.8%、87% 和 20.4%。各国债务高企可能导致金融风险提升，应急储备安排等金融合作可能引发各国对于金融风险外溢的担忧，影响金融合作的顺畅进行。此外，金砖国家的经济增长仍然缺乏内生动力，根据《2019 全球竞争力报告》，中国、俄罗斯、南非、印度、巴西排名分别为 28、42、60、68 和 71。此外，金砖国家经济外向性增长特征明显，对发达国家市场依赖程度高，对全球金融波动的抗风险能力弱，一旦经济潜力不足的预期形成，将为金砖国家间的金融合作造成更大阻碍。

表 7-3 2020 年金砖国家间证券投资情况

投资国 / 投资流入国	巴西		中国		印度		俄罗斯		南非	
	投资额（百万美元）	增速（%）	投资额（百万美元）	增速（%）	投资额（百万美元）	增速（%）	投资额（百万美元）	增速（%）	投资额（百万美元）	增速（%）
巴西			1543.18	-17.75	0.86	-98.38	130.45	-18.18	714.90	14.23
中国	54.51	614.18			617.62	11.88	59.92	156.96	1862.60	31.29
印度	1.85	-66.95	1369.11	8.17			185.41	152.77	613.24	-21.38
俄罗斯	0.43	-73.97	583.38	-71.84	0.00	0.00			105.68	-26.00
南非	1.83	-96.35	517.22	-2.63	0.23	-18.17	98.51	93.91		

数据来源：国际货币基金组织

图7-3　2012—2021年金砖国家政府部门杠杆率

数据来源：WIND

金融合作进展缓慢，合作深度有待提高

从2001年"金砖四国"概念首次提出，到2011年南非加入使"金砖国家"成为具有代表性的新兴经济体合作机制，金砖国家至今仍是一个年轻的对话合作平台。这种低水平、低层次的经济合作水平也成为各国金融合作深入的阻碍。同时，金融政策变动频繁等问题都会阻碍金砖国家金融合作的机制建立和沟通协作。

在现有金砖国家的金融合作框架下，由于缺乏金融合作经验，具体详实的金融合作机制尚未构建，透明可行的操作细节仍未落实。如在货币互换方面，中国尚未和印度签订货币互换协定，与巴西的货币互换协定到期后也未延期，没有搭建起稳定和常态化的多边货币互换机制和货币结算体系，各国间投资贸易中本币结算的占比仍然较小。此外，银行间合作和市场开放程度仍然有限，虽然金砖国家银行间市场合作自 2011 年即告开启，但由于各国资本市场没有完全开放，成立的交易所联盟合作仍停留在衍生产品互挂的第一合作阶段，在共同发展股指产品、开发其他资产产品及服务等预期目标阶段推进缓慢。新开发银行的投资组合较为单一。2016—2020 年新开发银行的贷款项目中 85% 仍是主权业务，非主权业务占比仅为 15%，股权投资占比不足 1%。在全球持续处于低利率水平的背景下，贷款业务占比极高导致新开发银行 2020 年营业利润为 1.01 亿美元，较 2019 年下降了 5000 万美元。

地缘政治风险增大，成员间合作共识与分歧并存

虽然金砖国家在全球金融体系改革和货币金融政策等领域已经开展了系列合作并取得实质性进展，但在俄乌冲突后，俄罗斯受到西方国家的空前的金融制裁，被迫退出 SWIFT，导致外界对金砖国家合作的地位和稳定性产生怀疑，金砖国家间的信任水平和合作的凝聚力有待观察。但危机中也蕴含着金砖国家合作的新机遇，俄罗斯借此进一步呼吁金砖国家间贸易本币化、支付系统自主化和评级机构独立化，使用本币进行进出口业务，整合支付系统和银行卡，建立自己的金融信息交换系统，建立独立的评级机构。

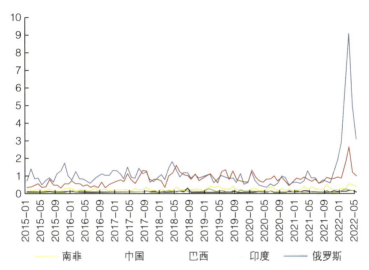

图 7-4　2015 年 1 月—2022 年 5 月金砖国家地缘政治风险指数（GPR）

数据来源：WIND

中印边境争端为两国开展经济金融合作蒙上阴影。虽然 2022 年初的中印外长会谈释放出双方希望保持政治互信、加强经贸合作的积极信号，但在最近举行的香格里拉对话会中，2020 中印加勒万河谷边境冲突被再度重提，表现出中印边界之争将在一段时间内持续成为阻碍中印各界开展合作的重要不确定性因素。

（二）合作前景

新冠肺炎疫情等突发事件和俄乌冲突等地缘政治的影响交织叠加，导致全球产业链供应链紊乱、大宗商品价格持续上涨、国际货币金融体系更加脆弱，为各国发展蒙上阴影，新兴市场国家和发展中国家首当其冲。我们应当坚持共同、综合、合作、可持续的安全观，立足人类是不可分割的安全共同体，要利用各国产业结构和资源禀赋互补优势，提升贸易、投资、金融合作水平，拓展跨境电商、物流、本币、信用评级等领域合作，通过构建三大体系筑牢金融安全网。

建立金砖国家银行货币合作体系

建立基于人民币跨境支付结算体系（CIPS）区域性货币结算系统。建立更完善的跨境支付体系，强化监管制度、提高信息安全标准，从而降低汇率风险和交易成本。由于基础设施建设在金砖国家金融合作中的主体地位，可以优先考虑依托金砖国家新开发银行等平台，通过基础设施、市场开发等商业合作来逐步建立双边货币结算体系，通过人民币投融资、银行贷款等方式发挥人民币的资本输出作用，从而进一步带动区域国家间的银行货币合作。

构建常态化金砖国家货币互换机制。在已有基础上进一步扩大金砖国家间货币互换规模，使延长货币互换协议期限常态化，并推动互换机制由双边向多边化发展，扩大本币结算范围。此外，还可以通过各国央行直接进行货币协调，以中期借贷便利、公开市场操作、再贷款或再贴现等方式进行货币政策宏观调控管理，将人民币交易结算融入各国的银行体系结构中，为区域国家的相关项目提供特惠融资支持。

积极开展数字金融合作，利用数字人民币技术建设国家间、区域间的双边或多边的数字货币分布式跨境支付网络。分布式账本技术可以缩短证券结算周期，降低交易对手和流动性的风险敞口，在跨境支付中，分布式跨境支付网络可以规避传统的代理行模式周期长且成本高的缺点，从而避免金融信用危机。此外，哈希时间锁（HTLC）合约下可实现去信任化模式，即资金交易可由两方或多方点对点直接进行，从而有效避免恶意拖延交易的情况，从根本上提升国际贸易和跨境支付的效率。

创新贷款模式，依据"一带一路"建设项目多样化属性进行投融资管理，由市场主导综合各国地缘、人口、产业和法律法规的优势，有针对性地采用不同贷款模式。同时构建并完善多层次、多核心、多种类的融资体系。充分发挥国际性金融机构、政策性银行等金融机构的资金项目贷款期限长、贷款条件灵活的特点，为"一带一路"区域核心项目提供稳定的基础资金，吸引更多的民间资本参与到"一带一路"建设中来。同时，通过创新金融工具规避"一带一路"项目投资周期长等缺点。

着手建立金砖国家资本市场合作体系

在新开发银行带动下，区域融资渠道日益丰富，融资方式逐渐趋向多元化，在这一背景下，未来构建多元且灵活的金融资本市场合作模式是构建金融国际合作新体系的重要环节。

在信托市场合作方面，金砖国家应在国际证券市场建立开放多元的境外股权投资基金，吸收更多国际国内资本参与发展中国家建设。在债券市场合作方面，金砖国家应进一步开放区域国家内部银行间债券市场。就中国而言，可以通过人民银行代理或商业银行代理的开放银行间债券市场来推动债券市场的高水平开放，便利金砖国家成员国通过 QFII/RQFII 等多渠道入市投资。最后，发行中长期票据计划下金砖国家各国本币计价的专项债券，以及通过 PPP 合作等方式，鼓励和引导区域内外的多边国家和金融机构及其他各类社会主体参与金砖国家项目建设，同时增加利益关联方，分散项目风险，强化多主体下的金融合作。

拓展新开发银行"朋友圈"，充分争取联合国开发署、丝路基金有限责任公司、亚洲基础设施投资银行、亚洲开发银行等金融机构的资金支持，共同充分发挥它们在金砖国家合作项目上的低成本输血功能。

加强金砖国家成员国金融规则协调和相通，支持各国金融机构在区域内布局分支机构，优化区域金融机构布局，实现金融基础设施联通，为区域发展提供便捷的金融服务，提供对政策风险、市场风险、交易对手风险、汇率风险的专业化管理，实现项目资金清算和结算、支票结算、贷款和转贷款、信用证、账户管理等方面的异地办理。

创新金砖国家金融合作产品体系。加快完善金融支持创新体系，推动区域内传统金融机构探索开发适合金砖国家区域发展项目的金融产品和金融工具，提供更多的融资产品。例如，根据已有的新开发银行批准项目特点，以绿色金融发展为契机，在中国的引领下大力发展和完善绿色金融体系，试点区域化碳排放权交易市场，打造绿色资产的价值，加强金砖国家绿色合作，开展气候风险管理，有序开展气候风险压力测试，根据现实需求服务、扶持、培育绿色产业发展。

建立信用保险合作体系

保险、担保机构在带动传统金融业和推进国际合作项目上可以通过信用保险业务有效降低"高风险"国家的项目风险。金砖国家建设项目投资金额高、技术要求高、风险巨大，难以短期见效，因此需要建立信用保险合作体系来承担风险，形成信用、保险与金砖国家金融合作的良性互动发展。

首先，金砖国家政府应加大政策引导保险公司协调有序地参与金砖国家项目建设，同时提高服务供给水平，与国际市场互联互通。对区域内国际保险业进行顶层设计，明确其在区域发展中的功能定位。鼓励开发性或政策性金融机构与保险公司积极合作，全面服务于金砖国家相关项目建设，深度参与国际保险市场，全面审慎评估承保区域内相关经济体的风险要素，在风险管控的基础上开展多层次、高水平的金融合作。其次，加强区域内保险部门的国际化能力，深化区域内保险部门与国际保险机构间的合作关系，构建保险跨境协作发展格局。再次，借助国际保险监督官协会等国际平台，构建金砖国家保险合作沟通平台，推动区域内部的保险行业标准的统一，构筑金砖国家保险安全网。最后，创新保险产品体系，深化海外保险业务拓展，从行业层面整体推进，从顶层设计整体推进，创新产品类型、提升服务质量、加强风险把控，借助合作网络覆盖更多金砖国家合作项目，同时加快保险行业国际化开放创新步伐，积极开展跨境业务合作和监管合作，构建金砖国家合作出口、投资国别风险服务及项目落地、资金运用等相关配套产品体系。

龚　驰

第八章

金砖力量助力全球数字化转型：把握数字金砖机遇　共同实现跨越式发展

数字化转型是全球发展重要趋势，是世界经济增长的新引擎。以 5G、人工智能、量子技术等新兴数字技术为代表的第四次工业革命在各领域深度融合的多样化发展，数字技术日新月异迭代进步，已经成为重组全球要素资源、重塑全球经济结构、改变全球竞争格局的重要驱动力量。尤其是新冠肺炎疫情后，数字经济已成为当前全球经济复苏及全球化的重要推动力，数字贸易呈现逆势上升。据联合国贸易和发展会议数据，2020 年，信息与通信技术（ICT）产品出口增长 4%，超过 2.3 万亿美元，较 2010 年同比增长 26.92%；进口增长了 1.1%，达到近 2.5 万亿美元，与 2010 年的 1.9 万亿美元相比增长了 24.10%；ICT 贸易额占世界贸易总额 14.97%，比重较 2010 年增长 21.81%，超过五分之一。中国信息通信研究院数据也显示，2018—2020 年，全球数字经济规模持续上升，对全球经济的贡献持续增强。2020 年，全球 47 个国家数字经济增加值规模达到 32.6 万亿美元，同比名义增长 3.0%，占 GDP 比重的 43.7%。

随着数字化对经济发展和社会进步带来深刻影响，数字经济全球发展的不平衡性也逐渐显现，发达国家和发展中国家的数字鸿沟日益扩大。国家和地区的数字技术水平影响和限制了世界各国尤其是发展中国家和欠发达国家的信息化建设和数字化转型。

图 8–1　2018—2020 年发达国家与发展中国家数字经济规模及占比对比

数据来源：中国信息通信研究院

　　从经济发展水平来看，发达国家与发展中国家相比存在明显优势。如图 8-1 所示，2020 年，发达国家数字经济规模达到 24.4 万亿美元，占全球总量的 74.8%，是发展中国家的近 3 倍。发达国家数字经济占 GDP 比重为 54.3%，远高于发展中国家的 27.6%。其中数字技术的低水平渗透率是发达国家与发展中国家数字鸿沟的主要特征（图 8-2）。

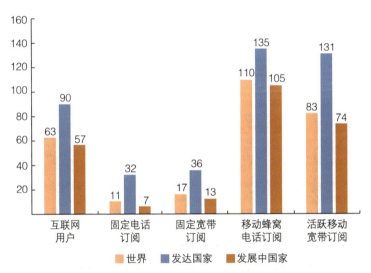

图 8-2　2021 年发达国家、发展中国家 ICT 技术渗透率及与世界平均对比(%)

数据来源：ITU

　　然而，2018—2020 年，发达国家与发展中国家的数字经济规模及占比均呈现上升趋势。在增速方面，发展中国家数字经济同比名义增长 3.1%，略高于发达国家 3.0% 增速，发展中国家数字经济发展势头和潜力良好。发达国家长期以来依赖自己的传统优势来保持在未来世界的领导地位，相较于发达国家，发展中国家参与第四次工业革命的成本较低，对新技术接受程度高，容易形成"跨越式"发展的后发优势。金砖国家，作为国际治理体系改革的重要力量以及发展中国家的代表，必须要抓住新工业革命，尤其是金砖数字化转型带来的发展机遇，弥合数字鸿沟，为全球经济创新增长提供新动力，为全球发展注入新动能。

一、金砖国家数字经济发展与合作现状

（一）金砖国家数字经济总体发展情况分析

从总体规模看，金砖国家数字经济总规模不断扩大，由2018年的6.01万亿美元增加到2020年的6.54万亿美元，增长率高达8.82%，继续呈现快速扩张的发展势头。数字经济引领经济增长的效用日趋凸显，2020年金砖国家数字经济规模增速高于GDP增速约2.71个百分点，在各国经济中的引领地位不断加强。

从国家层面看，受疫情影响，只有中国数字经济整体规模达到了三年持续增长，并于2019年超过5万亿美元的规模。2020年，中国数字经济规模总量达5.36万亿美元，占GDP的38.29%，较2017年GDP占比30.52%，提升了近8个百分点。印度数字经济规模超过5000亿美元，位居第二，然后分别是

巴西、俄罗斯，南非数字经济发展最为滞后，2020 年数字经济
规模仅为 576 亿美元。

从对经济拉动作用看，2018—2020 年金砖国家数字经
济 GDP 占比均有所上升，经济驱动效果明显。总体来看，
2020 年各国数字经济占 GDP 比重较 2018 年均呈现上涨态势，
拉动 GDP 增长作用显著。数字经济占 GDP 比重最高的国家
依次为中国、巴西、印度、俄罗斯、南非，分别达 36.41%、
21.51%、20.22%、18.82%、17.65%。

2020 年二十国集团（以下简称 G20 国家）数字经济规模
平均值是金砖国家的 1.37 倍（由于欧盟数据缺失，实际数值会
更大些）。相较 2018 年和 2019 年，金砖国家数字经济规模略有
扩大，但金砖国家和 G20 国家数字经济规模差距依然没有缩小。

图 8-3　2018—2020 年金砖国家数字经济规模
数据来源：中国信息通信研究院

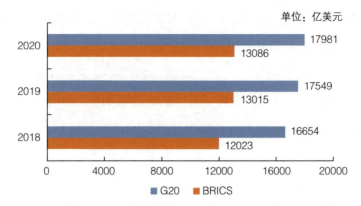

图 8-4　2018—2020 年金砖国家和 G20 国家数字经济规模平均值 [①] 对比

数据来源：中国信息通信研究院

（二）金砖国家数字经济机制框架搭建日益成熟

2015 年，金砖国家第一届通讯部长会议上确定了数字发展与合作问题规划的大格局。在 2016 年印度举办的金砖峰会上，"数字金砖"概念被首次提出，信息通信、共享经济、电子商务、移动支付等领域成为金砖数字合作的热点。2017 年，《金砖国家电子商务合作倡议》发布，数字技术、数字经济带来的新工业革命机遇为金砖国家提供了以技术后发优势赶超的可能。2018 年南非金砖国家峰会上"第四次工业革命"将数字

---

① 受数据可得性限制，数字经济规模平均值中 G20 国家只包括澳大利亚、巴西、加拿大、中国、法国、德国、印度、印度尼西亚、意大利、日本、韩国、墨西哥、俄罗斯、南非、土耳其、英国和美国。

经济推向了中心，中国随即提出了建立金砖国家新工业革命伙伴关系的重要倡议，数字基建成为经济增长新引擎。2022年6月的金砖国家经贸部长会议上通过了《金砖国家数字经济伙伴关系框架》，这为金砖国家在全球数字治理上发挥更大作用起到了重要的助推作用。

（三）金砖各国政府本国数字化转型战略主要举措

巴西政府对数字化转型非常重视，数字经济发展十分迅速。2016年出台《国家科技创新战略2016—2022》后，大力推进ICT的基础研究及应用，又在2018年启动数字转型战略，通过推动信息通信技术建设，积极向数字服务转型。巴西互联网覆盖率持续增长，电子商务规模逐年上升。《G20国家数字经济发展研究报告》显示，巴西的数字经济规模在世界上位于前列，占国内生产总值的比例为10%~30%。2020年4月，巴西经济部、圣保罗州政府、私营部门和国有部门共同成立了第四次工业革命中心（C4IR Brasil），这为促进物联网和人工智能在工业领域的应用，帮助现代医疗、绿色农业和高端制造等核心产业数字化转型进一步明确了方向。2021年，巴西占据了拉丁美洲和加勒比地区近30%的电子商务市场份额。巴西也是拉美地区移动网络发展最好的国家，预计在2025年4G和5G的市场份额分别将达87%和11%。

数字化转型在俄罗斯各经济部门呈现出渗透程度和推广

速度不一的态势。2018 年，俄罗斯出台《俄罗斯联邦数字经济法案》，旨在增加政府对数字经济发展的支持，改善数字基建。2020 年 7 月，俄罗斯总统普京签署《关于 2030 年前俄罗斯联邦国家发展目标的法令》，确定 2030 年前俄罗斯国家发展目标，其中明确提出"数字化转型"国家目标框架下的指标。特别强调发展 ICT 技术是支持经济发展，增强国民经济竞争性的有效手段。据俄罗斯高等经济学院统计调查和知识经济研究所（ISSEK）统计，在数字化进程中处于领先地位的前三个俄罗斯经济部门是金融、贸易和能源供应部门。

印度政府认为，数字发展应该成为印度未来经济发展主要驱动力，其数字化转型目标是跻身半导体供应国。印度国家转型委员会（NITI Aayog）发布的《印度三年行动议程》推动了印度数字基础设施、软件生产及 ICT 技术为基础的应用。目前，印度数字化转型专注于五大方面：打造完善的数字化公共资讯基础设施、利用数字化技术促进良政、发展新创企业生态体系、推动洁净能源及生态保护，以及发展在地电信产业的 5G 与 6G 能力。印度政府疫情以来加速引导电子产业的发展，希望吸引全球半导体公司在印度设厂。印度在 2019 年推出"国家电子产业政策"，该政策的目标之一是在印度建立芯片设计和生产能力。疫情以来，印度更连续推出了几项吸引电子产业投资的计划，包括 2020 年推出的大规模电子制造业生产激励计划、电子元件和半导体制造促进计划、电子制造集群计划和

2021 年提出的 IT 硬件生产激励计划，每个计划将提供总额为数亿到数十亿美元不等的财政补贴。第一轮的电子制造业生产激励计划已经吸引了苹果及其生产链供应商鸿海、和硕等在印度设厂，带动了 15.1 亿美元的投资。印度电子和信息技术部与印度海得拉巴理工学院、恩智浦印度合作建立"半导体设计创业孵化项目"，为专注半导体芯片设计与设计软件的初创企业提供各种软硬件服务和资金支持。

中国政府高度重视数字经济发展，扎实推进网络强国战略、国家大数据战略。2021 年 3 月，《中华人民共和国国民经济和社会发展第十四个五年规划和 2035 年远景目标纲要》正式发布后，中国政府进一步明确了数字化发展的路线图，要求以数字规则体系支撑健康的数字生态，以经济、社会、政府的数字化转型驱动生产、生活、治理方式变革。11 月，工信部发布《"十四五"大数据产业发展规划》，为未来五年大数据产业发展提供了行动纲领，提出"加快培育数据要素市场、发挥大数据特性优势、夯实产业发展基础、构建稳定高效产业链、打造繁荣有序产业生态、筑牢数据安全保障防线"六项具体任务并确定"到 2025 年，大数据产业测算规模突破 3 万亿元"的发展目标。2022 年 1 月，在《"十四五"数字经济发展规划》中突出了创新、协调、绿色、开放、共享理念，提出了一系列破除堵点问题的战略举措，并设定了数字经济核心改为产业增加值占 GDP 比重从"十三五"末的 7.8% 提升至"十四五"末的 10% 的发展目标。《中国数字经济发展白皮书（2021 年）》显示，2020 年我国数字经济规模已达 39.2 万亿元，占 GDP 比重达 38.6%。

南非政府积极推进数字化发展，走在非洲大陆数字经济发展的前沿。2017 年，南非政府出台《南非数字社会：引领南非走向繁荣和包容性未来的国家电子战略，2017—2030》，文件提出南非政府要采取一系列举措让南非成为 ICT 价值链中重要参与者，并加速 ICT 技术在社会经济生活中的应用，这一文件为实现非洲数字化转型奠定了框架基础。2020 年，以政府公报形式发布了国家综合信息和通信技术政策白皮书《南非国家数字及未来技术战略》，这又深层次促进了数字技术基础教育和基础建设、数字技术高层次人才培养、数字技术与产业相融，在打造"产业 4.0"模式、加强数字技术学术研究、加强社会宣传、实现政府与各行业及劳工等多方协调、筹集数字技术发展资金等方面起到推动作用。南非是第一个实现 5G 服务的非洲国家，也是非洲各国中 5G 服务发展最快的。在互联网连接质量方面，2021 年南非以 100 分位居非洲国家之首。南非政府不断推出新的举措，为其软硬件产品建立市场、疏通数字连接、提升数字交易能力、提高人民的数字技能、提高物流水平，从而为数字经济的成功发展铺平道路。

（四）国际合作成为金砖国家数字经济发展的重要趋势

由于数字经济市场具有无国界特性，加之近些年数字合作范围不断拓展，这使得国际合作成为金砖国家数字经济发展的重要特征和趋势。

随着数字基础设施的国际合作不断深入，在数据服务领域，2021 年 11 月，腾讯云在巴西圣保罗的首个数据中心正式开始服务，为巴西和其他南美洲客户提供高质量的弹性计算、存储、大数据、人工智能、安全等云服务，并面向不同行业，尤其是媒体、游戏、社交媒体和金融科技公司提供多种定制化解决方案；在信息通信领域，2018 年，中国联通、喀麦隆网络提供商 Camtel 公司与华为海洋网络有限公司合作，建设连接非洲喀麦隆克里比深海港口到巴西福塔莱萨全长约 6000 公里的南大西洋国际海底光缆系统（SAIL），是非洲和南美洲之间传输容量最大同时延迟时间最小的海底光缆路由，这也是该地区第一个由中国大型电信运营商和中国设备制造商牵头的大型电缆项目。南非网络运营商 Rain 与华为合作，在 2019 年底以固定无线接入的形式开始为该国提供 5G 服务，在 2020 年 5 月和 6 月，Vodacom 和 MTN 两家运营商也开始提供 5G 服务，使得南非成为非洲第一个提供移动 5G 服务的国家。

在金融合作上，中国在拉美国家弥补资金和能力缺口中发挥了积极作用。例如，2015 年，中国国家开发银行与巴西最大的移动运营商之一 Oi 签订了总额高达 12 亿美元的长期融资协议，以帮助该公司优化网络通信服务。在普惠金融领域，2019 年，腾讯向巴西金融科技公司 NuBank 投资了 1.8 亿美元。NuBank 是拉丁美洲市场上最大的提供免费信用卡和数字支付账户的先行者，为超过 850 万客户提供服务。2016 年，微信支付与南非标准银行合作，在南非地区推广移动钱包，提供"点对点"（P2P）支付、电话费和话费预付以及零售店支付服务。2017 年 8 月，蚂蚁金服的支付宝业务接入南非一万家商户，使南非成为非洲首个线下接入中国移动支付方式的国家。

在 ICT 技术的合作与人才储备上，华为与南非邮电部签署 ICT 战略合作协议，宣布南非邮电部 & 华为联合创新中心正式成立，当地用户能够体验到智慧家庭、虚拟现实、平安城市、5G 通信技术等科技成果。该中心还与包括约堡大学、比陀理工大学、德班理工大学、茨瓦尼理工大学签订了 ICT 合作协议，旨在提升南非本地的科技发展水平；华为在巴西圣保罗州坎比纳斯市设立的研发和培训中心每年培训超过 2000 名 ICT 人才。

二、金砖国家数字经济面临的挑战

（一）金砖各国数字化转型水平参差不齐，整体与高收入国家差距呈现固化趋势

经济发展水平相对较高的国家由于资本、技术的优势，

在数字转型中具有明显的先发优势。而大部分新兴市场国家和发展中国家刚进入数字转型初期，虽然蕴含着巨大发展潜力，但数字转型的后发优势逐步显现尚需时间。表 8-1 是瑞士洛桑国际管理学院（IMD）发布的世界数字竞争力排名（World Digital Competitiveness Ranking），从数字知识、数字技术的资本和框架、未来数字转型的就绪程度对 64 个经济体的数字竞争力排名。根据 2017 年、2021 年结果显示，与发达国家相比，金砖国家总体上数字竞争力还比较落后。2021 年，发达国家在 IMD 的数字竞争力排名中名列前茅，除中国外，前 15 名均为发达国家。在金砖国家中，中国以世界排名第 15 名居金砖国家数字竞争力排名之首，其次是俄罗斯（第 42 名）、印度（第 46 名）、巴西（第 51 名）和南非（第 60 名）。此外，与 2017 年相比，中国排名有了大幅提升，排名上升 16 位，紧随其后是印度上升 5 位，巴西上升 4 位，俄罗斯未发生变化，而南非则下降了 13 位，这一结果与南非综合竞争力表现下降相关，主要是缺乏可持续增长、高水平的结构性失业以及高质量教育普及不足等影响其竞争力，即便如此，非洲国家中南非还是互联网覆盖率最高，最早实现 5G 服务且 5G 发展最快的国家，非洲地区体现出的与发达国家的数字鸿沟可见一斑。综上，金砖国家与发达国家在数字竞争力方面的"数字鸿沟"基本没有改变，但其成员国之间数字水平也参差不齐且变化较大。

表 8-1　金砖国家与发达国家（部分）世界数字
竞争力排名

	国家	2021 年排名	2017 年排名	排名变化	
发达国家（部分）	美国	1	3	2	↑
	瑞典	3	2	−1	↓
	丹麦	4	5	1	↑
	新加坡	5	1	−4	↓
	瑞士	6	8	2	↑
	荷兰	7	6	−1	↓
	挪威	9	10	1	↑
	芬兰	11	4	−7	↓
	韩国	12	19	7	↑
	加拿大	13	9	−4	↓
	英国	14	11	−3	↓
金砖国家	中国	15	31	16	↑
	俄罗斯	42	42	—	—
	印度	46	51	5	↑
	巴西	51	55	4	↑
	南非	60	47	−13	↓

数据来源：IMD，World Competitiveness Center

（二）金砖国家数字创新与增长势头虽好，但数字基建鸿沟较大，数字产业与数字基建发展不匹配

金砖国家在创新和技术应用（购买云服务的企业比例）、增长（ICT 产品出口在商品出口中比例、ICT 服务出口在服务出口中比例）方面表现出与 G20 国家相同甚至更高的增长势头。这一结果符合第四次工业革命特征，传统发达国家通常在经济发展中有对过去技术的路径依赖，而发展中国家通过人工智能、物联网、大数据等技术的应用实现增长的跨越式发展。然而金砖国家数字化基础弱并显著落后于快速增长的互联网需求。网络基础设施依然供给不足是发展数字产业最大的问题。如图 8-5 所示，金砖国家在基础设施（固定宽带订阅、活跃移动宽带订阅）和赋能社会（互联网用户普及率）方面远远落后于 G20 国家，经济发展阶段无法完全承载先进技术的情况。举个例子，南非的 5G 服务是非洲各国中发展最快的。预计到2025 年，该国只有 10% 的人口会使用 5G 服务。部分原因在于对普通南非人而言，5G 手机价格昂贵，5G 网络的费用也难以负担。以南非当前发展阶段，更低成本和全面的网络覆盖要优先于更快的网络速度。运营商还需要花不少力气继续维持 2G网络，满足三分之一的人口使用。

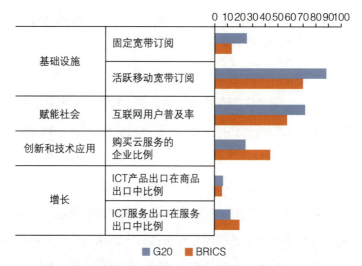

图 8-5　金砖国家和 G20 国家数字经济相关指标平均值对比
数据来源：OECD 数字经济测算工具箱

　　金砖国家数字基建鸿沟不仅体现在与发达国家之间，其内部数字基建水平也参差不齐，2020 年，中国的固定宽带订阅率在金砖五国中位居第一，为 33.6%，其次是俄罗斯（23.2%）、巴西（17.1%）、南非（2.2%）和印度（1.7%），可以说在数字基建方面，中国遥遥领先于其他国家，赋能社会方面，俄罗斯以 85% 的互联网用户普及率在金砖五国中排名第一，印度以 43.3% 远低于其他国家。

表 8-2　2020 年金砖国家部分数字发展指标

类别	指标	中国	巴西	南非	印度	俄罗斯
基础设施	固定宽带订阅	33.6	17.1	2.2	1.7	23.2
	活跃移动宽带订阅	95	90	110	53	100
赋能社会	互联网用户普及率	70.4	81.3	70	43.3	85
创新和技术应用	购买云服务的企业比例	—	53.9	—	—	—
增长	ICT 产品出口在商品出口中比例	27.1	0.3	0.5*	2.1	0.9
	ICT 服务出口在服务出口中比例	16.5	8.9	8.2	49.0	12.6

数据来源：ITU，世界银行，OECD 数字经济测算工具箱（* 为 2019 年数据）

（三）金砖国家数字经济治理机制尚不成熟

目前全球数字治理规则仍处于摸索初建阶段，一方面全球尚未形成统一的数字治理规则框架，发达国家与发展中国家的规则和利益诉求有显著差异，缺乏统一且广泛认可的多边规则。例如，2019 年 G20 大阪峰会上的《数字经济大阪宣言》，印度以需要加强数据本地储存为由拒绝签字，并主张在印度境内建立更多的数据中心和服务器场，印度尼西亚和南非也拒绝在《数字经济大阪宣言》中签字。另一方面，数字治理合作失衡。数字治理规则话语主导权、规则制定权和议程设置权主要由发达国家主导构建，发展中国家在谈判博弈中处于话语权相对弱势地位。以数据跨境流动治理体系为例，现有国际数字治理框架难以满足全球数据跨境流动治理的需求，当前缺乏一个国际公认的数据跨境流动治理体系，而当前主要推动这一国际规则的主要是经济合作与发展组织（OECD）、亚太经济合作组织（APEC）、二十国集团（G20）和世界贸易组织（WTO）等国际组织，虽然金砖国家数字化进入高速发展阶段，但也并未在数字治理问题上形成推动力量。新冠肺炎疫情暴发后，金砖各国数字化转型的步伐明显加快，但金砖各国政府治理水平滞后于数字化变革进程，尤其在应对网络安全问题上，制度供给不足短板凸显。

三、金砖国家数字经济高质量合作举措与展望

数字经济时代，数据成为核心生产要素，融入生产制造、企业经营等全方位经济领域中，以大数据、云计算、物联网、区块链、人工智能、5G通信为代表的数字技术，不断推动信息化向数字化发展，世界已开始进入数字经济发展阶段，加之第四次工业革命的浪潮，以及疫情后的人类社会面临有史以来最为迅速、广泛、深刻的变化，对发挥"数字金砖"作用，加强金砖各国合作，推进金砖各国和全球的可持续发展正逢其时。

第一，推进金砖数字经济合作高质量伙伴关系，积极与

《联合国 2030 年可持续发展议程》对接。新冠肺炎疫情对经济社会的影响凸显，金砖各国加速经济领域数字化以带动经济复苏趋势明显。"数字化转型"能为全球包容性增长创造必要条件并使所有参与者从中受益，因此，金砖国家要抓住金砖"中国年"契机，在"金砖国家数字经济伙伴关系框架"下，构建高质量伙伴关系，将数字化作为可持续发展的抓手和工具，加快金砖国家新工业革命伙伴关系建设，加速数字化转型并创造新的驱动力以实现可持续发展，让金砖数字经济合作在落实《联合国 2030 年可持续发展议程》方面发挥积极作用。

第二，加强金砖数字化领域全面合作，推进制造业数字化转型，缩小经济发展的数字鸿沟。由于金砖国家成员国处于数字化不同发展阶段，金砖国家数字经济发展水平、重点发展领域存在差异，这也使得金砖国家"数字化转型"领域合作拥有巨大潜力。金砖国家需寻找合作共同点及互补之处，通过加强 ICT 技术合作与开发、数字基建合作、金融合作等减少国家间、地区间数字鸿沟，也要尽力缩小城乡之间的数字鸿沟，更要努力在各国数字规则、标准、法律等治理框架中逐步统一。金砖国家需加强数字化领域全面合作，以缩小经济发展的数字鸿沟，减少数字经济增长差距，确保金砖国家共同利益，实现包容增长。

第三，加强金砖国家数字基础设施建设，推动数字基础设施普惠发展。相关研究发现，拥有更好数字基建的国家能将疫情防控措施所造成的经济损失降低。数字基建发展良好的国家，疫情结束后的经济复苏预计会更为顺利。疫情影响下，各国财政受制，而信息通信等数字基建相对于大型交通、能源项目等传统基建项目优势明显：建设成本更低，更容易建造和实现盈利，从而风险更低，对投资者也更有吸引力。同时，数字基建需要的工人更少，对当地社会造成更少的影响。

在目前错综复杂的国际环境下，数字基建项目比传统的大型基建项目更为合适。同时，疫情也凸显了数字基建的极端重要性。疫情后，数字基建不能再仅仅从信息产业发展的角度来理解，而必须认识到疫情加速了数字转型，将对整个社会和各国的经济、社会发展造成根本性的影响。数字联通已经成为维持个人、政府和企业持续运作的生命线。因此，数字基建理应成为数字金砖的重点关注领域。一方面，第四次工业革命技术的发展改变了基础设施的本质，传统的基础设施越来越多地将数字化融入其中，5G、遥感等新兴基础设施将成为未来经济的支柱。另一方面，金砖国家中，中国数字基础设施建设领域相对领先，可以在该领域的合作中发挥引领作用。

第四，推进金砖国家数字贸易发展，助力贸易便利化水平提升。国际贸易数字化发展已成当今国际贸易发展趋势，它推动了全球产业链、供应链、价值链和创新链深刻变革，是国际贸易与经济增长的新引擎。数字贸易一般来说，包括跨境电子商务、数字服务贸易、商业存在等方式。根据《数字贸易发展白皮书（2020 年）》显示，印度 2019 年数字服务出口国际市场占有率为 4.6%，中国仅为 4.5%，俄罗斯、巴西次之，南非相对落后，而美国数字服务出口国际市场占有率独占鳌头，达到 16.7%。一方面说明金砖国家和发达国家还有较大差距，另一方面也说明金砖国家数字贸易发展具有潜力。在金砖国家数字贸易发展上，还需要大力发展数字基建，推进传统行业数字化转型；积极推进个人信息保护、知识产权保护、数字市场秩序等数字贸易相关法律体系完善；拓展金砖国家跨境支付，鼓励使用数字手段，比如无纸关税、电子文档及电子支付等方式来促进贸易便利化。金砖国家数字贸易发展将为金砖各国经济带来新业态、新模式，赋予新动能，也将成为数字全球化新的力量。

第五，构建金砖国家数字经济治理框架，推动完善全球科技治理。金砖国家正处于数字化发展高速期，数字基础设施还在完善中，"数字金砖"要努力破除传统全球化"中心—边缘"结构和传统全球治理中的"金字塔垂直等级"，积极在成员国之间开展双多边数字治理合作，并积极参与构筑数字经济发展区域平台和数字治理规则新框架。强化数据资源安全保护，推进数据安全、个人信息保护等领域立法。强化网络安全保障。加强关键信息通信基础设施安全保障能力建设，构建安全风险管理框架和效果评估体系，提升网络安全应急处置能力，制定安全信息共享等方面的战略、政策、法律和安全制度，为金砖数字经济发展保驾护航，也推进全球科技治理逐步完善。

第六，重视数字人才需求，创新金砖国家人才合作机制。提升人力资本是缩小数字鸿沟、改善民生，助力疫情后经济复苏、实现可持续发展和经济包容增长的关键。根据数字时代人才需要，建立职业教育联盟，以当地数字经济劳动力市场需求为导向，鼓励金砖各国相关机构联合设立数字产业培训和实习基地，有针对性地制订"数字人才培养计划"，培养当地国家紧缺的数字产业人才。实现数字合作重点地区人才发展与数字产业培育匹配与融合。同时，建议教育部门实行人才定向培养，加大对信息工程、跨境电子商务等专业的招生力度，尤其是加大金砖五国之间国际学生培养力度，为"数字金砖"在各地区顺利推进、加强创新创业合作做好人才储备。

刘　倩　王莹莹

第九章

金砖国家基础设施建设现状

　　自 20 世纪 90 年代以来，金砖国家的经济发展取得了长足进步。作为新兴经济体代表的金砖国家迅速崛起，深刻改变着世界经济格局和国际金融治理结构。2022 年 6 月 23 日发布的《金砖国家领导人第十四次会晤北京宣言》（以下简称《北京宣言》）中强调，金砖国家基础设施投资在促进可持续发展方面具有关键作用。

　　尽管金砖国家的经济发展取得了不俗的成就，但薄弱的基础设施制约了这些国家经济的持续增长。从持续的经济增长不可或缺的硬件条件来看，金砖国家的基础设施水平依然远远不能适应经济发展的要求，存在着巨大的资金需求，还需要持续的高强度投资。《北京宣言》指出，政府和社会资本合作是撬动私营部门、弥补基础设施缺口、扩大基础设施资产规模的有效模式。金砖国家应开展经验和实践的交流与共享，并鼓励在基础设施投资和政府与社会资本合作方面开展进一步合作。

习近平主席在 2022 年金砖国家工商论坛开幕式上的主旨演讲中提到，金砖合作机制是新兴市场国家和发展中国家合作的重要平台。金砖国家基础设施融资可以利用金砖合作机制，利用各国产业结构和资源禀赋互补优势，在新开发银行与金砖国家政府、社会资本合作中形成命运共同体。

一、金砖国家的基础设施建设质量与全球竞争力联系紧密

基础设施是一个经济体实现经济增长不可或缺的硬件支撑。无论是从短期还是长期来看，大力加强基础设施建设对于经济增长都会产生显著的作用。在提升全球竞争力方面，基础设施建设在短期内能够增加社会总需求，尤其是在经济衰退时期，扩大基建规模能够有效遏制经济下滑；从长期来看，基础设施的完善能够极大地改善投资环境，有助于社会总供给的增长。

近年来金砖国家基础设施建设的规模和质量都有了很大的提升，但仍然与五国经济发展的现实需求不相匹配。从世界经济论坛发布的《全球竞争力报告 2019》来看，中国、俄罗斯、南非、印度和巴西的全球竞争力排名分别为第 28 位、第 43 位、第 60 位、第 68 位和第 71 位，但从总体基础设施分项排名来看，上述五国分列第 36 位、第 50 位、第 69 位、第 70 位

和第 78 位。由此可见，金砖五国的总体基础设施分项排名均
落后于本国的全球竞争力排名。这表明，金砖国家的基础设施
质量拖累了本国在全球经济体中的竞争力总排名。与往年不同
的是，金砖五国基础设施质量排名与其整体全球竞争力排名顺
序一致，说明金砖国家的基础设施建设越来越能主导其全球竞
争力的发展。

表 9-1　金砖国家基础设施质量与竞争力排名

国家	全球竞争力排名	总体基础设施	交通基础设施	道路运输	铁路运输	港口运输	航空运输
中国	28	36	24	10	61	1	2
俄罗斯	43	50	49	41	69	43	18
南非	60	69	45	7	47	44	39
印度	68	70	28	72	39	25	4
巴西	71	78	85	69	78	48	17

资料来源：根据世界经济论坛《2019 全球竞争力报告》整理

　　俄罗斯的总体基础设施建设排名为 50 名，在 141 个国家
排名中处于中上游的位置，其各项基础设施排名较往年都有提
升。其中道路连通性排名 41，道路质量排名 99，道路密度排
名 69，铁路便捷性排名 17，空中交通连通性排名 18，空中交
通服务效率排名 52，水路连通性排名 43，水上交通服务效率
排名 47。从侧面可以看出，俄罗斯基础设施整体建设水平较

高，但是其质量较低。事实上俄罗斯的基础设施整体较为陈旧，其较多基础设施建设于苏联时期。

南非作为非洲第二大经济体，在长期的经济发展过程中，已经建成了相对完善的公共基础设施。但南非的总体基础设施发展较为缓慢，其总体基础设施排名仅为69，但其道路联通性排名靠前，位列第7。

印度近年的经济增长很快，增长速度甚至大有赶超中国之势，但印度经济的持续增长同样受到基础设施的制约。印度基础设施整体而言较好，其在全球竞争力报告中总体基础设施排名70，其中交通基础设施的排名为28，其中值得一提的是其航空运输的排名居第4位。但对于印度很多地区来说，电力短缺、港口货物周转不畅、铁路运力不足、公路路况不佳依然是司空见惯的现象，基础设施建设的滞后已对其制造业发展造成严重的影响。

巴西是拉丁美洲重要的经济大国，但其基础设施建设的规模和水平仍然远远不能适应经济快速发展的需要。从表9-1中可以看出，巴西无论是全球竞争力还是总体基础设施，都在金砖国家中处于最后一名，但交通基础设施分项排名都较往年有较大的提升，说明巴西在交通运输体系建设上有了长足的进步。总体而言，巴西交通运输体系的总体建设水平仍然较为落后，尤其是铁路设施。巴西的铁路并非居民出行的主要公共交通工具，而仅仅用于矿产和农产品等初级产品的货物运输，各条线路之间也没有实现互联互通。扩大公共基础设施的规模，改善公共基础设施的质量已成为巴西当务之急。

二、金砖国家基础设施发展指数

根据 2017—2021 年发布的《"一带一路"国家基础设施发展指数报告》，金砖各国在总体基础设施发展上呈现波动上升态势。受新冠肺炎疫情影响，2020 年各国发展指数均明显下降，总指数降至十年来最低。进入 2021 年，随着疫情的缓解，各国发展环境、发展需求和发展热度有所改善，基础设施发展指数普遍止跌回升，金砖国家基建行业实现恢复性发展的趋势日益明显。但同时，由于疫情的反复、通货膨胀压力、成本上涨等不利因素，金砖各国总体基础设施投入和发展仍未恢复到新冠肺炎疫情暴发前的水平。

在基础设施发展环境方面，受疫情影响，金砖五国所在地区较上一年有明显改善，但与疫情暴发前相比，发展环境还有待进一步修复。其中，巴西和印度的基础设施发展受到疫情冲击最大。巴西基础设施发展指数得分降幅最大，由 2019 年的 120 降至 2022 年的 109，同比下降 9.2%，新冠肺炎疫情对巴西基础设施发展环境和发展需求造成严重影响。巴西是当前新冠肺炎疫情最严重的国家之一，发展受到多维度冲击。由于巴西政府未能及时有效遏制疫情蔓延，企业及外国投资者信心受到严重打击。印度也是指数排名降幅较大的国家，印度疫情形势严峻、经济复苏不确定性较高，对基础设施发展热度、企业经营和融资成本影响突出；疫情对该国基础设施上下游产业造成严重冲击，叠加区域经济萎靡、投资情绪减退等不利因素，印度基础设施发展指数排名由2020年的第11位跌至第36位。

在基础设施发展需求方面，不同国家所在地区发展需求有差异化特征。俄罗斯所在地区发展需求回升，2021年俄罗斯发展需求指数得分为147。交通和能源行业需求成为拉动区域需求走高的重要因素。俄罗斯政府出台《"发展运输体系"国家规划纲要（2018—2024年）》和《"能源发展"国家规划纲要（2013—2024年）》，目的在于促进能源和交通需求释放。而印度发展需求则受到一定程度的抑制，排名较上年下滑5位。疫情影响是地区发展需求指数下滑的主要原因。值得注意的是，疫情背景下南亚地区公共卫生行业需求得到释放，指数得分为143，较上年提高3.6%。从细分行业来看，交通行业，俄罗斯铁路电气化改造需求强劲，带动区域交通发展需求走高。能源行业，印度所在的南亚地区除供给缺口较大外，还有提高电网运输效率的需求；而巴西则有较强的清洁能源发展需求。

在基础设施发展热度方面，俄罗斯项目投资额波动较高。2020年俄罗斯第三伏尔加河大桥（0.9亿美元）及圣彼得堡交通枢纽（0.7亿美元）等项目稳步推进，但项目投资规模波动较大。目前，俄罗斯出台了《远东开发战略》《干线基础设施现代化改造与改扩建综合规划》和《国家经济复苏计划》等多项发展规划，但其未来规划执行情况仍有待观察。

在基础设施发展成本方面，2021 年印度涨幅最大，俄罗斯成本有所下降。印度基础设施发展成本增幅较大，2021 年发展成本指数得分为 102，同比下降 4.8%。原材料价格上涨超过 5%、劳动力成本增加约 10%，直接推升了该国基建企业的经营成本，是导致基础设施发展成本增加的重要因素。而俄罗斯在汇率波动较小、金融市场相对稳定以及本国货币市场利率下降等因素的共同作用下，发展成本有所下降，2021 年发展成本指数得分为 103，排名提升 15 位。在 2022 年俄乌冲突的影响下，俄罗斯的基础设施发展成本预计会大幅度增长，在原材料价格、货币政策变化方面有诸多不利因素。

三、金砖国家的贸易和运输相关基础设施现状

贸易和运输相关基础设施最直观反映了一个国家的基础设施建设状况，在分析衡量一个国家的基础设施发展需求中尤为重要。

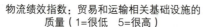

物流绩效指数：贸易和运输相关基础设施的
质量（1=很低　5=很高）

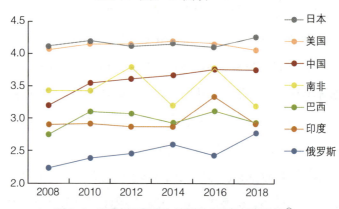

图 9-1　世界银行贸易和运输基础设施质量指标 ①
数据来源：世界银行，图尔库经济与工商管理学院

  从世界银行的物流绩效指数调查数据可以看出，在金砖五国中，中国的贸易和运输基础设施质量最高，在 2008—2018 年十年间从 3.2 提到了 3.8，而且是逐年增加。而俄罗斯则在金砖五国中基础设施质量最低，虽然从 2016 年开始有了大幅度的改善，但未能突破 3.0，屈居巴西和印度之下。这与全球基础设施竞争力排名相反。南非的交通基础设施在十年间保持

---

① 数据来源为物流绩效指数调查，该调查由世界银行联合学术机构、国际组织、私营企业以及国际物流从业人员共同完成。2009 年度的调查覆盖近 1000 家国际货运代理商提交的 5000 多份国家评估问卷。受访者就六大核心领域对八个市场做出评估，评分采用五分制，1 分最差，5 分最好。市场的选择标准包括：受访者所在国最重要的出口市场和进口市场；随机选取；对于内陆国家，则选择将其与国际市场连通的邻国。

了不错的水平，位居巴西、印度、俄罗斯之上。金砖国家在 2008—2018 年十年间的贸易和运输基础设施质量与美国和日本这样的发达经济体还有差距。

（一）公路交通基础设施

公路运输是俄罗斯统一运输系统中的重要环节。在苏联第二个五年计划中，汽车工业发展蓬勃开展，汽车总数和公路建设里程迅速增长，机械化运输很快排挤了畜力运输，汽车成为一种普遍的交通工具，大量客流运输转向公路运输。1975 年之后，俄罗斯公路运输周转量开始逐渐超过传统的铁路运输。

俄罗斯公路存在的问题主要有：公路网路面质量差且老化严重，道路质量世界排名仅为 99 名；运输里程与经济发展需求不匹配，需要新增一些线路；运载率低，存在空箱返回情况；区域分布不均匀等。俄罗斯公路网主要分布在西部地区，这一地区几乎占了全境公路里程的五分之四，而在西伯利亚和远东这样有待大力发展的地区，公路线路极为稀少，几乎大部分地区都未普及公路网。俄罗斯公用公路的线路密度是平均每千平方公里有近 30 公里线路。2018 年俄罗斯的硬面公路长达 118.6 万公里，其中公用线路 51.1 万公里。硬面公路中有 61.5%（46.5 万公里）属于共和国、边疆区、州和自治主体，有 32.5%（24.6 万公里）属于私人部门，联邦级公路只占 6%。

公路运输是南非最重要的货物运输渠道。2019 年南非公路货物运输收入为 1448 亿兰特，占所有货物运输种类的 24.4%，其次为空运（11.6%）和铁路运输（11%）。同时，南非的公路运输解决了大量就业，2019 年就业人口达到 12.6 万人，占所有运输行业就业的 38.1%。

图 9-2　南非公路运输收入与占比

数据来源：南非统计局

图 9-3　南非公路交通就业数量及贡献比例

数据来源：南非统计局

整体而言，南非的公路基础设施近年来发展较好，在货运收入逐年上升的同时，公路质量也在提升，其公路连通性在世界经济论坛全球竞争力报告中排名第7，大大超过了印度和俄罗斯。

印度的公路运输是其基础设施的重要组成部分，由农村和地区道路以及国家和州公路组成。次大陆的道路网络是世界第二大公路网。2019年，全国道路总长度超过600万公里。在大都市中，截至2019年，首都德里地区拥有最长的公路网，3.3万多公里。

印度与中国的公路联通现状：印度主要与中国西藏有陆地接壤，公路运输上能够到达西藏的亚东口岸和普兰口岸。其中亚东口岸是印度与中国陆上联通的主通道，但由于存在领土争议，该线路有多种限制，高峰时期的贸易量仅为2000万美元，特别是2017年后，该线路已经处于联而未通的状态。普兰口岸的条件相对较差，穿越这里的跨境公路年久失修，主要用于双边居民的小型交易，对印中之间的联通作用十分有限。

近年来，巴西汽车生产和出口量逐年上升，这从侧面反映出巴西基础设施建设的进步和发展，2020年受到疫情影响巴西汽车生产和出口量有所下降。根据巴西汽车制造商协会（Anfavea）公布的数据显示，2022年5月，巴西汽车产量为20.59万辆，环比增长10.7%，同比增长6.8%；5月汽车出口总量为4.61万辆，环比增长25.26%。从巴西生产汽车的种类来看，其2022年5月生产轿车和轻型商务用车18.89万辆、卡车1.39万辆、大客车3013辆。详细情况见表9-2：

表 9-2 巴西 2015—2022 年汽车产量和出口量　单位：万辆

年份	汽车总产量	汽车总出口量	轿车和轻型商用车产量	卡车产量	大客车产量
2015	242.94	41.69	233.39	7.4	2.14
2016	205.0	52.0	198.53	5.02	1.36
2017	269.96	76.2	259.61	8.28	2.06
2018	288.07	62.91	274.66	10.55	2.85
2019	294.49	42.81	280.38	11.34	2.76
2020	201.4	32.4	190.47	9.09	1.84
2021	224.8	37.63	207.0	15.88	1.88
2022 年 1—4 月	68.21	15.28	63.04	4.45	0.7287
2022 年 5 月	20.59	4.61	18.89	1.39	0.3013

数据来源：巴西汽车制造商协会（Anfavea）

（二）铁路交通基础设施

铁路是俄罗斯最传统的交通运输方式，也是最主要的交通方式之一，它承担了俄罗斯国内约 80% 的货运量和约 35% 的客运量。在全球铁路总里程国家排名中，俄罗斯排名第 3，仅次于美国和中国。截至 2018 年，俄罗斯的铁路总里程达到 12.4 万公里，运营里程达 8.66 万公里，其中电气化路段已经达到 4.37 万公里。俄罗斯铁路网包括 13 条主干线，其中许多线路联通欧洲与亚洲，连接了芬兰、法国、德国、波兰、中国、蒙古和朝鲜等国家。铁路机车现代化水平较低，在铁路的机车构成中，柴油机车约占一半，电力机车占 21%，内燃机车占

27%。在铁路运输中,俄罗斯广泛采用并发展集装箱运输和打包运输。横跨西伯利亚的集装箱运输已得到国际承认,俄罗斯铁路已建立起自动化管理系统。

与公路运输相比,南非的铁路运输收入较少,2019年仅为654亿兰特,仅为公路运输量的45%。近年来,南非的铁路资本支出逐年上升并且在所有运输和仓储业中占比最高。从而可以说明,南非在铁路基础设施上投入较大。

南非政府2017年发布的数据显示,南非拥有世界第11大铁路网,铁路里程2.2万多公里,轨道总长超过3万公里。从南非0.59亿人口和121.6万平方公里的国土面积来说,其人均铁路里程数量并不低。截至2020年12月,中国铁路营业里程达14.6万公里,其中高铁3.8万公里,居世界第一,相对而言,我国每平方公里国土面积的铁路里程以及人均铁路里程比南非还要略低。

图 9-4　南非铁路运输资本支出及行业占比

数据来源:南非统计局

印度在独立后经历了基础建设的繁荣时期，整个铁路系统实现了现代化。世界经济论坛《2019 全球竞争力报告》指出，印度铁路服务便捷性在全球排名第 30 名。截至 2021 财年末，印度各地的铁路线长度超过 6.8 万公里，从数据上来看，其在近 10 年间呈现温和增长的态势。印度的铁路网是世界上最大的铁路网之一，每天有超过 12000 列客运列车和 7000 多列货运列车通勤。同时，印度铁路设备出口近年也呈现大幅增长的态势。2021 财年，印度铁路运输设备出口额约为 1.72 亿美元，这比 2015 财年的 1.353 亿美元大幅增加。

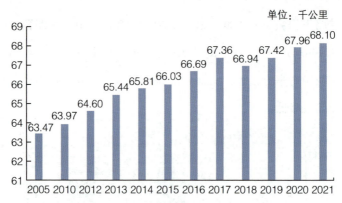

图 9-5　2005—2021 年印度铁路里程数量

数据来源：世界银行

巴西铁路车辆生产近年来逐渐趋缓。从巴西铁路车辆生产的情况来看，其产量在 2011 年达到峰值 6065 辆后，发展逐渐趋缓，到 2020 年巴西铁路车辆生产为 1773 辆，同步上升

56%，较 2011 年下降了 242%。相关情况见图 9-6：

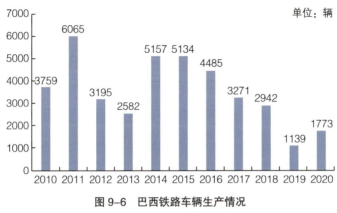

图 9-6　巴西铁路车辆生产情况

数据来源：世界银行

巴西总道路里程仍有增长空间，截至 2020 年底，巴西总道路铺设量为 736310 公里，其中铺装公路里程为 641771 公里，非铺装公路里程为 94539 公里。相对于巴西的总面积而言，巴西的道路铺设里程数略显不足。

（三）水路交通基础设施

俄罗斯与非独联体国家之间大部分的经济联系都是通过海上进行的；俄罗斯每年海上运输的需求约为 2.1 亿吨。海洋运输在俄罗斯国内货物的沿海运输中也起着重要作用，特别是向北部地区和远东的偏远地区运送物资。对于这些偏远地区而言，其他运输方式未能普及，或是效率低下。俄罗斯拥有广阔的海岸线，周围被巴伦支海、白海、黑海、白令海、鄂霍次克海等环绕，海运条件极为便利。近年来，俄罗斯为落实北极开发战略，北极航道地位越来越重要。

俄罗斯共有 67 个港口，码头停泊范围达 60.5 万公里。由于港口深度不足，俄罗斯 60% 的港口无法容纳大型船只。港口的生产能力仅能满足货物装卸需求的 54%，其余进出口货物在波罗的海国家、乌克兰、格鲁吉亚、阿塞拜疆装运。在吨位方面，俄罗斯商船队排名世界第 7（1650 万吨载重量），但大多数船体磨损严重，因而导致很多船只无法驶入国外港口。在 5000 艘船中，有 46% 是捕鱼和鱼类运输船，其中 1000 艘将用于散杂货运输，245 艘船是油轮。船队缺乏现代化的船只，例如轻型运输船、集装箱船、联合船、海上渡轮、滚装船（即水平装卸船）。

南非虽然三面临海，但是南非大多数地区还是干旱少雨的，这其实和它所处的地带有一定的关系，虽然三面临海，但是海风却不能够很好地将雨水带到内陆。因此，南非的水路运输状况并不乐观，2019 年，南非水路运输收入仅为 10.76 亿兰特，占所有运输类型的 0.2%；同时南非在水路运输上的资本支出也相对最少，2019 年仅为 1.12 亿兰特，占所有运输类型的 0.2%。

印度三面环海，十分重视海上对外互联互通。从其公布的各项海上联通战略、海上基础设施项目来看，其海上基础设施对外互联互通主要集中在海港建设、航线发展、内陆水道三个方面：

一是印度主要海港建设现状。海港是海上互联互通的基础，印度拥有 7517 公里的海岸线，已经建成 12 个主要海港和 200 多个非主要海港，其贸易量占印度总贸易量的 90%，共同负担着印度的海洋运输和海上贸易。从港口的货物运输量来看，2018—2019 财年，12 个主要海港共同完成货物运输量 6.99 亿吨，占印度全国货物总吞吐量的 60%，比上一财年增长 2.9%，坎德拉港、帕拉迪布港的货物运输量位列前两名，都超过了 1 亿吨。随着对外互联互通战略中心转移至海上，印度提出了《萨加玛拉计划》（SAGARMALA Project）以推动海上互联互通，已经确定了 574 个涉及港口现代化、新建港口、增强港口连接性等领域的基础设施项目。其中，印度规划了 92 个港口容量扩展项目，将在未来 20 年内逐渐扩展现有的 12 个主要港口，同时计划在马哈拉施特拉邦和奥利萨邦分别新建 1 个国家级港口，用于分担现有主要港口的运输压力。

表 9-3　印度 2018—2019 财年主要海港及其所在地和承载能力

海港名称	所在地（邦）	年吞吐量
坎德拉港	古吉拉特邦	1.15 亿吨
帕拉迪布港	奥里萨邦	1.09 亿吨
孟买港	马哈拉施特拉邦	7070 万吨

续表

海港名称	所在地（邦）	年吞吐量
维沙卡帕特南港	安德拉邦	6530 万吨
加尔各答港	西孟加拉邦	6371 万吨
钦奈港	泰米尔纳德邦	5301 万吨
新芒格洛尔港	卡纳塔克邦	4250 万吨

数据来源：印度港口协会（IPA）

二是印度主要海上对外航线现状。印度地处印度洋的中心位置，在印度洋区域的所有国家中大型港口的数量最多，因此途经印度洋的轮船基本都要经过或停留印度的港口。在 12 个主要海港加入全球海港网络后，印度已经融入了全球海上航运系统。从印度西部海岸线上港口出发的船只，一般是前往非洲大陆和欧洲大陆的航线；而从印度东部海岸线上港口出发的船只，一般是经马六甲前往中国、韩国、日本的航线和前往澳洲的航线。总的来说，印度依靠其海港形成了联结全球的海上线路。

三是印度内陆水道发展现状。印度拥有 14500 公里的潜在通航水道，在《印度国家水道法》中提出要建设 111 条内陆国家水道，其中 NW1、NW2、NW3 已经建成并通行，其余线路都还在开发和探索之中。内陆河道是印度对外互联互通的新探索。

印度与孟加拉国、缅甸、尼泊尔、不丹内陆水道互联互通。印度与孟加拉国有 1116 公里的河流边界。对印度来说，发展同孟加拉国的河运联通也是增强两国海上联通的重要途径。印度通过海路转内陆河道的方式强化与缅甸的互联互通，提出了卡拉坦多模式交通运输走廊。该走廊的前两段分别为印度加尔各答至缅甸实兑海港的 539 公里的海上线路和缅甸境内实兑—布勒瓦的 158 公里的卡拉坦内陆水道，通过海路加内陆水道的方式，强化加尔各答至实兑的联通。该走廊项目于 2018 年 4 月正式开始建设，印度政府投入了约 5200 万美元，并在实兑港帮助缅甸建立海运转内陆水运的站台等基础设施。2018 年 4 月，印度和尼泊尔、不丹两国的联合技术小组研究了水路联通的各种可能性后发布了共同声明，表示将通过内陆水道建立两国新的互联互通线路。

四、金砖国家面临不同的基础设施发展难题

（一）基础设施投资整体不足

俄罗斯当前基础设施投资整体不足问题在金砖国家中较有代表性。根据全球基础设施中心（Global Infrastructure Hub）数据预测，截止到 2040 年，俄罗斯对基础设施的投资需求预计约为 1.8 万亿美元，占 GDP 的 4.62%，而现有的基础设施投资缺口为 7200 亿美元，占当前 GDP 的 1.86%，而且还在不断扩大。麦肯锡全球研究所指出，2016 年至 2030 年全球需要

每年对基础设施投资 3.8% 的 GDP 以保证达到预期的经济增长[1]，而俄罗斯目前的基础设施投资趋势占其 GDP 的 2.76%[2]，并未达到该平均估值，因此需要在基础设施投资上加大力度。近年来，虽然俄罗斯在基础设施建设方面进行了大量投资，但由于政府财力有限，除莫斯科、圣彼得堡等经济较发达的大城市外，其他地区特别是偏远地区基建投资不足、设施陈旧落后的状况并未得到明显改观。

从投资金额来看，俄罗斯技术设施投资资金来源主要是国际预算和资金，资金投资供给不足。2017 年，基础设施投资的 65.4% 均来自国家资金，其次是公司债券，其整体资金来源结构较为单一，私人资本投资的动力较低。

从投资回报率上来看，俄罗斯基础设施资本回报率较低。在俄罗斯当前的市场条件下，与苏联时代一样，融资是按照剩余原则进行的，资金主要来自政府计划的预算，而且总会出现缺口。20 世纪建造的设施正在老化、磨损，急需更新改造。高科技和专业化设施、汽车和铁路基础设施等方面投资不足，运输成本增加，产能效率低下。随着基础设施的发展对市场竞争产生积极影响，地区内经济持续增长，新兴产业不断发展，创新技术进步，急需制订由投资驱动所产生挑战的解决方案。

---

[1] Mckinsey Global Institute,*Bridging global infrastructure gaps*,2016.

[2] Global Infrastructure Hub, https://outlook.gihub.org/countries/Russia.

俄罗斯幅员辽阔，横跨欧亚大陆，近年来，随着城市化率逐年提高，大量人口涌进城市，俄罗斯对基础设施提出了更高要求。对俄罗斯经济而言，基础设施建设存在较大问题，其中财务问题是主要问题。具体而言，分别是融资额不能满足需求和融资渠道单一。俄罗斯迫切需要设立新的基础设施项目，并对旧项目进行现代化改造，而完成上述任务需要大量的财政资源支撑。

近年来，俄罗斯的基础设施建设现状是，国家成为了基础设施投资市场上唯一重要的参与者，同时也是主要客户和项目提供者。国家每年向基础设施建设投资约 2 万亿卢布，即便如此，为了保持当前发展水平，国家每年必须增加 4000 亿～5000 亿卢布的投入。在俄乌冲突爆发、经济出现危机、卢布贬值、能源价格波动的背景下，持续性增加投入相当困难。一方面，国家其他部门所给出的需求数据看起来并不悲观，但它们却超过预算限制进行规划，导致部门资金仅能解决现有基础设施的问题，而不能建设新的基础设施，在这种情况下，政府也无法准确说出所需要的资金；另一方面，私人投资者的参与因缺乏信心、缺乏立法基础、公共采购程序不透明而受到阻碍。

（二）基础设施存在较为严重短板、面临容量限制

印度公共基础设施存在较为严重的短板，在金砖五国中比较突出。由于其自身资源禀赋的限制，其自来水普及率较低，

据统计截止到 2020 年，印度自来水工程仅覆盖了印度 27% 的家庭。这对于印度这样的人口大国来说，其比例过低。未来在自来水、电力等公共基础设施的普及上，还有较大发展空间。印度的基础设施质量排名为全球第 70 名，处于中间位置。而其在供电、移动通信、固定通信的基础设施排名均位于 100 名开外，说明其通信、电力设施整体质量不佳，急需大幅度针对性投资。

同时，印度交通基础设施面临跨细分市场的容量限制。整体而言，印度拥挤的公路运输，铁路货运的过度延误，港口的低效和漫长的周转时间，以及快速增长但高度集中的机场部门，都构成了巨大的运力限制。土地征用问题往往导致铁路、公路、港口和机场开发商出现重大的时间和成本超支，这在较大程度上影响了印度的经济发展。特别是作为一个拥有 13.8 亿人口（2020）的大国来说，其人均公路里程、铁路里程数量均严重不足，未来还有很大发展空间。对于印度很多地区来说，电力短缺、港口货物周转不畅、铁路运力不足、公路路况不佳依然是司空见惯的现象，基础设施建设的滞后已对其制造业发展造成严重的影响。

（三）投身基础设施建设的动力不足、地区差异大

南非是基础设施建设的动力不足、地区差异大的典型案例。从企业类型来看，南非运输和仓储业的主要来源是大型企

业，其产生的收入占比达到了 76.4%，给中小企业的成长空间
较小。特别值得一提的是，南非运输和仓储业中等规模企业较
小，除去规模经济的因素，中等规模企业仍需进一步发展，进
而增强市场竞争力和市场活力。

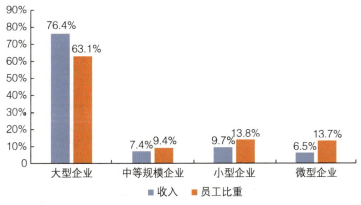

图 9-7　南非不同规模企业收入与员工比重
数据来源：南非统计局

从交通和仓储业的行业收入来看，南非不同省份地区差异
极大，最好的豪登省"一家独大"，2019 年行业收入达到 2106
亿兰特，占全国的 43.7%，其次为西开普省（18.8%）和夸祖
鲁—纳塔尔省（17.3%），前三名占比就达到了 80%，可见南
非交通基础设施在不同地区之间差异较大，同时也间接体现南
非各地发展不平衡的现象较为严重。

表9-4　南非交通和仓储业行业收入及占比

省份	运输和仓储业销售收入及行业占比		行业工资收入及占比		行业从业者	
	收入（百万兰特）	占比（%）	收入（百万兰特）	占比（%）	收入（百万兰特）	占比（%）
西开普省	90855	18.8	18102	19.2	65894	19.9
东开普省	19653	4.1	3150	3.3	11095	3.4
北开普省	14126	2.9	2020	2.1	5434	1.6
自由州省	12835	2.7	2723	2.9	9982	3.0
夸祖鲁一纳塔尔省	83364	17.3	19156	20.3	73380	22.2
西北省	9196	1.9	1662	1.8	5401	1.6
豪登省	210690	43.7	42077	44.5	138916	42.0
普马兰加省	37360	7.7	4229	4.5	15620	4.7
林波波省	4499	0.9	1361	1.4	4674	1.4
总计	482578		94480		330396	

数据来源：南非统计局

五、金砖国家基础设施建设与投资有强力政策支撑

为了更好地改善本国的基础设施，金砖国家都不同程度地制定了雄心勃勃的中长期基础设施建设规划。

俄罗斯政府结合中长期经济社会发展规划的编制，近年来相继出台了《2030年前俄罗斯能源发展战略》《2030年前俄罗

斯铁路运输发展战略》等与基础设施相关的产业发展规划，准备开展大规模的基建投资。例如，按照《2030 年前俄罗斯铁路运输发展战略》，俄罗斯在 2030 年前新建铁路工程的总长度将达到 2 万多公里，其中包括 5000 公里的高速铁路，对铁路领域的投资总金额将高达约 14 万亿卢布。

南非也在逐渐提高对基础设施的投资。OECD 秘书长和南非财政部长在共同发布的一份报告中指出，突破基础设施建设"瓶颈"是南非政府当前面临的主要任务。2012—2013 财年和 2015—2016 财年，南非政府在基础设施建设领域的支出达到 8270 亿兰特（约合 740 亿美元）。为了确保基础设施建设项目的顺利进行，南非还专门进行了相关立法，《基础设施建设法》已于 2014 年正式生效，这部法律为推进基础设施建设并实现相关部门间的有效协调提供了法律支持和保障。南非的国家基础设施建设规划还确定了一系列战略一体化项目（SIPs），包括以加快建设交通运输、供水等基础设施来推动区域经济发展的区域经济一体化项目、电力与绿色能源建设项目、城市基础设施建设项目、公共医疗和学校教育建设项目、通信项目等 17 个项目。这些项目如果能够如期建成，将大大改善南非的基础设施，进一步推动经济增长。南非政府 2022 年 3 月公布《2050 年国家基础设施计划第一阶段》（以下简称"2050 年计划"）。"2050 年计划"指出，南非电力需求到 2050 年将至少增加一倍，电力装机容量需求将从 2018 年 530 亿瓦增至 2050 年的 1330 亿瓦 ~ 1740 亿瓦。

印度在继续维持基础设施建设力度。根据印度计划委员会编制的第十二个五年规划（2012—2017 年），印度将"十二五"期间的经济增长目标定为 8%。在这段时期内，印度将在道路、电力、供水、航空、港口等基础设施领域投入 1 万亿美元 ~ 1.2 万亿美元。

巴西联邦政府于 2012 年颁布了"交通基础设施投资规划"，提出在未来 30 年内将向高速公路和铁路建设投入 1330 亿雷亚尔（约合 656 亿美元），其中 795 亿雷亚尔的投资在 2018 年前完成，随后的年份完成余下的 535 亿雷亚尔投资。2015 年巴西政府又公布了第二阶段的交通基础设施投资计划，总投资额高达 1984 亿雷亚尔（约合 640 亿美元）。按照这个计划，巴西向铁路部门的投资为 864 亿雷亚尔（约合 268 亿美元），用于公路交通建设的投资额为 661 亿雷亚尔（约合 213 亿美元），而 374 亿雷亚尔（约合 121 亿美元）的资金用于港口建设项目，85 亿雷亚尔（约合 27 亿美元）的资金用于机场基础设施建设项目。[①]

---

① 刘彤、杨江玲：《"两洋铁路"被列入巴西改善交通基础设施投资计划》，
http://www.xinhuanet.com/world/2015-06/10/c_1115572119.htm。

六、金砖国家基础设施融资需要形成"利益共同体"

（一）现有多边开发机制难以满足金砖国家基础建设资金需求

包括金砖国家在内的新兴市场国家和发展中国家都面临着基础设施建设的巨大资金需求。为了更好地支持发展中国家和新兴经济体的经济和社会发展，"二战"结束之后，国际上陆续成立了一些多边开发机构。目前，国际上主要的多边开发机构包括世界银行、欧洲复兴开发银行、亚洲开发银行、美洲开发银行和非洲开发银行等。金砖国家作为国际多边开发机构重要的成员国和借款者，长期获得其资金支持。但随着金砖国家经济体量的增加和基础设施建设规模的扩大，现有多边开发机构的资金支持已经不能满足金砖国家的基建投资需求。

联合国贸易和发展会议曾指出，发展中国家每年需要 1.1 万亿美元的基础设施投资才能达到基本的可持续发展目标。而联合国发展融资论坛《亚的斯亚贝巴行动议程》也曾指出，发展中国家每年的基础设施建设资金缺口为 1 万亿美元～1.5 万亿美元。亚洲开发银行研究报告指出，2010—2020 年，仅亚洲地区的基础设施建设投资总需求预计就高达 8.28 万亿美元，年均基础设施建设投资所需金额预估为 7500 亿美元。现有的国际多边开发机构显然难以提供足够的资金，以满足如此巨大的基建资金缺口。从上述国际多边开发机构的业务内容来看，大多以扶贫为主要目标，支持基础设施建设只是实现主要目标的手段。因此，它们对新兴市场国家和发展中国家尤其是金砖国家基础设施建设的资金支持力度是远远不够的。不仅如此，从上述国际多边开发银行的情况来看，世界银行是唯一一家全球性的开发机构，而其他几家多边开发银行均为地区性的金融机构，其业务范围均局限于特定的区域范围内，比如，欧洲复兴开发银行目前仅向俄罗斯提供过贷款，美洲开发银行仅向巴西提供过贷款，而亚洲开发银行目前仅向中国和印度提供过贷款，非洲开发银行则仅向南非提供过贷款。

（二）新开发银行为金砖国家基建提供了新的融资机会

2015 年 7 月，金砖国家通过金砖国家经济伙伴战略，全面规划了金砖国家互联互通发展格局，使得金砖国家新开发银行作为一个全新的金融机构面世。新开发银行的成立是金砖国家合作与发展中的一个重要里程碑。它建立了一个跨地区的为基础设施建设和可持续发展提供融资的多边开发机制，让金砖国家之间的合作关系提升为在金融层面实现务实合作的"利益共同体"。新开发银行能够为金砖国家以及新兴市场国家和发展中国家的基础设施建设融资提供新的资金来源和渠道。之后短短一年时间里，金砖国家新开发银行就提供了 15 亿美元的贷款，用于新兴市场国家的基础设施建设。

　　金砖国家新开发银行为金砖国家的基础设施建设提供了有力支撑。根据媒体报道，金砖国家新开发银行帮助了南非修复、拓宽国家公路及桥梁等相关基础设施，协助印度拉贾斯坦邦沙漠地区水利结构调整，支持俄罗斯兴建连接乌法市中心和M-5联邦高速公路的长途运输走廊，等等。

　　金砖国家也通过这一机制相互助力基础设施建设。此前，莫斯科地铁大环线10座新建成的地铁站投入使用，由中企承建的第三换乘环线西南段项目正式通车。西南段片区居住着约34万名居民，项目的建成将使居民日常通勤时间平均减少约40%。2019年，中国企业成功中标巴西萨尔瓦多跨海大桥项目。巴西瓦加斯基金会国际财务管理研究中心主任夏华声表示："中国的资金和技术优势帮助拉美国家补齐基础设施短板，降低了经营和运输成本，对于拉美地区的大宗商品出口具有积极意义。"

张梦雨

第十章

金砖国家气候合作

　　气候问题是摆在全人类面前的公共问题，也是金砖国家领导人会晤和政府高层会谈中屡被提及的重点合作领域。2022 年 5 月 13 日，金砖国家以视频方式首次举行应对气候变化高级别会议，旨在携手应对气候变化，共同探讨加快低碳和气候韧性转型、实现可持续、平衡和包容性复苏发展的道路。6 月 23 日，国家主席习近平在北京以视频方式主持金砖国家领导人第十四次会晤，并发表题为《构建高质量伙伴关系 开启金砖合作新征程》的重要讲话，强调要坚持合作发展，共同应对风险和挑战，此次会议将继续完善金砖国家合作机制，把共同应对气候变化问题提升到一个新的高度。

一、金砖国家气候治理及合作现状

根据《联合国气候变化框架公约》中的定义，气候变化是指自然气候变化之外由人类活动直接或间接地改变全球大气组成所导致的气候改变。气候变化会带来全球变暖、海平面上升、水资源短缺等一系列负面影响。当前，全球气候变暖是摆在人类面前最主要的气候问题，人类生产生活产生的温室气体①排放是气候变暖的主要原因，二氧化碳是其中排放量最大的温室气体。金砖五国都是经济快速增长的新兴市场国家，大量的能源消耗支撑了经济腾飞，也造成了大量的温室气体排放。自金砖国家合作机制建立以来，各国领导人在气候合作领域进行了诸多探索，也取得了显著成果。

（一）金砖国家气候治理状况

金砖国家碳排放情况

中国、巴西、俄罗斯、印度和南非均为当今世界的主要温室气体排放国。表10-1列出了2016—2020年世界上碳排放量前十三位的国家数据。

---

① 温室气体一般指会吸收和释放红外线辐射并存在于大气中的气体。根据《京都议定书》中的规定，应控制的温室气体包括二氧化碳、甲烷、氧化亚氮、氢氟碳化合物、全氟碳化合物、六氟化硫六种。

表 10-1　2016—2020 年世界部分国家二氧化碳排放量

单位：百万吨

排序	国家	2016	2017	2018	2019	2020
1	中国	9720.4	9920.5	10290.0	10490.0	10667.9
2	美国	5248.0	5207.8	5375.5	5255.8	4712.8
3	印度	2382.2	2433.9	2599.8	2626.0	2441.8
4	俄罗斯	1618.6	1646.5	1691.6	1679.4	1577.1
5	日本	1203.7	1188.1	1143.5	1105.9	1030.8
6	德国	800.7	785.9	754.1	711.4	644.3
7	伊朗	637.4	712.3	707.2	733.4	745.0
8	韩国	639.3	655.7	671.6	648.0	597.6
9	沙特阿拉伯	639.1	639.4	622.0	622.4	625.5
10	印度尼西亚	560.8	575.2	614.9	660.6	589.5
11	加拿大	559.6	569.4	579.5	582.4	535.8
12	巴西	492.7	500.8	483.7	485.8	467.4
13	南非	464.8	464.2	464.2	475.9	452.0

数据来源：*Our World in Data*，Global Carbon Project

从表 10-1 可以看到，中国、印度、俄罗斯分别为世界第 1、3、4 位的温室气体排放经济体。中国由于经济体量巨大，人口众多，排放的二氧化碳规模也显著高于其他金砖国家。巴西和南非虽然排位略低，但也位列第 12、13 位。2020 年，南非温室气体排放总量（未含土地利用）高达 4.5 亿吨二氧化碳当量（CO$_2$eq），位居非洲首位。同期人均二氧化碳排放量也高达 7.6 吨，显著高于墨西哥、土耳其等排放总量相近的国家，也高于印度、巴西、中国等发展中国家。2020 年，金砖国家的碳排放总量占据全球总量的 44.84%。

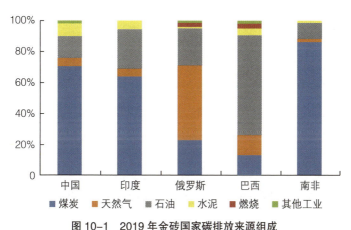

图 10-1　2019 年金砖国家碳排放来源组成
数据来源：*Our World in Data*，Global Carbon Project

化石燃料燃烧和工业用途是世界多数国家碳排放的主要来源，图 10-1 展示了 2019 年金砖五国产生碳排放的来源组成。中国、印度、南非的碳排放中，煤炭占比都超过 60%，南非煤炭消费产生的二氧化碳占比更是接近 90%，因为煤炭的碳排放系数显著高于其他能源，使得南非碳排放总量在全球始终靠前。俄罗斯天然气资源丰富，也是俄罗斯能源组成的重要部分，消耗天然气产生的碳排放占据其总排放量的一半。巴西碳排放的最大来源是石油消耗，常年占比在 70% 左右。由此可以看出，金砖国家的碳排放组成来源存在差异，这跟各国的资源禀赋联系密切。

从行业排放来看，电力供热部门的碳排放在中国占比超50%，其次是制造业占比 26%，工业、交通、农业占比分别为11.3%、8.9%、6.5%。电力供热及交通部门"贡献"了俄罗斯碳排放的 65.2%。能源行业是南非温室气体排放最大的"贡献"者，在 2019 年的占比约为 78%，包括电力、工业和其他能源相关部门。交通运输、建筑和农业分别占 12%、8% 和 2%。与其他金砖国家不同，巴西二氧化碳排放最大的部门是农业，占比达 47.3%，其次是交通部门。需要注意的是这是二氧化碳排放，对于多数国家来说，二氧化碳是温室气体的主要组成部分，但是在巴西，土地利用和畜牧业产生了大量的甲烷气体，2018 年巴西农业部门排放的甲烷气体超过 3.3 亿吨。

金砖国家能源产业结构

温室气体排放与各国的能源结构、产业结构密不可分。中国在能源使用上面临着结构性的问题，即过分依赖化石燃料尤其是煤炭，清洁能源目前所占比重仍然较低。这一问题是导致中国成为世界第一大温室气体排放国的最主要原因。中国政府已经意识到了改变能源结构的重要意义，在诸多政策扶持下，清洁能源产业发展迅猛，中国目前太阳能、风能发电装机容量

居世界第一，同时在清洁能源投资和技术、装备制造及出口等
领域处于世界领先地位。

印度同样面临着严重的能源结构问题，化石燃料尤其是
煤炭的大量消耗是产生大量温室气体的首要原因。印度是当今
世界经济发展速度最快的国家之一，也是世界第二人口大国，
2003 年，印度已经跃升为世界第六大能源消费国。由于国内缺
"油"少"气"，能源消耗严重依赖煤炭。21 世纪以来，印度
能源消耗构成中煤炭一直居于首位，多数年度占比在 55% 左
右，明显大于石油与天然气占比之和。近年来印度政府也在鼓
励发展清洁能源，2021 年 12 月印度政府发布的一份官方文件
显示，目前，印度能源结构中，非化石能源占比已达到 40%，
较 2015 年承诺的 2030 年完成这一目标大幅提前，其中可再
生能源装机容量达到 15 万兆瓦，核电装机容量为 6780 兆瓦。
非化石能源合计装机 15.68 万兆瓦。

南非是典型的煤炭依赖型国家，油气资源储量少，煤炭资
源相对丰富，是世界第七大煤炭生产国和第五大煤炭出口国。
2019 年南非能源供应中煤炭占比高达 92%。近年来，南非可
再生能源发展迅速，但规模仍然较小，占比仅有 4%，远低于
全球 9.4% 的平均水平。南非又是非洲第一产电大国，发电量
占整个非洲的三分之二，并不断向周边国家输送电力，庞大的
发电量建立在大量消费煤炭的基础上，而这些被消费的煤炭
"贡献"了南非绝大部分的温室气体。

　　俄罗斯产生大量温室气体的主要原因是单位能耗高。据统计，俄罗斯的单位能耗是发达国家的 3.5 倍之多，比世界平均水平高出 1.5 倍。俄罗斯天然气资源储量丰富，天然气占其能源结构的较大比重。尽管天然气的碳排放系数较低，属于相对清洁的化石能源，但由于开采量持续攀升，导致俄罗斯难以产气的气田数量不断增加。俄罗斯能源工业管理水平落后，市政基础设施老化，导致三分之一的能源被白白浪费掉，这也是导致单位能耗高的重要原因。在新能源方面，俄罗斯发展相对滞后，速度慢且规模较小。

　　巴西是南美洲面积最大的国家，亚马逊河穿境而过，巴西幅员辽阔，自然资源丰富。在能源结构上，和其他金砖国家不同，2019 年巴西可再生能源占其能源供应总量的近一半。其中主要包括水电资源、甘蔗和木材资源，巴西的可再生资源技术，特别是生物燃料技术处于世界领先水平。巴西温室气体排放的主要来源并非化石燃料，而是为扩大耕地面积而进行的毁林活动，主要集中在亚马逊河的两岸。除此之外，巴西畜牧业产生的甲烷也是不容忽视的温室气体之一。①

金砖国家气候治理措施

　　为应对气候变化，金砖各国纷纷制定了温室气体减排目

---

① 丁愚：《金砖国家的气候合作研究》，22 页，上海，华东师范大学出版社，2014。

标，列于表 10-2。2020 年中国正式确定碳中和时间表，中国承诺用全球最短的时间，完成全球最高的碳强度降幅，任务非常艰巨，也充分展现出中国治理气候问题的决心，以及为应对全球气候变暖的大国担当。

根据《俄罗斯 2050 年前低碳发展战略》，俄罗斯将在实现经济增长的同时达到温室气体低排放的目标。2021 年在格拉斯哥举行的联合国气候变化大会（第 26 次缔约方会议，COP26）上，俄罗斯宣布加入《关于森林和土地利用的格拉斯哥领导人宣言》，承诺到 2030 年结束森林砍伐。2015 年印度曾宣布国家自主贡献预案（INDC），印度总理纳伦德拉·莫迪更新了实现"国家自主贡献"目标的五点战略，包括到 2030 年非化石燃料发电装机容量达到 500 吉瓦；能源需求中有 50% 由可再生能源满足；碳排放总量削减 10 亿吨；碳强度较 2005 年下降45%；以及到 2070 年，印度将实现净零排放。

表 10-2　金砖国家气候治理目标

国家	碳达峰碳中和承诺	指标
中国	2030—碳达峰 2060—碳中和	到 2030 年，相较于 2005 年水平，单位 GDP 碳排放量降低 65% 以上，非化石燃料占比增加到 25% 左右，森林库存量增加 60 亿立方米，风力和太阳能发电总装机容量达到 12 亿千瓦
俄罗斯	2060—碳中和	相对于 1990 年水平，温室气体排放量到 2030 年减少 70%；到 2030 年结束森林砍伐

续表

国家	碳达峰碳中和承诺	指标
印度	2070—碳中和	到 2030 年将其单位 GDP 碳排放强度相较于 2005 年水平降低 45%；2030 年非化石能源发电装机容量达到 50%
巴西	2060—碳中和	相较于 2005 年水平，计划到 2025 年减少 37% 的温室气体排放，2030 年减少 43%
南非	2025—碳达峰 2050—碳中和	2021—2025 年温室气体排放范围将控制在 3.98 亿～5.10 亿吨 CO_2eq，2026—2030 年降低至 3.98 亿～4.40 亿吨 CO_2eq

　　2021 年 3 月 30 日，南非环境事务部（DFFE）发布《国家自主贡献》（NDC）草案，根据《巴黎协定》设定的减排目标，南非将按照"达峰—平稳—下降"减排路径，实施"公正转型"，逐步减少温室气体排放。2025 年南非碳排放将达到峰值，2025—2035 年碳排放保持平稳，2035 年后逐步降低，并于 2050 年实现碳中和。

　　为应对气候变化，中国一方面从顶层设计着手，健全领导机制，制定和完善各项气候政策，并积极采取行动进行落实，另一方面积极参与国际气候谈判，推动国际气候合作进程。2007 年，中国成立了"国家应对气候变化及节能减排工作领导小组"，旨在加强对应对气候变化和节能减排工作的领导。此后，中央及各部委陆续出台了多项政策措施来推动气候治理工作。表 10-3 列出了目前中国及其他金砖国家关于应对气候变化的主要政策文件。

表 10-3　金砖国家主要气候治理政策及行动规划

国家	国家级政策文件
中国	《中国应对气候变化的政策与行动》白皮书 2021 《关于促进应对气候变化投融资的指导意见》2020 《2030 年前碳达峰行动方案》2021 《国家适应气候变化战略 2035》2022 《关于完整准确全面贯彻新发展理念做好碳达峰碳中和工作的意见》2021
俄罗斯	《2050 年前限制温室气体排放法》2021 《俄罗斯 2050 年前低碳发展战略》2021 《2020—2024 年俄罗斯氢能发展路线图》2020
印度	《国家气候变化行动计划》2008
巴西	《国家能源规划 2030》2007 《应对气候变化国家方案》2009 《可持续发展和气候行动纲要》2021
南非	《国家气候变化应对政策白皮书》2011 《气候变化法案》2018 《碳税法案》2019

（二）金砖国家气候合作状况

除了各自努力外，金砖国家出于发展和应对气候变化挑战的共同诉求，迫切需要加强彼此气候问题上的合作，加速经济结构尤其是能源结构转型升级，实现高质量可持续发展。

金砖国家气候合作基础

金砖国家在气候合作领域具有良好的基础，各国对气候问题采取行动持积极态度，各方也都积极推动在金砖平台下加强气候合作。从发展历程来看，金砖国家的崛起具有共同特征，即在保持政治稳定的前提下通过政府投资、劳动力成本优势和促进出口实现经济持续高速增长。但粗放型高速增长模式下也产生了高排放、高污染的资源利用、经济与环境不协调等问题。这些问题的原因包括过度强调经济增速与规模扩张，忽视增长质量和可持续性；禀赋资源优势衰减，创新竞争力成长缓慢；体制机制转变滞后，经济高效运转保障不足；外部环境恶化与危机冲击加剧等。①

面临经济增速放缓与气候危机双重压力带来的新一轮科技革命浪潮，金砖国家不仅要保持经济持续高速增长以进一步提升综合国力，而且还必须促进经济发展方式转型，以争取在未来国际格局中占据有利地位。此时，新能源产业和低碳经济成为一个良好的契机，可以将经济转型发展与高质量增长紧密结合起来。在全球加快应对气候变化和重视低碳经济发展的大背景下，新能源和可再生能源将引导新一轮产业革命的分工体系，金砖国家在此方面有共同诉求，成为加强多边合作的有力抓手。

---

① 康晓：《金砖国家气候合作：动力与机制》，载《国际论坛》，2015（2）。

金砖国家气候合作进展

2007 年巴厘岛联合国气候变化大会以来，巴西、南非、印度和中国，便开始就气候议题进行交流合作。在 2009 年哥本哈根《联合国气候变化框架公约》缔约方第十五次会议上，四国代表达成共识，形成了临时性质的磋商机制，为随后的谈判中占据主动奠定了基础。俄罗斯在金砖国家应对气候变化决策中扮演着重要角色，也是金砖国家合作机制的主要推动者。尽管在具体气候问题上，俄罗斯和其他金砖国家有诸多分歧，但其原因是各国的发展水平和发展模式差异导致的，在坚持"共同但有区别的责任"的原则基础上，各方都坚持协商解决问题。从长期来看，俄罗斯仍将继续加强在金砖国家合作机制中的作用，推动同其他四国在气候治理领域的战略合作。

近年来，金砖各国大力发展新能源技术和产业，在低碳技术研发方面已经快速追赶并缩小了与发达国家的差距，甚至在某些领域还处于领先水平。中国可再生能源开发利用规模稳居世界第一，为能源绿色低碳转型提供强大支撑，2021 年我国可再生能源装机规模突破 10 亿千瓦，达 10.63 亿千瓦，同比增长 13.8%，占总发电装机容量的 44.8%。无论是装备制造还是太阳能风电利用技术，中国都可以为金砖国家提供更好的解决方案。此外，中国、巴西、俄罗斯、印度等国都已将特高压作为能源和电力发展的重要方向，中国的智能电网系统逐渐建成，通过数字信息化手段提升能效，可通过先进经验分享助力金砖国家绿色低碳能源转型。巴西领先的生物能源技术也将成为中国及其他各国新能源战略中的重要合作方向。南非近年也实施了积极的清洁能源战略，根据其修订的《综合资源规划》，将有更多私营企业参与发展可再生能源和核能，这为煤炭企业的转型提供更多支持。总体来看，金砖国家通过相互提供技术、设备和材料，可以加强可再生能源、核能等多领域的合作，推动各国构建低碳经济。

金砖国家于 2014 年成立的新开发银行自开业以来，形成了创新性的制度机制和业务模式，其国别体系、平权治理结构、本币投融资及对可持续基础设施项目的投资关注，例如，支持中国福建莆田平海湾海上风电项目二期工程，每年将减少逾 100 万吨二氧化碳排放；支持巴西 600 兆瓦的可再生能源发电能力建设，将减少 100 万吨二氧化碳排放；支持南非可再生能源发电网络建设，将减少 200 万吨二氧化碳排放。金砖国家新开发银行还宣布，2022—2026 年将为成员国提供 300 亿美元资金支持，其中 40% 的资金将被用于减缓气候变暖进程。

中国是 2022 年金砖国家轮值主席国，6 月 23 日，习近平主席在北京主持金砖国家领导人第十四次会晤，会上五国领导人取得重要共识，提出要促进全球共同发展，携手应对气候变化挑战。会晤通过并发表《金砖国家领导人第十四次会晤北京宣言》，其中强调要加快落实《联合国 2030 年可持续发展议程》，重申各方应坚持共同但有区别的责任和各自能力原则，在已有共识基础上，准确、平衡和全面实施《联合国气候变化框架公约》及其《巴黎协定》，强调《巴黎协定》应在可持续发展和消除贫困框架下强化全球气候变化威胁应对。

在第十四次金砖国家领导人会晤之前的 5 月 13 日，金砖国家代表通过视频举行了应对气候变化高级别会议，各方就加快低碳和气候韧性转型、推进气候多边进程、强化应对气候变化领域团结协作等进行了深入交流，彰显出金砖国家对于气候治理的重视及加强合作来应对气候变化问题的强烈意愿。2022年以来，中方还成功主办金砖国家环境部长会议、金砖国家绿色技术交流研讨会，力求加强五国信息沟通和立场协调，分享绿色低碳转型经验，开展绿色低碳技术合作。同时也推动了《第八次金砖国家环境部长会议联合声明》《金砖国家应对气候变化高级别会议联合声明》等成果文件的出台，倡导五国开展清洁能源、低碳技术等领域交流合作，为金砖国家合作沿着绿色低碳方向发展作出指引。

二、金砖国家气候合作面临的挑战

金砖国家在气候领域的合作并非一帆风顺，面临着经济发展差异、气候目标不同、合作机制尚不完善以及地缘政治复杂性等多方面的挑战。

（一）经济发展差异带来的挑战

近年来，巴西、南非和俄罗斯经济增长的良好形势不再，经济发展环境的恶化，对各国加大气候治理投入造成挑战。此外，新冠肺炎疫情大流行以来对世界各国经济社会产生严重冲击，金砖国家也正在遭受疫情肆虐带来的经济下滑、通胀高企、失业率上升等压力。

巴西 GDP 从 2010 年的 2.6 万亿美元下滑到了 2020 年的 1.4 万亿美元，几近腰斩。摩根士丹利近日表示，2021 年以来，虽然拉丁美洲经济整体出现复苏迹象，但巴西却是例外。该国除了面临第二波疫情大流行、疫苗接种计划延误之外，在通胀高企的风险之下，该国还面临着财政刺激空间有限等问题，这或将使得巴西今年的经济表现低于拉丁美洲 4.2% 的平均水平。自 20 世纪 90 年代起，随着人才外流及支柱产业衰退，南非经济一直呈现下降趋势。近十年，南非人均 GDP 从 2011 年 8811 美元下降到了 2021 年的 6994 美元。投资不足，基础设施差，法制不健全等因素导致南非未来发展仍充满不确定性。俄罗斯内外交困，GDP 从 2013 年 2.3 万亿美元一度下跌到 2016 年的 1.3 万亿美元，尽管随后有小幅回升，但 2022 年爆发的俄乌冲突，可能再次将俄罗斯经济拖入深渊。金砖国家中只有中国、印度保持经济增长的态势。金砖国家经济社会发展形势的差异，将可能影响各国对于气候治理的诉求和进度，进而影响金砖体系下的气候问题合作。

（二）合作机制尚不完善

金砖国家目前的合作机制有待进一步完善，表现在金砖国家的机制化、组织化程度较低，没有秘书处，缺少章程或者其他形式的常设机构或程序文件，相关监督履约机制也存在空缺。阻碍金砖国家机制化建设的一个原因是金砖国家同质性较差，可能需要比发达国家集团更多的机制化安排，为使金砖国家更有凝聚力，机制化的问题需要加快研究，以推动各方倡议落实到实质性内容上。机制化的性质将在一定程度上决定金砖国家的集体身份，机制化建设并不是建立僵化的组织，而是建立一个结构化、运行有序的综合系统，为金砖国家开展相关活动提供高效协作平台。

金砖国家新开发银行是金砖机制化建设的重要成果，但它只有1000亿美元授权资本，这对于五国的经济规模来说严重不足。世界银行约2万亿美元的资本规模是金砖国家银行的20倍。此外，新开发银行资助范围较小，除成员国外，只在特殊情况下会给一些重要国家，这在很大程度上限制了金砖国家的影响力。

（三）地缘政治关系带来的挑战

金砖国家社会制度不同，意识形态各异，它们都坚持自主选择的发展模式，这导致在国际问题上无可避免地会存在分歧和差异。在气候变化议题上，俄罗斯与其他四个成员国的立场差异很大，俄罗斯更多站在欧洲的立场上，同时作为化石能源输出国，俄罗斯在气候变化方面的态度一直非常消极，国内质疑气候变化真实性的声音一直很强。

在金砖五国中，中印关系最为复杂。两国山水相连，交往历史悠久。过去，中印在许多重要国际问题上有着共同立场。20世纪50年代，中印共同提出了处理国际关系的"和平共处五项原则"。两国在七十七国集团和不结盟运动中也发挥了重要作用。然而，中印之间的矛盾不可避免，特别是在领土和西藏问题上。中印两国围绕领土争端发生过多次局部武装冲突。关于西藏问题，印度政府的立场很模糊，双方的地缘政治矛盾基于历史遗留问题，一时难以根除，也可能持续影响双方在气候变化领域的深入合作。

三、金砖国家气候合作展望

金砖国家是发展中国家的代表，在应对气候变化问题上有巨大合作空间。未来，金砖国家应持续在国家、地方、产业、企业等层面开展清洁能源、低碳技术、可持续及韧性基础设施建设、碳市场、适应气候变化等领域的信息交流和合作，携手推动绿色低碳发展政策研究、技术合作和示范项目共建，以科技创新为驱动，推进能源资源、产业结构、消费结构转型升级，共同探索低碳、可持续的发展路径，为全球气候治理做出应有贡献。

（一）坚持创新驱动和绿色发展

金砖国家应共同推动优化经济结构，坚持走科技创新和绿色发展道路，共同推动经济增长向三大产业协调驱动转变，实现高质量长远发展。金砖国家都是中等收入国家，在经济发展过程中面临着类似的任务和挑战。因此，下一步应加大科技创新投入，利用科技创新，推动经济转型和绿色发展，推动发展模式从依赖要素投入向依赖提高劳动生产率转变；注重发展质量和效益，采取有效的经济改革措施，促进经济结构优化升级，增强经济发展内生动力，扩大经济发展空间；密切关注生态文明建设，加快推进能源利用方式转变，进一步提高能源利用效率，减少环境污染，提高森林覆盖率，为全球气候治理贡献更多力量，也能抬升金砖国家在国际舞台的影响力。[1]

（二）加强气候金融合作

实现能源结构转型是全球气候治理的关键，这需要金融工具提供有力支撑。从历史经济经验来看，金融只有更好地服务于实体经济，尤其是代表特定时代先进生产力的行业，才能实现其最大效能。2008 年金融危机的主要原因之一是美国过于依赖金融业，轻视金融业和制造业的结合。全球经济下行压力和

---

[1]　林寿富、白华：《金砖国家可持续发展的主要进展及趋势展望》，载《经济研究参考》，2018（51）。

气候危机迫使金砖国家在经济转型过程中必须将金融和低碳产业发展紧密结合，将更多的社会资本投入到低碳经济技术研发中。2020年10月，中国生态环境部、国家发展和改革委员会、中国人民银行、中国银行保险监督管理委员会、中国证券监督管理委员会印发《关于促进应对气候变化投融资的指导意见》，提出要大力推进应对气候变化投融资发展，引导和撬动更多社会资金进入应对气候变化领域，进一步激发潜力、开拓市场，推动形成减缓和适应气候变化的能源结构、产业结构、生产方式和生活方式。金砖其他各国也都出台了相关融资政策，来推动国内绿色低碳发展。由此，将金融与能源部门结合起来将成为未来金砖国家气候合作机制的重点。

为扩大新开发银行和应急外汇储备的影响，未来需要将注册资本规模提升至少5倍，并逐步扩大资助范围[①]，为更多新兴市场国家和发展中国家提供金融支持，提升金砖国家新开发银行及相关国家在国际金融体系中的话语权和影响力。同时，为提升金砖国家之间的金融合作效率，需要在金砖合作框架下在财政部长会议、央行行长会议和能源部长会议之间建立部际协调机制，并面向政府、商界、媒体、学术界、非政府组织等多元主体保持开放性，利用各行各业的资源把握金砖国家银行的投资方向，确保资金流向最需要的地方，以快速提高金砖国

---

① 杨雷：《俄罗斯与金砖国家：个体诉求与集体合力》，载《俄罗斯东欧中亚研究》，2017（4）。

家应对气候变化的能力。

（三）加强低碳产业技术合作

提高能源利用效率，逐步淘汰高能耗高排放产业，发展绿色低碳产业是应对全球气候变化，实现经济高质量发展的重要途径。同时，在全球碳关税体系逐步形成的背景下，发展中国家提升低碳产业技术水平和能源效率是应对绿色贸易壁垒的有效手段。

新能源作为低碳经济的重要内容表现出鲜明的高新技术特征，这与传统能源产业有所不同。传统能源发展重点是对自然资源的开采，石油、煤炭、天然气等化石能源除了产生大量温室气体排放，其储量还具有有限性，这导致在传统能源政治格局中自然资源禀赋高的国家通常具有显著优势。可再生能源如太阳能、风能、生物质能的一大特点是具有无限性，而利用先进技术进行开发并提升能源转换效率成为发展可再生能源产业的关键。拥有先进技术的新能源企业和相关装备制造业将成为新能源产业中的重要力量，引领低碳经济发展。因此，金砖国家应重点支持五国与低碳经济相关的科技创新项目，加强新能源汽车、碳捕获利用与封存技术（CCUS）、节能环保及清洁煤炭等产业方面的合作。

陈志华

第十一章
金砖国家：发展与安全

　　近年来国际形势发生了非常深刻的变化，使得金砖国家的发展与安全都遭逢严峻挑战。习近平主席指出："当前，百年变局和世纪疫情叠加影响，国际形势中不稳定、不确定、不安全因素日益突出。"① 此外，俄乌冲突的爆发与持续，也为国际社会增添了新的不确定性。这些不稳定、不确定、不安全因素在不同程度上为金砖国家的发展与安全以及相关合作造成了困扰甚至阻碍。面对新形势、新挑战，金砖国家亟待进一步统筹好发展与安全两件大事，为地区乃至世界的和平与发展做出更大的贡献。

---

① 《习近平在金砖国家外长会晤开幕式上发表视频致辞》，外交部网站 2022-05-19，https://www.mfa.gov.cn/web/zyxw/202205/t20220519_10689493.shtml。

一、聚焦发展议题，成果日渐丰硕

16 年来，金砖国家合作始终聚焦发展议题，已取得丰硕成果，并且为全球发展持续提供新动力。

（一）务实合作取得丰硕成果

金砖国家合作开启以来，不断凝聚发展共识，积极推动务实合作，在经济合作、减贫、发展援助、应对气候变化、抗疫合作等方面取得重要进展，成绩斐然。

经济合作

经济合作是金砖机制的根基，也是金砖国家发展合作的核心内容之一。近年来，金砖国家进一步拓宽基础设施、经贸、金融、数字经济等合作领域，巩固了金砖国家及其所代表的广大发展中国家的合作基础。

基础设施是经济社会发展的重要支撑，被金砖国家作为投资重点。金砖国家不断在基础设施建设领域深化合作，已经取得显著成果。帮助南非修复、拓宽国家公路及桥梁等相关基础设施；助力印度拉贾斯坦邦沙漠地区水利结构调整；协助俄罗斯兴建连接乌法市中心和 M-5 联邦高速公路的长途运输走廊；支持中国贵州省黔西南布依族苗族自治州互联互通农村公路升级改造及路网完善。① 与此同时，金砖国家紧跟数字经济时代步伐，加紧布局数字基础设施建设，2022 年 5 月 23 日，第六届金砖国家工业部长会议通过了《第六届金砖国家工业部长会议联合宣言》，提出五国在"建设通达的数字基础设施"方面加强合作。

经贸合作一直是金砖国家合作的"压舱石"和"推进器"。自 2011 年金砖国家经贸部长会议机制创建以来，五国领导人多次就加强经贸合作作出指示，相继推出了《金砖国家经贸合作行动纲领》《金砖国家投资便利化合作纲要》《金砖国家经济伙伴战略 2025》等重要成果，为五国间经贸合作指明方向。近年来，金砖国家双边贸易额稳步提升，不断突破新的纪录。中国海关总署数据显示，2021 年，中国与金砖国家双边贸易继续保持快速增长态势。其中，中巴贸易额约 1640 亿美元，创历史最高纪录；同年，中国与俄罗斯双边贸易额为 1468.87 亿美元，同比增长 35.8%；2021 年，中国与印度贸易额也达到 1256 亿美元，这是双边贸易额首次突破 1000 亿美元大关；中国与南非贸易总额达 543.5 亿美元，同比增长 50.7%。②

金砖国家新开发银行是金砖国家在金融投资领域合作的典

---

① 《金砖国家凝聚力日益增强助力经济高质量发展》，半月谈网站 2022-06-15，http://www.banyuetan.org/yw/detail/20220615/1000200033137441655196441442391814_1.html。

② 杨迅：《为国际发展合作提供金砖动力》，《人民日报》2022-06-06。

范。2014 年 7 月 15 日金砖国家发表《福塔莱萨宣言》宣布，金砖国家新开发银行初始资本为 1000 亿美元，由 5 个创始成员平均出资，总部设在中国上海。2021 年金砖国家新开发银行实现成立以来的首次扩容，三个新的成员国——阿联酋、乌拉圭和孟加拉国加入其中。2022 年 5 月金砖国家新开发银行最新宣布，2022—2026 年，银行将为成员国提供 300 亿美元资金支持。[①]

数字经济助力金砖国家实现高质量可持续发展。金砖国家属于新兴经济体，在数字经济基础设施、产业数字化、数字经济政策环境方面的市场空间及发展潜力巨大。数字经济是实现工业现代化和转型、促进包容性经济增长、支持紧密的全球贸易和商业活动的重要工具，将成为金砖国家的"特别优势"。近年来，金砖各国纷纷提出数字经济发展的战略规划及政策措施。2020 年 11 月，金砖国家领导人第十二次会晤通过了《金砖国家经济伙伴战略 2025》，明确数字经济是金砖国家合作的重点合作领域，并确定了数字经济合作目标。在数字经济领域合作方面取得了一定成效。金砖国家领导人第十四次会晤达成的《金砖国家数字经济伙伴关系框架》，就深化金砖国家数字经济合作形成重要共识，开启了金砖国家数字经济合作新进程。

---

① 《金砖国家新开发银行：未来五年将为成员国提供 300 亿美元资金支持》，光明网 2022-05-21，https://m.gmw.cn/baijia/2022-05/21/1302957942.html。

减贫

消除贫困是实现可持续发展的先决条件和核心目标。贫困是导致全球各地许多冲突的根源之一，发展合作是消除贫困的重要途径。根据《2021 年全球多维贫困指数》报告显示，在调查覆盖的 109 个国家的 59 亿人中，13 亿人处于多维贫困状态。[①] 联合国 2030 年可持续发展目标中的一项重要目标是消减贫困。金砖国家人口占世界的 42%，是引领农村发展、推动减贫国际合作不可或缺的重要力量。2018 年 3 月，金砖国家新开发银行批准向巴西帕拉州政府贷款 5000 万美元用于城市可持续发展项目建设。该项目将使帕拉州跨亚马逊高速公路沿线 9 个县市的卫生、道路、通信基础设施建设得到改善，约 34 万居民将受益，为当地经济与社会平衡发展、消除贫困发挥重要作用。根据 2017—2021 年《全球饥饿指数报告》，金砖五国饥饿指数总体上呈现下降趋势（见表 11-1）。中国引领金砖国家贫困治理，2021 年实现了 9899 万农村贫困人口全部脱贫，832 个贫困县全部摘帽，12.8 万个贫困村全部出列，区域性整体贫困得到解决，完成了消除绝对贫困的艰巨任务，提前 10 年实现《联合国 2030 年可持续发展议程》减贫目标。[②] 联合国秘书长古特

---

① *The 2021 Global Multidimensional Poverty Index*，UNDP，SEPTEMBER 28, 2021，https://hdr.undp.org/system/files/documents//2021mpireportenpdf.pdf.

② 《习近平在全国脱贫攻坚总结表彰大会上的讲话》，新华网 2021-02-25，http://www.gov.cn/xinwen/2021-02-25/content_5588869.htm。

雷斯指出，"精准减贫方略是帮助最贫困人口、实现 2030 年可持续发展议程宏伟目标的唯一途径。中国已实现数亿人脱贫，中国的经验可以为其他发展中国家提供有益借鉴"。2022 年金砖国家领导人会晤再次强调减贫是金砖国家合作的重点领域，金砖国家要推动将消除贫困作为落实 2030 年可持续发展议程的优先领域，尤其要关注发展中国家因疫情返贫致贫人群。

表 11-1　2017—2021 年金砖国家饥饿指数

年份 国家	2017	2018	2019	2020	2021
印度	31.4	31.1	30.3	27.2	27.5
南非	13.2	14.5	14	13.5	12.9
俄罗斯	6.2	6.1	5.8	5.2	6.2
巴西	5.4	8.5	5.3	< 5	< 5
中国	7.5	7.6	6.5	< 5	< 5

数据来源：*2021 GLOBAL HUNGER INDEX*, Welt Hunger Hilfe, October 2021

发展援助

当前国际发展援助体系仍是发达国家主导，但是传统援助国提供的援助所占的比重下降，金砖国家为代表的新兴援助国影响力不断增长，南南合作的重要性日益凸显。金砖国家大多数具有从受援国到援助国的身份转化的背景，对发展内涵的理解和诠释具有自己的独立理解，更加注重发展模式的自我探索，发展路径的多元化。金砖国家积极探索双边、三边援助等合作形式。① 中国和印度是撒哈拉以南非洲的基础设施最主要的援助国。以中国为例，根据国务院 2021 年 1 月发布的《新时代的中国国际发展合作》白皮书的数据显示，2013—2018年，中国共向亚洲、非洲、拉丁美洲和加勒比、大洋洲和欧洲等地区 122 个国家及 20 个国际和区域性多边组织提供援助。2013—2018 年，中国对外援助金额为 2702 亿元人民币。其中，提供无偿援助 1278 亿元人民币，占对外援助总额的47.30%，重点用于帮助其他发展中国家建设中小型社会福利项目以及实施人力资源开发合作、技术合作、物资援助、南南合作援助基金和紧急人道主义援助项目。② 巴西与印度、南非成立的印巴南基金被视为印巴南对话论坛框架下三方援助合作，印度、巴西、南非每年各出资 100 万美元，资助最不发达国家和冲突后重建国家，2006—2019 年在非洲、亚洲、拉丁美洲和阿拉伯国家的 20 个伙伴国家开展了农业、卫生保健和民生领域的 31 个项目。③ 中国在与联合国粮农组织、联合国开发计划署等国际组织开展三方合作方面也具有丰富的经验。金砖国家通过发展援助合作，有利于扩大新兴市场国家和发展

---

① 张海森：《强化金砖国家对非洲的发展援助，推动全球新南南合作》，光明网2018-07-28，https://theory.gmw.cn/2018-07/28/content_30152984.htm。
② 《新时代的中国国际发展合作》，商务部网站 2021-01-12，http://www.mofcom.gov.cn/article/i/jyjl/j/202101/20210103030260.shtml。
③ 孙艳晓：《印度对外援助中的三方合作：进程、动因与挑战》，载《南亚研究》，2021（2）。

中国家共同利益和发展空间，为落后地区和平与发展做出更大贡献。

应对气候变化

气候变化对人类社会可持续发展构成越来越严重的威胁，应对气候变化是金砖国家合作的又一重要领域。金砖国家积极推动建立绿色低碳循环经济体系，坚持"共同但有区别的责任"原则，推动《巴黎协定》落实到行动层面，实现更加绿色的全球发展，已成为金砖国家的广泛共识。在形成共识的基础上，金砖国家加快了绿色发展合作。在《金砖国家应对气候变化高级别会议联合声明》中，金砖五国各自做出减排承诺。

与此同时，金砖国家也在主动落实《巴黎协定》方面取得了积极进展。截至 2021 年，中国单位 GDP 能源消费强度比 2012 年下降 26.2%，可再生能源装机突破 10 亿千瓦，全球新增绿化面积四分之一来自中国。巴西宣布了实现 2050 年气候中和承诺的战略措施，包括到 2028 年实现零非法毁林，到 2030 年恢复和重新造林 1800 万公顷，以及鼓励扩大国家铁路网。印度单位 GDP 排放强度比 2005 年水平降低了 24%，非化石能源发电装机已经达到了 1.59 亿千瓦，提前 8 年实现了其国家自主贡献提出的累计非化石能源发电装机容量占比达到 40%。[1]

---

[1] 《金砖国家应对气候变化高级别会议联合声明》，生态环境部网站 2022-05-15，https://www.mee.gov.cn/ywdt/hjywnews/202205/t20220515_982106.shtml。

未来 5 年，新开发银行还将为成员国提供 300 亿美元资金支持，其中 40% 将用于减缓气候变暖相关项目。

抗疫合作

新冠肺炎疫情发生后，金砖国家进一步加强医疗合作，弥合"免疫鸿沟"。2020 年以来，金砖国家先后举办应对新冠肺炎疫情特别外长会、卫生高官视频会议、外长视频会晤等一系列相关会议，加强抗疫信息分享，深入交流抗疫经验，就加强联防联控、建立公共卫生长效机制、推进数字贸易等问题展开政策层面的沟通。2021 年 9 月，习近平主席在金砖国家领导人第十三次会晤上强调，要在疫苗联合研发、合作生产、标准互认等领域开展务实合作，推动金砖国家疫苗研发中心在线上尽快启动。2022 年 3 月，金砖国家疫苗研发中心各国别中心共同提出《加强疫苗合作，共筑抗疫防线》倡议：将疫苗作为全球公共产品公平合理分配，保障疫苗在发展中国家的可及性与可担负性，并表示将加强联合研发，提升金砖国家传染病防控能力以及应对公共卫生事件的能力。[1] 金砖国家通过启动"金砖国家疫苗研发中心"，搭建起辐射发展中国家的联合研发和生产综合平台，助力构建人类卫生健康共同体。

---

[1] 《金砖国家疫苗研发中心线上启动仪式举办》，光明网 2022-03-23，https://news.gmw.cn/2022-03/23/content_35605330.htm。

（二）为全球发展提供新动力

金砖国家合作及其成果，直接惠及广大发展中国家，进而对全球发展将产生越来越广泛、越来越深远的影响。

金砖国家正在成为推动世界经济复苏的重要引擎。作为发展中国家新兴经济体的代表，金砖国家正在以自身的经济发展韧性推动全球经济复苏。根据世界银行统计，2021 年金砖国家 GDP 增速高于 5.5% 的全球平均增速，为世界经济复苏贡献了重要力量。其中，中印两国增速最高，均为 8.1%，对金砖五国 GDP 体量的拉动贡献最大，实现了同步领跑。印度 GDP 总量还突破了 3 万亿美元大关，排名全球第六。俄罗斯、巴西、南非 GDP 分别增长 4.7%、4.6%、4.9%，均实现了正增长下的经济复苏。金砖五国与全球经济深度互动，对世界经济增长贡献率超过 50%，为全球经济增长注入动能。

"金砖 +"为金砖机制探索新的发展空间。在 2017 年厦门峰会上，习近平主席提出了"金砖 +"合作理念。5 年来，"金砖 +"模式不断深化拓展，成为新兴市场国家和发展中国家开展南南合作、实现联合自强的典范。[①] 金砖国家摒弃集团政治，并不针对第三方，不是封闭的俱乐部，也不是排外的"小圈子"。在"金砖 +"机制中，不仅有地区大国，还有中小国家，"金

---

① 《习近平在金砖国家领导人第十四次会晤上的讲话（全文）》，新华网 2022-06-23，http://www.news.cn/world/2022/06/23/c_1128770800.htm。

砖+"合作不以国家实力大小为标准，而是充分考虑一个国家的代表性、致力于解决广大发展中国家在全球治理舞台有效话语权和表达渠道不足的问题。"金砖+"机制还为金砖国家扩员进程进行了前期探索，打下了良好基础。与此同时，金砖国家积极引领全球发展伙伴关系网络构建。金砖"朋友圈"不断扩大，越来越多的国家表现出合作兴趣。从2013年南非德班会晤至今，金砖合作不仅吸引了地区国家参与，还吸引了一些区域性国际组织加入对话，逐渐构筑了一个广泛的全球伙伴关系网。

金砖国家的发展成果为广大发展中国家共享。金砖国家自身具有全世界超过40%的人口和超过20%的经济总量，并代表广大发展中国家的利益诉求，支持包容性发展、多边主义，以及在联合国宪章和国际法的基础上推进互利互惠。《联合国2030年可持续发展议程》的"**目标17重振可持续发展全球伙伴关系**"将全球发展伙伴关系作为"执行手段"确立下来。一方面，金砖国家通过自身发展，努力弥补全球发展南北鸿沟。另一方面，金砖国家倡导建立更加平等均衡的全球发展伙伴关系，推动国际社会坚持南北合作主渠道，敦促发达国家切实履行发展援助承诺，为发展中国家特别是非洲和最不发达国家、小岛屿发展中国家、内陆发展中国家提供更多资金、技术和能力建设等方面的支持。同时推动南南合作为发展中国家联合自强提供新的助力。

金砖国家致力于推动国际政治经济秩序变革。在以美为首的西方主导的国际经济政治秩序中，单边主义、零和游戏、冷战思维对于全球发展，特别是对于发展中国家极为不利，金砖国家起到了很好的替代性的平衡作用。金砖国家在很多地区性、国际性经济和政治组织中发出发展中国家的声音，在不断变化的世界经济体系中发挥着积极作用。金砖机制在国际金融机构中推动发展中国家和发达国家的权重重新分配。截至2021年7月，五国在世界银行的投票权上升到13.46%，在国际货币基金组织的份额总量为14.82%。①

二、应对安全威胁，合作不断强化

政治安全合作是金砖国家合作的初衷之一，也是金砖国家合作的支柱之一，还是金砖国家向心力和凝聚力的重要来源。为此，金砖国家从战略高度规划政治安全领域合作，将政治安全共识转化为实际行动，共同应对各种传统与非传统安全挑战。在不断加强政治安全合作的基础上，金砖国家积极拓展安全合作领域，努力提升安全合作水平。

（一）持续发出金砖国家强音

领导人会晤、外长会晤、副外长级磋商、安全事务高级代

---

① 《习近平在金砖国家外长会晤开幕式上发表视频致辞》，外交部网站2022-05-19，https://www.mfa.gov.cn/web/zyxw/202205/t20220519_10689493.shtml。

表会议、常驻多边机构代表磋商等机制是金砖国家安全合作的主要平台，也是金砖国家安全合作机制化的重要体现。16年来，金砖国家依托这些平台，关注非洲、中东和北非局势、巴以冲突、叙利亚、也门、阿富汗、朝鲜半岛、伊朗核、缅甸、乌克兰等问题，积极协调成员国的立场，发出金砖声音，为维护国际和平与安全贡献金砖力量。

历届金砖国家领导人会晤都结合当时的国际形势，就重大国际和地区安全问题发出金砖声音。针对美国单方面退出《伊朗核问题全面协议》，2018年7月金砖国家领导人第十次会晤发表的《约翰内斯堡宣言》明确指出，所有各方应全面履行义务，确保其得到全面、有效执行，促进国际和地区和平与安全。2021年8月15日，塔利班重新执政。同年9月金砖国家领导人第十三次会晤发表《新德里宣言》，对阿富汗局势最新发展表示关切；呼吁停止暴力，并以和平方式稳定局势；强调有必要促进阿富汗内部包容性对话以确保和平稳定，恢复法治和秩序。在加强军控和裁军问题上，针对近两年来多种外部因素造成的负面冲击，2022年6月金砖国家领导人举行第十四次会晤，通过《北京宣言》，呼吁持续努力加强军控、裁军、防扩散条约和协议体系，保持其完整性，维护全球稳定及国际和平与安全，进一步强调要确保裁军、防扩散及军控领域有关多边机制的有效性、高效性和协商一致原则。

外长会晤是金砖国家就重大国际和地区安全问题加强沟通

与协调，发出金砖声音的又一重要渠道。俄乌冲突爆发以来，金砖国家高度关注当前乌克兰局势。2022 年 5 月 19 日金砖国家外长举行视频会晤并发表关于"应对国际形势新特点新挑战加强金砖国家团结合作"的联合声明，外长们支持俄罗斯同乌克兰谈判。外长们讨论了对乌克兰境内外人道局势的关切，支持联合国秘书长、联合国机构和红十字国际委员会根据联大第 46/182 号决议提供人道援助的努力。

中东地区动荡不安，对国际政治、经济、安全形势产生重大影响。中东对金砖国家具有战略重要性，近年来地区面临重大风险挑战，在叙利亚、巴勒斯坦、利比亚等地区问题和海湾局势上有充分体现。从金砖国家合作初期的中东局势副外长级磋商到后来的金砖国家中东事务副外长级视频磋商，金砖国家一直积极协调立场、发出共同声音。2021 年 5 月 17 日，外交部部长助理邓励出席金砖国家中东事务副外长级视频磋商。与会各方就中东和平进程以及叙利亚、伊拉克、黎巴嫩、利比亚、东地中海地区、海湾和也门局势深入交换意见，达成广泛共识。

2009—2022 年期间金砖国家召开了 12 次安全事务高级代表会议，来自金砖各国的国家安全顾问、国家安全委员会代表等就各国关心的安全议题进行商议，这构成了金砖合作在安全议题上的基础性机制。2022 年 6 月 16 日，第十二次金砖国家安全事务高级代表会议以视频方式举行，中共中央政治局委员、中央外事工作委员会办公室主任杨洁篪在北京主持会议，南非、巴西、俄罗斯、印度安全事务高级代表出席会议。杨洁篪强调，要践行真正的多边主义，努力实现共同安全；要统筹传统和非传统威胁，努力实现综合安全；要倡导同舟共济，努力实现合作安全；要统筹安全和发展，努力实现可持续安全。

金砖国家建立了五国常驻纽约、日内瓦、维也纳代表定期会晤机制，及时就重大问题做集体发言，增强了金砖国家在国际事务中的话语权，具有标志性意义。

（二）不断拓展安全合作领域

反恐合作

21 世纪以来，恐怖主义对国际和平与安全构成严重威胁。尽管金砖国家遭受的恐怖主义威胁程度存在显著差别（见表 11-2），但反恐合作也是金砖国家安全合作不可或缺的组成部分。经过十余年的努力，金砖国家不断凝聚反恐共识，提升反恐合作的机制化。

表 11-2　2017—2021 年金砖国家恐怖主义指数

国家＼年份	2017	2018	2019	2020	2021
印度	7.568	7.518	7.353	*	7.432
南非	4.263	4.511	4.358	*	1.243

续表

年份国家	2017	2018	2019	2020	2021
俄罗斯	5.23	4.9	4.542	*	4.219
巴西	1.388	2.53	2.443	*	0.951
中国	5.108	4.465	3.587	*	1.863

数据来源：*GLOBAL TERRORISM INDEX 2022*, Institute for Economics & Peace, 2022（*2020 年未发布）

　　2009 年 6 月，"金砖四国"领导人在俄罗斯叶卡捷琳堡举行首次正式会晤，并发表联合声明。声明强烈谴责任何形式的恐怖主义，无论何人、何地，均无任何理由采取恐怖行动，呼吁联合国大会尽快通过《全面反恐条约》草案。此后，反恐问题成为历届金砖峰会的主要议题之一。2016 年 10 月，金砖国家领导人果阿峰会将打击恐怖主义和极端主义放在突出位置，决定共同对全球威胁做出反应。自 2019 年 11 月金砖国家领导人第十一次会晤以来，历届峰会强烈谴责一切形式和表现的恐怖主义，不论恐怖主义在何时、何地、由何人实施，同时表示，决心打击一切形式和表现的恐怖主义，包括恐怖分子跨境转移、恐怖融资网络和为恐怖分子提供庇护。在反恐合作中，金砖国家强调以下基本原则：恐怖主义不应与任何宗教、民族、文明或种族挂钩；各国在打击恐怖主义方面负有首要责任，联合国应继续在该领域发挥核心协调作用；反对在打击恐怖主义和助长恐怖主义的极端主义方面采取双重标准。

为更加有效地防范和打击恐怖主义，金砖国家制定了《金砖国家反恐战略》，该战略旨在充实和加强金砖国家合作，为全球防范和打击恐怖主义威胁做出实质性贡献。为落实《金砖国家反恐战略》，金砖国家安全事务高级代表已通过《金砖国家反恐行动计划》，该计划明确金砖国家反恐合作的方式和行动，包括确保金砖国家在理解、识别和共同应对持续存在和新出现的恐怖主义威胁方面加强协调，并在联合国和其他多边反恐框架内开展合作。这将有助于补充和加强金砖国家之间现有的双多边合作，在打击极端化和恐怖主义、利用互联网从事恐怖活动、恐怖分子跨境流动，以及加强软目标保护、情报共享和反恐能力建设等方面为全球防范和打击恐怖主义威胁做出实质性贡献。

金砖国家主张呼吁所有国家综合施策打击恐怖主义，包括打击极端化以及包括外国恐怖作战人员在内的恐怖分子的招募与流动；切断恐怖主义融资渠道，例如，通过洗钱、武器供应、贩毒、刑事犯罪等方式的有组织犯罪；摧毁恐怖组织基地；打击恐怖主义实体滥用包括社交媒体在内的最新信息通信技术。

金砖国家反恐工作组已经建立并于 2016 年 9 月 14 日在新德里举行首次会议，迄今已举行六次会议并取得初步成果。这些成果进一步促进了金砖国家在打击恐怖主义及反恐融资、外

国恐怖作战人员、极端化、利用互联网从事恐怖活动以及反恐
能力建设等方面的合作。

网络安全合作

金砖国家面临三大共同网络安全威胁，即信息基础设施薄
弱、网络犯罪猖獗和面临网络恐怖主义的共同挑战。作为新兴
国家和经济体，金砖国家在网络安全领域的最大公约数，就是
对内希望维护网络领域的国家主权、经济独立与社会团结，对
外希望拥有一个和平稳定、开放包容的网络空间国际秩序。[①]
近年来，网络安全形势日益严峻，网络安全威胁呈现多元化、
复杂化、频发高发趋势，网络安全合作在金砖国家安全合作中
的重要性不断上升。

2013 年金砖国家峰会《德班宣言》中首次提到信息及通
信技术安全问题，营造开放、安全的网络环境至关重要。同年
12 月 6 日，国务委员杨洁篪在南非开普敦出席金砖国家安全事
务高级代表第四次会议时指出，网络和信息安全事关国家安全
和社会稳定，是国际社会面临的新的综合性挑战；金砖国家应
该共同倡导信息安全理念。

2014 年金砖国家峰会提到，为了营造安全开放的电子网

---

① 中国现代国际关系研究院课题组：《金砖国家网络安全合作的趋势、问题及
应对思路》，中国现代国际关系研究院网站 2022-06-23，http://www.cicir.ac.cn/
NEW/opinion.html?id=8f9488f1-6012-4ea9-8a0f-e7e2b9f3bb79。

络环境，需出台大量电子监管及数据收集的法律和规范等；在维护网络安全过程中，联合国应发挥主导作用。2014 年 3 月 24 日，金砖国家外长联合声明指出，金砖国家共同面临网络威胁，需要通过国内法和国际法框架应对。2015 年 5 月，金砖国家安全事务高级顾问会议决定"共同应对信息安全问题"，推进和平、平等、不可分割的安全。同年 7 月，金砖国家领导人第七次会晤决定建立通信领域会晤机制，组建金砖国家信息通信技术使用安全专家工作组，以推进安全问题的信息和最佳实践分享、深化在打击网络犯罪方面的有效协调、建立成员国间联络点等领域合作。

中俄两国积极协调，大力推动和带动金砖国家网络安全合作。目前，中俄已共同提出了《金砖国家网络安全务实合作路线图》和编制《金砖国家信息安全风险最佳实践汇编》。2022 年，中俄还共同出台了《金砖国家网络安全务实合作路线图》进展报告，总结了网络安全合作进展和成功经验，为规划未来合作方向、推动网络安全合作走深走实提供了支撑，明确表示期待缔结网络安全政府间协议，推进在网络安全领域务实合作。中俄已在金砖机制中成立了金砖国家网络安全问题工作组，并定期召开工作会议，至 2022 年 6 月已历 8 届，为探讨网络安全合作建立了机制化安排。

2022 年 5 月 24 日，金砖国家网络安全工作组第八次会议期间，金砖五国代表围绕"《金砖国家网络安全务实合作路线图》

进展报告"、各国政策立法交流、能力建设、加强多边合作等议题深入交换意见。各国代表表示，愿以达成"《路线图》进展报告"为契机，进一步总结近年来金砖国家网络安全合作进展，规划未来合作方向，推动金砖网络安全合作不断迈上新台阶。

能源安全合作

金砖国家经济体量大，是世界经济中不可忽视的重要力量，在全球能源领域占据着重要地位。金砖国家煤炭、石油、天然气储量分别占全球的40%、8%、25%，南非、巴西和印度的太阳能、俄罗斯和中国的风能、巴西的生物能具有显著的资源优势。俄罗斯与巴西属于能源富余国家，能源出口是其重要的经济支柱；中印两国人口众多，能源供需缺口较大，属于严重依赖能源进口的国家。显而易见，金砖五国在能源安全领域合作互补性高，合作前景广阔。

从2009年《叶卡捷琳堡联合声明》中提出的"确保能源稳定、可持续"到2021年《新德里宣言》中提出的"能源转型和加强能源安全"，金砖国家不断凝聚能源安全共识。2009年第一届金砖国家峰会提出能源生产国、消费国和过境国在能源领域加强协调与合作，确保能源稳定性与可持续性；支持能源资源供给的多元化和能源过境通道的安全。2011年三亚峰会提出加强可再生能源开发、利用和信息交流，以及金砖国家在和平利用核能领域开展国际合作。2012年印度新德里峰会中，金砖五国一致同意开展多边能源合作并将开发清洁和可再生能源，推广能效和替代技术，以及在清洁和可再生能源领域开展知识、技能和技术交流。2014年巴西福塔莱萨峰会提出促进可再生能源和清洁能源及能效技术发展，并支持加大可再生能源和清洁能源的国际合作，以推进五国经济社会的可持续发展。

近年来，全球传统能源市场震荡加剧，能源发展不平衡不充分问题更加突出，世界各地能源短缺多点爆发，能源安全面临严峻挑战。2022年6月28日，壳牌石油公司（BP）发布《世界能源统计年鉴2022》指出，全球能源系统面临着近50年来的最严峻挑战和不确定性，当前恶化的国际形势导致的供应短缺和价格飙升使得如何解决"安全""经济"和"低碳"能源三难问题变得愈发重要。在此形势下，能源安全合作在金砖国家合作中将进一步凸显。

粮食安全合作

金砖国家都是发展中国家，除南非外又都是人口大国。粮食生产资源环境约束大、粮食消费需求刚性增长、贫困人口数量巨大、自然灾害频繁等问题，在不同程度上长期困扰着金砖五国的粮食安全。近年来，尽管中俄两国在粮食安全保障方面取得长足进展，但其他三国的粮食安全问题依然突出（见表11–3）。金砖国家合作机制启动以来，粮食安全问题始终是其重要议题之一。

表 11-3　2021 年金砖国家粮食安全指数

指标 国家	排名	总分数	负担 能力	可用性	质量和 安全	自然资源与 恢复力
俄罗斯	23	74.8	86.9	64.9	85.8	59.9
中国	34	71.3	77.4	78.4	71.4	47.2
巴西	63	60.6	68.7	46.4	90	42.4
南非	70	57.8	63.1	49.4	72.1	49.4
印度	71	57.2	50.2	65.7	59.1	52.8

数据来源：*Global Food Security Index 2021*，Economic Impact，2021

2009 年 6 月 16 日，金砖国家在叶卡捷琳堡峰会期间发表《有关全球粮食安全的联合声明》，其中提到，全球粮食价格上涨的波动和全球金融危机正威胁全球粮食安全。结果是，许多人正遭受饥饿、发育不良的影响，向着实现千年发展目标的前进的道路可能遭到逆转。"金砖四国"支持通过一项广泛的中期和长期措施，以便解决粮食安全问题。

2010 年巴西巴西利亚峰会《联合声明》提到，为了保障粮食安全，准备在金砖国家之间实现农业信息互通系统；通过信息的沟通，有效减少气候变化等外部因素带来的粮食安全隐患。积极运用现代技术创新以及合作等战略，保障粮食供给能够满足需求，覆盖到贫困人口。2011 年三亚峰会提到保证食品和商品价格的稳定才能确保粮食的收益，从而保障粮食安全。2015 年俄罗斯乌法峰会提到金砖国家共同抵御气候变化对食品安全带来的负面影响，降低农业市场的不确定性等。

金砖国家农业部长会议先后达成《金砖国家农业合作五年行动计划（2012—2016）》和《金砖国家农业合作行动计划（2017—2020）》，明确要在提高粮食安全保障能力、小农生产适应气候变化、科技创新与示范、农产品投资贸易以及农业信息技术应用五个领域加强合作。在这两个计划顺利执行后，金砖国家已推出《金砖国家农业合作行动计划（2021—2024）》。2022年6月8日，第十二届金砖国家农业部长会议审议通过了《金砖国家粮食安全合作战略》，为今后成员国在粮食安全领域开展合作提供重要指引。

三、统筹发展与安全，开启金砖合作新时代

16年来，共同安全利益基础尚待夯实和拓宽，成员国之间的政治互信也亟待进一步增强，这些问题一直困扰甚至制约金砖国家合作的深化。尤为严重的是，近年来金砖国家合作面临复杂严峻的新形势、新挑战。

（一）金砖合作面临新形势、新挑战

新冠肺炎疫情

新冠肺炎疫情在全球多点暴发、快速蔓延，给各国人民生

命健康带来巨大威胁，对全球人员往来和世界经济造成严重冲击。2020 年 10 月国际货币基金组织发布的《世界经济展望》指出，受疫情的影响，2020 年世界经济萎缩 4.4%。世界经济的大衰退造成大规模失业、贫困和饥饿。国际劳工组织 2020 年 3 月份的报告称，全球失业和未充分就业人口近 5 亿。疫情严重冲击世界经济复苏，造成南北发展鸿沟增大，发展合作动能减弱。与发达国家相比，金砖国家普遍处于全球价值链体系中低端，新冠肺炎疫情加重金砖国家经济转型的困难。疫情对金砖国家落实《联合国 2030 年可持续发展议程》带来干扰，并逆转了多年来在减贫、消除饥饿、医疗保健、教育、应对气候变化、获得清洁水和环境保护等方面取得的进展。疫情无可避免地给金砖国家的减贫事业带来了新的挑战，即致贫因素增加、脱贫难度增大、返贫风险加大。

俄乌冲突

俄罗斯和乌克兰作为全球能源、工业原材料和农产品的重要供给国和连接欧亚大陆的重要运输通道，是全球主要产业的重要参与者，有着"牵一发而动全身"的影响。俄乌冲突及由此引发的经济制裁，给本就不稳定的全球产业链供应链带来更大风暴。[①] 俄乌冲突爆发后，已经处于历史高位的石油、天然气、大豆、食用油、镍等大宗商品的价格都急速上涨，造成突

---

① 徐向梅：《俄乌冲突对世界经济的影响》，《经济日报》2022-04-15。

发性通货膨胀。世界银行 2022 年 6 月发布的《全球经济展望》报告认为，俄乌冲突加剧了新冠肺炎疫情导致的破坏，加剧了全球经济的放缓，全球经济正进入一个可能成为长期增长乏力和通货膨胀加剧的时期。这增加了滞胀的风险，对中低收入经济体都存在潜在的有害后果。全球增长预计将从 2021 年的 5.7% 下滑至 2022 年的 2.9%，远低于冲突发生前预期的 4.1%。[①] 由于俄乌冲突在短期内扰乱了经济活动、投资和贸易，被压抑的需求消退，财政和货币政策宽松被撤回，预计金砖国家等新兴经济体的经济增速会放缓。

美国因素

美国将中俄视为"战略竞争对手"，对中国实施全方位打压与遏制的政策，与此同时，美俄对抗呈现愈演愈烈之势。在此背景下，美国在经济、安全等领域推行的一系列政策措施，不仅对中俄构成严峻挑战，也使金砖国家分化、拆解的风险日趋加大。

近年来，在美国带头及影响下，单边主义、保护主义在蔓延，单边制裁在滥用。单边主义破坏国际规则，挑战国际法治，加剧了世界的不稳定性和不确定性；贸易保护主义不断抬头，多边贸易体制国际规则不断受到冲击，甚至出现某些国家

---

① *Global Economic Prospects*，THE WORLD BANK，2022-07，https://www.worldbank.org/en/publication/global-economic-prospects.

单方面退出国际贸易协定和国际贸易组织，单方面提高进口关税，单方面封堵外国投资等现象；以美国为首的西方国家对俄罗斯的制裁给世界经济复苏、产业链供应链稳定、能源和粮食安全等造成严重影响，对金砖国家落实 2030 年可持续发展议程带来严重冲击。

拜登政府上台以来，不遗余力地推动"印太战略"，并且继续赋予美日印澳四边安全对话机制以高度的优先性。印度作为印度洋地区大国，在印太战略中扮演着重要角色。印度积极参与印太战略，一方面可以借助四边安全对话机制增强在亚太事务上的参与感和影响力，另一方面可以借助美日澳等与中国存在较强竞争关系的国家制衡中国，在中印关系中掌握主动权。印度虽然不是美国的盟国，但在制衡中国的军事与经济实力的拓展，对冲中国通过"一带一路"在南亚、印度洋扩大合作领域等目标上是与美日澳相一致的。[1] 由此导致印度可能一改此前的对中美等距离外交，对外战略更多地向美国靠拢，对中国采取不友好甚至敌视的政策，试图利用中美之间的紧张关系来推进其地缘政治利益。不难预测，伴随金砖国家影响力的不断提升，美国对金砖国家合作的猜忌和担忧也将增加，如何分化和拆解金砖国家，将可能进入美国对华政策议程。事实上，美国推动的"印太战略"已在契合或者暗合这种战略需求。

---

① 　刘鸣、陈永、束必铨：《"印太战略"：以美印日澳的战略逻辑、利益与策略选择为分析视角》，载《东北亚论坛》，2021（2）。

（二）进一步统筹好发展与安全

面临复杂严峻的新形势、新挑战，金砖国家应进一步统筹好发展与安全两件大事，大力推动全球发展倡议走深走实、全球安全倡议落地见效，开启金砖合作新时代。

推动全球发展倡议走深走实

当前地缘政治动荡，冷战思维和单边主义已经危及全球发展。基于人类命运共同体理念，习近平主席提出的全球发展倡议，是解决全球协调发展难题，追求多边合作，实践人类命运共同体理念的国际公共产品。全球发展倡议符合金砖国家追求共同发展的共识，得到了金砖各国的积极响应。联合国贸易和发展会议秘书长丽贝卡·格林斯潘认为，"全球发展倡议的提出恰逢其时，倡议强调重点推进减贫、粮食安全、抗疫和疫苗等领域合作，体现了中国对多边合作的坚定支持，有助于支持发展中国家抗疫和恢复经济社会发展，构建全球发展命运共同体。"与此同时，中国已为推动全球发展倡议做出具体承诺。

推动全球安全倡议落地见效

在全球化时代，安全问题已经超越主权国家边界，任何国家都无法隔岸观火。全球新冠肺炎疫情持续威胁人类健康，北约东扩加剧俄乌冲突，"伊斯兰国"等恐怖组织仍未彻底根除，边界冲突时有发生，各地极端自然灾害频发。以美国为首的西方大国越来越绕过国际安全机制，根据其国内利益决定其外交政策，损害其他国家维护国家安全的自主权，威胁地区与全球稳定。针对目前全球安全治理难题，习近平主席在博鳌亚洲论坛 2022 年年会中首次提出"全球安全倡议"概念，"全球安全倡议"以全球安全与稳定为目标，超越了"把本国安全建立在他国不安全基础上"的狭隘安全观，是对以实力为核心的绝对安全观的突破，为各国跳出安全困境提供了新的思路。当下，面对百年变局和世纪疫情的交织影响，全球安全倡议成为推动全球安全治理、破解各种安全难题的一把"金钥匙"。金砖国家应积极践行全球安全倡议，和其他国家一道共建人类安全共同体，为全球发展提供更加有力的保障。

马　勇　陈宗华

第十二章
发挥金砖力量　构建人类命运共同体

2017 年 1 月 18 日，习近平主席在联合国日内瓦总部发表主旨演讲，面向世界，系统阐述了构建人类命运共同体、实现共赢共享的中国方案。构建人类命运共同体，对促进全球发展具有十分重要的意义，尤其是在目前全球都面临特殊困难的情况下，更具有特殊重要性。

构建人类命运共同体，关键在行动。金砖国家合作从最早的四国，发展到五国，再到"金砖＋"合作模式，已经成为践行人类命运共同体理念的样本和载体。金砖国家合作是推动国际秩序演变、完善全球治理、促进共同发展的重要力量，在维护多边主义、加强抗疫合作、促进经济复苏方面发挥着重要作用，对构建人类命运共同体起到重要推动作用。2022 年 6 月 22 日，习近平主席发表题为《把握时代潮流　缔造光明未来》的主旨演讲，聚焦"时代之问"，彰显了坚定不移推动构建人类命运共同体的使命担当。

本章通过梳理金砖国家合作推动构建人类命运共同体的实践成果，分析当前存在的挑战，并为进一步发挥金砖力量、构建人类命运共同体提出具体路径。

一、人类命运共同体视域下金砖国家合作的现实条件

当前，新兴国家群体崛起，日益凸显了全球治理旧体系的不合理性，广大发展中国家要求改革全球治理体系的呼声日益高涨。同时，随着经济全球化的深入，各国之间相互依赖程度加深，全球挑战急剧增加，世界发展进入新的动荡变革期，独善其身已经变得越来越不可能。基于此，金砖国家作为发展中国家的代表，依托金砖合作机制为全球治理、经济合作、国际交流提供新的理念与实施方案，逐渐成为重要的南南合作重要平台和全方位协调的多边平台，在全球治理及其改革进程中发挥重大作用。

（一）新兴国家的群体崛起，世界格局重组加速

冷战后，两极格局结束。在冷战终结后的第一个十年，甚至呈现美国一方独霸的世界格局。但是进入 21 世纪后，情况逐渐发生了变化。由于四面出击、战略透支，美国的单极霸权

体系难以为继。2008 年全球金融危机重创美欧等发达经济体，进而对国际政治力量对比产生深刻影响。世界格局因美国霸权力量的衰落而萌生变化之端倪。进入 21 世纪第二个十年，随着发展中国家与发达国家特别是新兴大国与传统大国实力差距的收窄，这种趋势更趋明朗，美国的霸权地位因新兴大国的群体性崛起受到强劲的挑战，进而开启了世界格局重组的进程。

在这一过程中，以金砖五国为代表的新兴国家的综合国力和国际影响力不断提升。金砖国家面积占全球 26%，人口占42%，经济总量占 25%，是世界范围内新兴大国群体性崛起的产物。金砖国家在大国力量对比、地区力量对比、发展中国家与发达国家力量对比三个层面，体现了全球经济中心和权力中心的转变。一是大国力量对比。自 20 世纪 80 年代以来新兴大国的发展势头迅猛，其群体性崛起业已打破传统大国在国际上的垄断。按经济总量排序，法国、英国、德国等老牌欧洲国家的排位不断后移，以中国、印度、巴西、俄罗斯、南非等为代表的新兴大国的排位则不断前移。二是地区力量对比。随着世界发展重心从欧美转移到亚洲特别是东亚，国际权力重心也从大西洋转向太平洋，呈现"东升西降"的演化态势。三是发展中国家与发达国家力量对比。冷战终结后的 30 年，特别是 21世纪的第一个十年，伴随着全球化进程，发展中国家作为一个整体，其经济增长率明显高于发达国家，这从双方在世界经济总量中的占比变化中亦得到了相应的反映，呈现出"南升北降"

的演化态势。发达国家经济体和以 G7 为代表的主要发达经济体的 GDP 世界占比不断下降，而新兴市场国家、发展中国家的 GDP 世界占比持续上升。

（二）美西方主导的全球治理体系的代表性、包容性不足

国际权力转移背景下，新兴国家扩大自身权力、增强国际影响力的诉求受到现行全球治理体系的极大限制。随着新兴市场国家和发展中国家经济实力的增长，其参与全球治理的意愿高涨，而现行全球治理体系的权力分配与新兴市场国家和发展中国家快速崛起的事实不相匹配，未能充分体现新兴市场国家和发展中国家的代表性和发言权。当前全球治理体系是以美国为首的西方国家主导，由以联合国为中心的国际安全体系和以三大国际经济组织（世贸组织、世界银行、国际货币基金组织）为中心的国际经济体系组成。这一体系的运行模式是大国协调为中心、中小国家共同参与。发达国家处于治理的"中心"，充当治理者的角色，发展中国家则处于治理的"外围"，充当被治理者的角色，发达国家牢牢控制着国际规则的制定权，为谋取本国利益服务。例如，美国占有国际货币基金组织 16.52% 的投票权，在重大事项决议中拥有一票否决权，而作为新兴经济体代表的中国的投票权仅为 6.09%。美国为首的西方国家对当前全球治理体系缺乏合法性和代表性的事实不但置之不理，而且肆意阻挠对其进行必要改革。

以金砖五国为代表的新兴国家，就是希望通过合作参与的方式使现行的全球治理体系更能反映公平公正的理念和发展中国家的诉求，并希望通过这一进程推动国际关系的民主化，改革和完善全球治理体系，推动不同领域、多个层次的改革。

（三）经济全球化下风险与挑战凸显，对全球治理提出更高要求

经济全球化的深入发展，不仅使全球治理变革加快，还让各国加大联系，全球命运与共、休戚相关。随着商品、技术、信息，特别是资本在全球范围内自由流动和配置，发达国家和发展中国家在内的各国经济你中有我、我中有你，相互交织。特别是进入 21 世纪后，经济全球化在各个层面席卷全球，以信息革命为先导，新一轮科技革命和产业变革奏响了世界互联互通的新乐曲，各种新技术、新制度把世界更加紧密地联系在一起，社会、经济与政治层面的跨域活动交互影响，生产要素在全球范围内进行优化配置，各国在经济上高度相互依赖，全球利益共享和责任共担进一步深化。

与此同时，除了经济上的相互依赖以外，人类也处于一个挑战层出不穷、风险日益增多的时代。全球问题不断增多对全球治理提出了更高的要求，但美欧等现行体系的主导国家无力单独应对。发展鸿沟日益突出，兵戎相见时有发生，冷战思维和强权政治阴魂不散，恐怖主义、难民危机、重大传染性疾病、气候变化等非传统安全威胁持续蔓延。这使得国际社会在安全领域的相互依赖程度不断上升。全球面临着"治理赤字、信任赤字、和平赤字、发展赤字"等挑战。这些挑战已经涉及经济、政治、安全、环境等方面：美国经济危机、希腊主权债务危机、欧债危机等区域性、全球性经济危机频发；以基地组织、宗教极端势力、欧洲恐袭事件为代表的国际恐怖主义、宗教极端主义有抬头趋势；全球气候变暖、生物多样性受损、能源危机等生态问题更加凸显，这些问题都给全球治理带来新的挑战；新冠肺炎疫情在全球范围内爆发，重创全球经济，为全球公共卫生治理敲响警钟；促进贸易投资便利化、维护金融稳定、推进政治关系发展等传统议题的解决刻不容缓。面对日益增多的挑战，没有哪个国家能够独自应对，没有哪个国家可以退回到自我封闭的孤岛。所有这些，都意味着人类社会已经是具有共同命运的整体。正如习近平主席所指出的，"各国人民形成了你中有我、我中有你的命运共同体"。这些现实情势呼唤着新的全球治理引领者出现。

二、金砖国家合作推动构建人类命运共同体的实践成果

（一）金砖合作的机制化建设日臻完善，汇聚金砖力量

金砖合作启动以来，基本形成了以领导人会晤为引领，以外长会晤、安全事务高级代表会议、经贸部长会议等为支撑，以智库理事会和工商理事会为平台的全方位、多层次、多领域的合作框架体系。近年来，金砖国家合作机制不断完善，已发展成为新兴市场国家在经济、金融和发展领域交流与对话的重要平台，成为维护世界和平稳定、带动全球经济增长、加强多边主义、促进国际关系民主化的重要力量，各国推进人类命运共同体的共识越发强烈。

金砖峰会作为金砖合作机制中最重要的领导人会晤平台，对金砖合作起到政治、战略引领作用。2009 年 6 月，金砖国家领导人在俄罗斯举行首次正式会晤。这次会晤正式启动了金砖国家之间的合作机制。2013 年，金砖国家领导人第五次峰会发表了《德班宣言》，决定设立金砖国家开发银行、外汇储备库，推动构建金砖国家与非洲国家伙伴关系，举行了金砖国家与非洲领导人首次对话会。2014 年，金砖国家领导人第六次峰会签署了《关于建立金砖国家应急储备安排的条约》。2015 年，金砖国家领导人第六次峰会召开前夕，金砖国家新开发银行召开了首次理事会会议，任命印度人卡马特为首任行长，总部设在

上海，金砖国家未来的金融合作步入实际操作阶段。金砖国家新开发银行的成立标志着金砖合作开始从"概念"走向"实体"，从"论坛化"走向"机构化"。2017 年，中国作为金砖国家轮值主席国，在厦门市举办了金砖国家领导人第九次峰会，通过《金砖国家领导人厦门宣言》。会议提出了"金砖 +"合作模式，通过了南南合作援助基金，举行了新兴市场国家与发展中国家对话会。2018 年至 2020 年，金砖国家领导人峰会分别在南非、巴西和俄罗斯举行，金砖国家领导人达成多项政治共识，从而为经济和政治合作的展开打下了坚实基础。依据领导人的政治共识所建立起来的安全事务高级代表会议机制、外长会议等官方机制，以及工商理事会、智库理事会等非官方机制，可以为金砖国家协调立场、凝聚共识、推进全球治理中的金砖合作提供制度保障。

金砖国家还建立了安全事务高级代表会晤、联大外长会晤、常驻多边机构使节非正式会晤机制，在国际问题上保持密切沟通，并在 G20 框架内建立了财长和央行行长会晤机制，在提升发展中国家的发言权，维护广大发展中国家的合法权益等方面发挥了不可替代的作用。

（二）金砖国家的经济合作日益拓展，为全球发展注入动力

经济领域一直是金砖国家合作的关注重点，各国兼顾各方利益的同时找出共同的利益方向，充分发挥和利用各方优势及

资源，给东道国经济发展和民生改善带来了实在好处，为构建人类命运共同体奠定坚实的基础。

其一，金砖国家积极推动国际货币金融机构份额和投票权改革。2009 年，在巴西、俄罗斯、印度和中国"金砖四国"财长和央行行长会议上，"金砖四国"提议国际货币基金组织和世界银行分别转移 7% 和 6% 的份额和股权，以保证发达国家和发展中国家享有平等的投票权，这样新兴市场国家和发展中国家在两机构中占有的总体份额与其在世界生产总值中所占份额大体持平。2014 年 7 月，金砖国家领导人再次推动国际货币基金组织改革进程的方案，制定反映各国经济总量在世界经济中权重的新份额公式，同时改革特别提款权货币组成篮子。

其二，金砖国家积极维护全球自由贸易体制，金砖国家始终支持以世界贸易组织为核心、透明、以规则为基础、开放、包容和非歧视的多边贸易体系，并为此重申支持必要和迫切的改革，维护世界贸易组织核心地位、核心价值和基本原则。例如，在 2011 年的三亚峰会中，金砖国家等新兴经济体以多边贸易体系为主题，倡导世界贸易组织各成员国拥抱以世界贸易组织代表的多边贸易体系。

其三，金砖国家努力落实《金砖国家经贸合作行动纲领》《金砖国家投资便利化合作纲要》《金砖国家经济伙伴战略2025》，不断提升贸易投资自由化便利化水平，在贸易投资便利化及互联互通合作框架、路线图和概要方面取得积极成果，包括通过加强贸易投资便利化、服务贸易、电子商务，以及与金砖国家知识产权管理部门合作活动相协调的知识产权合作、经济技术合作、中小企业和妇女经济赋权等领域合作，加强政策分享、信息交流和能力建设，批准建立自愿参与的金砖国家示范电子口岸网络，启动金砖国家共建新工业革命伙伴关系创新基地。

其四，建立新金融机制。在 2014 年召开的福塔莱萨峰会上，金砖国家设立了金砖国家开发银行，并签署了《关于建立金砖国家应急储备安排的条约》，应急储备安排初始承诺互换规模为 1000 亿美元。该安排是在有关金砖国家出现国际收支困难时，其他成员国向其提供流动性支持、帮助纾困的集体承诺。金砖国家建立应急储备安排具有里程碑意义，是新兴市场经济体为应对共同的全球挑战、突破地域限制创建集体金融安全网的重大尝试，为金砖国家建设性参与全球经济治理提供合作平台，提高金砖国家在国际经济事务中的影响力和话语权，推动全球经济治理体系朝着公正合理的方向发展。

（三）金砖国家的安全议题不断推进，凝聚正义之声

安全议题是金砖国家合作的重要组成部分，金砖机制本身也是人类历史上第一次大国集体性崛起，旨在寻求和平、合作的目标。面对国际局势中不稳定、不确定、不安全因素上升，

金砖国家相互尊重主权、安全、发展利益，推动构建共同、综合、合作、可持续的安全观，共建人类安全共同体。

安全问题是历届金砖国家领导人峰会磋商的重要议题。在2022年金砖国家三场活动中，习近平主席的前两次讲话，都首先提到和平，并着重提及了"全球安全倡议"，倡导坚持共同、综合、合作、可持续的安全观，在金砖平台上汇聚起更紧密的正义之声。此外，在本次金砖国家领导人会晤前2个月，金砖国家围绕乌克兰问题阐明立场，支持俄乌持续对话和谈判。在金砖国家领导人会晤前1个月，金砖国家外长会召开，达成求和平的重要共识。

在机制建设方面，从2009年开始，金砖国家安全事务高级代表会议已召开了12次，来自金砖各国的国家安全顾问、国家安全委员会代表等就国际形势、全球治理、地区热点问题、战略和安全问题、反恐问题、网络安全、能源安全、生物安全等议题进行商议，是金砖国家讨论并开展政治安全领域合作的重要平台，对金砖国家加强战略沟通、增进政治互信、提升国际事务影响力具有重要意义。

面对网络安全等非传统安全问题挑战，金砖国家建立了有关安全合作的工作组，网络安全专家工作组、信息通信技术使用安全合作工作组、反恐工作组等。例如，2015年7月，金砖国家领导人第七次会晤决定建立通信领域会晤机制，组建金砖国家信息通信技术使用安全专家工作组，以推进安全问题的信息和最佳实践分享、深化在打击网络犯罪方面的有效协调、建立成员国间联络点等领域合作。反恐工作组也是金砖国家安全合作的一大亮点。经过金砖国家反恐工作组的不懈努力，成员国达成反恐行动计划，将联手在反恐、去极端化、打击网络恐怖主义等领域深化合作。

（四）金砖国家的人文交流持续深化，巩固合作基础

"国之交在于民相亲，民相亲在于心相通。"虽然金砖国家分布在亚洲、欧洲、非洲和美洲大陆，文化、宗教、语言差异十分突出，但各国通过人文交流合作、鼓励企业严格履行企业社会责任、加强与东道国政府及民众的友好沟通和交流等方式，金砖国家合作从夯基垒台、立柱架梁向落地生根、持久发展，促进了利益交融、权责共担、同舟共济的命运共同体意识。

人文交流机制在多边和双边层面不断巩固。金砖国家人文交流在文化、教育、卫生、体育、科技创新等领域已建立定期的部长级会议机制，同时中国还分别与其他四国定期举办人文交流活动，形成了金砖多边与双边人文交流机制共同发展的特点。在多边层面，2014 年，在巴西举行的金砖国家领导人第六次会晤，首次将人文交流作为目标之一写入峰会宣言。之后，人文交流会晤的部门拓展至议会论坛、青年峰会、文化、体育、旅游、妇女、媒体等十余个领域。2015 年 6 月，首届金砖

国家文化部长会议在俄罗斯莫斯科举行。2017 年，金砖国家领导人第九次会晤在中国厦门举行，峰会提出要将人文交流打造成金砖国家合作的第三支柱，金砖国家达成《落实〈金砖国家政府间文化合作协定〉行动计划（2017—2021）》等系列文件，并成立图书馆联盟、博物馆联盟、美术馆联盟和青少年儿童戏剧联盟，人文交流与合作领域不断拓展。

在双边层面，中国目前已经建立的 10 个中外高级别人文交流机制，其中涉及金砖国家的就有 3 个，分别是中南、中印、中俄高级别人文交流机制，进一步构成了金砖国家人文交流机制的软架构。虽然中国和巴西还未建立高级别人文交流机制，但双方在人文交流方面取得实质性成果。巴西是设立孔子学院和孔子课堂最多的拉美国家，从 2008 年起第一家孔子学院在巴西成立开始，到 2017 年底为止，巴西已经有 10 所孔子学院和 5 所孔子学堂。华为与巴西教育部的合作项目覆盖了巴西 5 所顶尖信息通信技术大学，为巴西培养了 3 万多名通信科技人才。

总之，人文交流合作已与政治合作、经济合作共同构成了金砖国家合作的三大支柱，并且是潜力巨大的金砖国家合作增长点。

（五）金砖国家生态环境领域合作加强，推动全球治理迈向新阶段

构建人与自然生命共同体是构建人类命运共同体的重要组成部分，维护生态系统的正常有序也是构建人类命运共同体的目标。近年来，金砖国家相继提出了在应对气候变化领域的目标，在环境合作意愿、环保项目落实等方面取得积极成效，为全球生态文明发展贡献力量。

首先，推进绿色低碳发展，深化生态环境合作，为全球绿色低碳发展提供金砖动力已成为金砖国家的重要共识。2011—2014年的四次金砖国家领导人会晤都将应对气候变化放在重要位置。2015年，金砖国家气候与环境合作机制的正式构建则取得了实质性进展，并最终推动《联合国气候变化框架公约》的近200个缔约国于当年12月12日一致同意通过《巴黎协定》，为2020年后全球应对气候变化行动做出安排。2020年，可持续发展也被列入《金砖国家经济伙伴战略2025》重点合作领域。2022年5月，第八次金砖国家环境部长会议审议并通过《第八次金砖国家环境部长会议联合声明》，提出要加强政策对话，开展联合研究，在应对气候变化、生物多样性保护、海洋环境保护等领域开展合作，为金砖国家合作沿着绿色低碳方向发展做出指引。

其次，金砖国家新开发银行（新开发银行）在支持绿色基础设施建设方面发挥重要作用，是其主要的开发融资来源。

2015 年至今，新开发银行已经批准了超过 310 亿美元贷款，用于建设具有韧性和可持续性的基础设施，例如，可再生能源基础设施、交通基础设施、涉及改善卫生和教育成果的社会基础设施等。

三、金砖国家推动构建人类命运共同体的挑战

（一）大国竞争下金砖国家合作的政治环境恶化

美西方对金砖国家的抹黑、污蔑从未间断。当下，逆全球化思潮、贸易保护主义抬头，中美的战略冲突加剧，拜登政府竭力勾连印度，遏制中国，意图推动印度与金砖离心离德，恶化了金砖国家合作的战略环境。

其一，美国鼓吹印度是全球发展中国家中最大的民主国家典范，不应与中俄所谓"威权政治"捆绑在一起。美设法邀请印度、巴西加入"七国集团"，进而组建"民主十国"。在西方引诱拉拢之下，印度国内也频现印度须与金砖脱钩的声音，叫嚷印度应与西方一起捍卫民主价值体系，转向投入由所谓的"民主国家"组成的"印巴南"三边对话机制，顺势推动"民主十国"联盟体系的构成，从而加强美国领导的意识形态同盟，在全世界强化自由民主国家。

其二，美国在安全上推行"印太战略"，拉拢印度构建"美日印澳"四国安全同盟，企图构建所谓印太版"北约"，单方

面加剧中美战略竞争。近年来中印两国在尼泊尔、斯里兰卡、马尔代夫等国的竞争加剧，印度为了制衡中国，一改过去拒绝外部干预的做法。而美国提出的"印太战略"从一定程度上对中国构成牵制，符合印度的利益。在这样的背景下，印度与美国达成共识，积极塑造"印太"概念。印度国内不乏随美起舞者，声称"金砖褪色论""金砖已死"，称金砖机制是中国"谋求全球霸权的工具"，主张印度加入由西方安排的各种经济、安全合作机制。

（二）金砖国家内部存在分歧和矛盾

长期以来，金砖国家因为面临多元因素的挑战，金砖共同利益和成员国利益之间的差异，阻碍着合作的深度与力度。

由于历史和现实原因，中印关系一直跌宕起伏。印度将中国视为最大的竞争对手，在印太战略、对美关系、巴基斯坦问题、非洲问题等多个方面，印度都与中国存在分歧。印度试图获得区域内更大的影响力，视中国的发展为其阻碍。印度将中国的"一带一路"倡议视为严重威胁，认为该倡议将削弱印度在该地区的软实力、影响力，进而导致印度在这一架构中被逐步边缘化。印度对中国的误解与战略疑虑，导致其对金砖国家的发展持消极观望态度。并且，中印边境冲突更是金砖国家彼此构建紧密信任关系的严重障碍，虽然中印双方就边境问题的解决展开了多轮对话，但是由于多种复杂因素的影响，长期以来这一问题仍未得到妥善处置。比如 2017 年印度因洞朗事件险些缺席金砖国家厦门峰会，2020 年印度在加勒万河谷地区挑起的新一轮军事冲突，不仅给金砖国家内部信任关系的建设带来阻力，也引发了国际社会对金砖国家合作的负面认知。

此外，在金砖国家合作中，也有个别国家出于自身利益考虑，使金砖国家的集体行动陷入一定困境。例如，巴西拒绝联署金砖国家关于 WTO 改革的声明；2019 年 2 月，巴西同样拒绝联署由中国和印度等 10 个发展中成员提出的针对美国改革提案的分析文件。随后，巴西公开表示放弃其在世贸组织中属于发展中国家的"特殊和差别待遇"，以换取美国对巴西加入经合组织的支持。巴西此举也反映了金砖国家内部分歧，促成金砖国家集体行动受到多重因素制约。

（三）疫情后金砖国家面临经济复苏压力

一方面，疫情后金砖国家经济增长动力不足。事实上，在疫情前，金砖国家中除了中国和印度保持了较为稳定的经济增长以外，巴西、俄罗斯和南非纷纷出现经济发展缓慢问题，甚至出现滞胀。疫情后，新兴经济体和众多发展中国家遭受重创。抗疫过程中，发达国家不仅拥有疫苗、先进的医疗水平等优势，且通过强大财政货币政策进行空前纾困，部分发达经济体开始复苏。金砖国家等新兴市场国家和发展中国家不但缺少疫苗，无力做到有效医卫防护，更缺乏财力支持，经济复苏艰难。预计 2022 年新兴市场和发展中经济体增长率将从 2021 年的 6.3% 降至 4.6%，预计 2023 年降至 4.4%。世界银行报告预测，半数以上低收入国家已然深陷债务困境或面临债务困境高风险，低收入和中等收入国家的债务已升至近代史上的最高水平。其中，金砖国家等新兴市场国家总债务达到近 92 万亿美元，债务水平增幅最大，严重影响疫后经济复苏的持续性。经济复苏乏力反过来影响就业恢复和居民收入增加，不利于社会和政治稳定。

另一方面，全球经济治理主体单一，广大发展中国家享有的全球发展红利十分有限。尽管金砖国家在推动全球治理体系方面做出巨大努力，但以美国为首的西方国家，由于其自身的先发优势和强大的经济力量，长期以来一直处于全球经济治理的主导地位。面对中国等新兴经济体在世界经济复苏中扮演的角色，美国力图变革那些不利于维护其垄断利益的国际规则，如放弃打破世界贸易组织多哈回合贸易谈判的努力，意图通过新的区域贸易规则取代现有体制，这给国际经贸关系带来了严重的负面影响。

（四）金砖国家人文交流的效果亟待提升

一是金砖国家的人文交流合作的机制化程度较低。金砖国家尚未建立统一的人文交流与合作机制，也没有各领域交流与合作的联系机制，各种机制之间缺乏应有的合作与协调，容易产生效率低下、内耗等问题。

二是金砖国家的人文交流活动由官方筹措的多，而民间投入不足。一方面，由政府主导的活动容易造成距离感、影响力有限，普通民众容易对此产生距离感和戒备心理，一旦交流过程中出现问题，更容易出现抵触情绪；另一方面，由政府主导的人文交流活动较少考虑市场因素，对投入成本和收益缺乏综合考虑。人文交流有其自身的发展规律，在政府搭好台后，应在随后的人文交流过程中遵循市场的规律。

三是人文交流过度聚焦于文化展示，深度有待提高。文艺展演是推动世界各国之间的文化交流的重要形式，但这更多偏向于"展示""宣传"而非"交流"，重"文化"而非"人与人"的交流。参与民众在整个过程中以"看热闹"或感受氛围为主，难以达到深层次的人文交流。在教育领域，孔子学院很大程度上还是起着推广中国语言和文化的作用，但具有"交流互动"性质的活动并不多。这样的文化交流方式使中国文化的传播大多停留在表面，难以将代表中国核心价值观和具有中国文化底蕴的内容传递给共建国家的民众。

四、汇聚金砖力量推动人类命运共同体建设的路径

金砖国家合作面临政治风险、内部分歧、经济挑战、人文

交流等问题。为进一步推动金砖国家合作，构建人类命运共同体，提出以下解决路径。

第一，加强沟通与协商、加强与其他治理主体的合作。一是做好团结和斗争的双重准备，努力维护良好的国际合作环境。妥善处理与欧美发达国家的关系，整体上争取推进双方在跨境国际议题治理上的共识与合作，例如，中国和以美国为首的西方国家在气候变化、生态失衡、恐怖主义等领域存在广阔合作空间。二是要促进金砖国家合作机制与联合国、世贸组织、世界银行、G20 等全球性国际组织的合作，使其成为金砖国家就全球治理问题发声和强化自身主张的重要媒介。例如，2017 年，金砖国家首次以集体的形式在联合国大会上就共同发展问题作联合发言，既向国际社会充分表明了五大成员国在共同发展问题上的一致立场，也在发展多边外交方面取得了显著成效。三是建立各国间的合作交流平台，除了现有的金砖国际领导人峰会论坛，还应充分利用如"一带一路"高峰论坛、博鳌亚洲论坛、中国国际进口博览会等，推动金砖各国形成以高峰论坛为引领、各领域多双边合作为支撑的架构。四是要做好金砖国家合作的国际传播。面对国际上的刻意抹黑，要加大宣传和引导力度，以事实打消个别国家或组织的质疑。充分发挥民间组织的作用，多渠道加强与基层群众的交流与合作，面向基层民众，开展医疗卫生、教育培训、精准扶贫、智库建设等方面的民间合作，为民众提供更多的公共物品，用实际行动造福沿线国家和人民。充分发挥新闻媒介的力量，讲好金砖国家的合作成果，营造有利的国际舆论环境。

第二，加强政治引领，展开充分对话，化解分歧。一是继续发挥金砖国家高层交往的政治引领作用。面临当前政治、经济挑战，金砖国家政府需要以更大的政治勇气和智慧为金砖国家伙伴关系的发展增添稳定剂，要通过定期的、制度化的交往，就国际重大问题进行磋商、沟通，增进理解、消弭分歧，积累战略互信。各国应摒弃地缘政治思维限制，发扬开放、包容、合作、共赢的"金砖精神"，谋求合作与发展，维护地区和国际的和平与稳定，将发展产生的问题用发展来解决。二是展开充分对话，深化金砖间共识。在公平对话的基础上，主体和客体通过商谈讨论，达成共同思维、观点，主体在向客体传达观点的过程中，运用恰当的表达，使客体充分理解、分享知识，并最终使客体接受主体的观念，最终达到双方认同的效果。正如习近平主席所说的，金砖国家不搞一言堂，凡事大家商量着来。金砖各国应积极开展各领域、各层级的双边或多边对话，扩大共同体理念的认知范围，促进共识的实现。面对矛盾分歧，更应采取政府间、民间等层面的有效对话沟通，协商解决。三是寻求建立更为合理的制度，培育和保障金砖国家间的信任。制度的建立与参与有助于降低国家间行为的风险，尤其是好的制度能够增加行为体之间的透明度，提高信息质量，消除国家间疑虑，促进信任的生成，进而建立合作避免冲突。

第三，以发展促进经济复苏，将保障民生置于核心。一是推动全球经济治理体系改革，支持维护和完善多边经济治理机制。中国是现行全球经济治理体系的受益者，维护以联合国宪章宗旨和原则为核心的国际秩序，促进建立以互利共赢为核心的新型国际关系与治理机制，是应对全球挑战的务实选择。中国应坚持维护世贸组织等国际组织的权威地位，维护其公平性、公正性、公开性、代表性和有效性，并在此基础上，逐步探索新的全球经济治理机制。积极推动国际治理体制的变革，逐步取消经济特权和不合理的做法，加强发展中国家和新兴经济体制定规则和制定议程的能力，增加其比重，提升其在世界经济治理体系中的话语权。二是要推动更高水平的对外开放和发展。高水平的对外开放是实现高质量发展的先决条件。坚持以开放的世界经济为基础，把握全球发展趋势，强化宏观政策协调，发展科技提升发展动能，维护全球产业链供应链稳定性，防止某些国家政策调整产生严重负面外溢效应，促进全球平衡、协调、包容发展。在更广领域扩大外资市场准入，更大力度加强知识产权保护国际合作，更大规模增加商品和服务进口，更加有效实施国际宏观经济协调政策，更加重视对外开放政策贯彻落实。三是坚持以人民为中心，把促进发展、保障民生置于突出位置，开展以人民的福祉优先的行动。进一步完善全球价值链、产业链、供应链，让广大发展中国家能够更好地参与全球分工并从中受益。深化农业、卫生、减灾、水资源等领域的合作，着力解决发展不平衡不充分问题，为地方经济和社会发展做出切实的贡献。要关注发展中国家紧迫需求，围绕减贫、粮食安全等重点领域推进务实合作，推广粮食生产、加工、仓储、物流、贸易等技术和经验，积极开展粮食领域的合作。

第四，增强跨文化交流、加强民众间的全方位交往。一是加强各国民众在日常生活和工作中的交往。从根本上来说，促进人文交流靠的是各国人民的实体接触与虚拟空间中的交往，在交往中展现友好的姿态，树立良好的形象，共建美好的事物，这不是盛大排场的政府工程能够达到的效果。在金砖国家合作中，各间的跨国互动急剧增多，在国外的中国人和在中国的外国人就是实现民相亲、心相通的关键桥梁。要坚持从普通民众的角度出发，为中国人国外务工、学习以及外国人来华经商求学提供更多机会和政策引导，以实现人民间的全方位接触。通过长时间的、深层次的接触，各国人民才会对彼此知根知底，不止接触到对方对外所展现的恢宏与华丽的那一面，也能了解到最底层的、最本土、最具特色的那一面。二是弱化人文交流的官方政治色彩，激发民间组织的活力。弱化人文交流的政治色彩，让政府进行角色转变，从人文交流的主导者变为引导者。在搭建好人文交流的台子后退居幕后，把舞台交给半官方性质的民间组织、纯民间组织、企业和普通百姓。鼓励中国文化企业走进国外、回馈当地社会、成立社会责任联盟，鼓励华人华侨发挥自身的纽带作用，依托其讲述好中国故事，增进各个国家对中国的认识和金砖国家发展合作的共鸣。三是增强不同文明间的互动，引进更多国外的文化资源。中国应始终保持平等的心态，从不同的文明、文化中汲取养分。应在文化产业上与共建国家展开对话，促进其文化市场的开放和文化资源的整合，发掘有特色的文化产业的增长点，共同将其做大、做强。

刘诗琪

第十三章

金砖国家与《联合国 2030 年可持续发展议程》

当前世界正经历百年未有之大变局，全球发展与治理已经步入调整的深水区。发达国家与发展中国家之间的发展差距十分突出，南北国家间的发展鸿沟非常大，全球发展仍处于不平衡不充分的阶段，各国社会矛盾日益加深，国际社会的和平发展也面临着重大阻碍。金砖国家概念自提出以来，就成为了新兴市场国家和发展中国家的代表，在动荡和变革时期，其为促进世界和平发展，推动多边主义形成，构建新型国际关系，为国际关系注入稳定和正能量等发挥了重要作用。

2015 年，联合国 193 个成员国一致通过《联合国 2030 年可持续发展议程》（以下简称《2030 年议程》），这是历史上第一次由世界各国共同推动的为人类、地球、繁荣、和平和伙伴关系发展的全球行动计划，旨在改变人们对 2030 年以后发展的价值观和愿景，这为金砖国家提供了进一步可持续发展的强大动力。在过去七年中，联合国及各国努力落实《2030 年议程》，金砖国家也取得了一些进展，在全球治理合作方面的实力不断增强。在世纪疫情来袭的当下，中国主动提出《全球发展倡议》，积极地推进全球合作发展，特别是加强了金砖国家同新兴市场国家和发展中国家之间的团结与合作，这将为加快联合国《2030 年议程》的实施带来重要的意义。

一、金砖国家是推动落实《2030 年议程》的重要力量

根据《2030 年议程》提出的 17 项可持续发展目标，都是密切关注当今世界发展的关键问题，包括消除一切形式的贫穷与饥饿、确保健康和福祉、共同应对气候变化、促进经济增长和建立可持续发展全球伙伴关系。它们涉及经济、社会和环境的各个方面，涉及全人类发展的共同利益。

自《2030 年议程》通过以来，金砖各国积极采取行动，通过立法和发展规划将可持续发展目标转变为国家发展目标。其中，俄罗斯、印度、巴西和南非在各自的国家规划文件中阐述了大多数可持续发展目标。2021 年，中国也发布了《中国落实 2030 年可持续发展议程进展报告》，提出了实施该议程的指导思想、总体原则、总体路径和实施方案，并成立了由 45 个政府机构组成的跨部门协调机制。持续推动《2030 年议程》各项任务在中国的持续实施。多年来，金砖国家通过团结和积极推

动，形成了加快实施《2030 年议程》的重要力量。

在经济增长方面，过去 20 年来，中国是全球主要经济体当中发展最快的国家，根据 GDP 数据，2001 年中国的 GDP 总额为 1.3 万亿美元，占当时世界 GDP 的比重不到 4%，2021 年中国 GDP 总额及占世界 GDP 的比重分别上升到 17.7 万亿美元和 18.5%，20 年间增长了 13.6 倍。同为金砖国家之一的印度在 2001 年的 GDP 为 4854.4 亿美元，而在 2021 年其 GDP 也超过 3 万亿美元，在全球的占比由 1.4% 上升到 3.2%，20 年间增长了 6.5 倍。此外，中、印、俄、巴均是世界 GDP 排名中前十名的经济体，南非则是非洲第二大经济体。2021 年金砖国家的 GDP 总额为 24.7 万亿美元，占世界比重的约四分之一。与 20 年前相比，金砖国家经济增长了 8 倍。经济的持续增长，为解决其他各方面的问题提供了有力支撑。

在消除贫穷和饥饿方面，2021 年国务院发表了《全面建成小康社会：中国人权事业发展的光辉篇章》白皮书。白皮书指出，中国在 2020 年已经消除了绝对贫困，提前 10 年实现了可持续发展目标中的减贫目标。巴西在过去的近 20 年间也一直致力于与贫困做斗争。例如 2003 年主导建立的"家庭补助金"计划，有条件性地以现金补贴低收入人群，如必须保证儿童入学的出勤率、疫苗接种等，受益人口达数千万人，因此巴西在相当长时间内都被看作"拉丁美洲反贫穷"政策的标杆；2009 年巴西又推出"我的房子 我的生活"计划，通过

单位：万亿美元

■ 金砖国家　■ 全球　── 金砖国家在全球经济中的占比

图 13-1　2001—2020 年金砖国家 GDP 与全球总值对比

数据来源：世界银行

在中央银行的资金支持下实现为低收入家庭提供税收减免、购房保险等住房优惠政策，使数百万个家庭从中受益。另一方面，全球四大粮食生产国中，中国、印度和巴西均为金砖国家，金砖五国粮食总产量约占全球的三分之一，促进五国农业农村可持续发展，对于维护全球粮食安全十分重要。金砖国家要进一步发挥更大的主导作用，并贯彻落实《金砖国家农业合作行动计划（2021—2024）》，助力 2030 年前消除全球饥饿和贫困。当前，全球每天仍有着将近 8 亿人生活在饥饿中，金砖国家需要进一步加强多边和双边农业合作，坚持以世界贸易组织为核心的多边贸易体制，共同为实现联合国的零饥饿目标做出更大贡献。

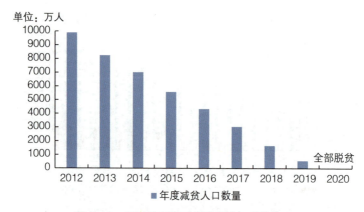

单位：万人

图 13-2　2012 年以来中国贫困人口变化情况

数据来源：2021 年 4 月 6 日国务院新闻办公室发布的

《人类减贫的中国实践》白皮书

单位：百万吨

图 13-3　2011—2020 年金砖国家谷物产量及其占全球总值的比重

数据来源：联合国粮食及农业组织数据库

　　在新冠肺炎疫情防控方面，自疫情爆发以来，金砖国家间有效开展了疫苗援助与疫苗研发合作。中国率先承诺将疫苗作为全球的公共产品，仅 2021 年，中国已向 120 多个国家和国际组织提供超过 15 亿剂新冠疫苗，是向发展中国家提供疫苗数量最多的国家。在疫苗研发合作方面，中国疫苗企业至今已在阿联酋、印尼、马来西亚、埃及、巴西、土耳其、巴基斯坦、墨西哥等十多个发展中国家启动了合作生产；2022 年 3 月，金砖国家疫苗研发中心在线上正式启动，将进一步深化未来五国间疫苗的联合研发及生产合作，共同筑牢抗击疫情的"金砖防线"。

在应对气候变化方面，金砖国家采取一系列综合措施。作为快速成长的经济体，尽管金砖国家仍处于工业化阶段，资源需求和环境发展带来的压力仍然非常大，比如中国在 2020 年的全国碳排放量占全球碳排放量的比重上升至 31.5%，达到 106.7 亿吨，这远远超过了排在第二位的美国。但是中国和其他金砖国家已将环境问题和绿色发展纳入各自的发展议程和实际行动中来。2017 年在金砖国家厦门峰会上，五国领导人就庄重表示"致力于在可持续发展和消除贫困的框架内继续推动发展绿色和低碳经济，加强金砖国家应对气候变化合作，扩大绿色融资"，从而把促进碳交易和绿色融资写入了《厦门宣言》中。金砖国家作为重要的新兴市场国家和发展中大国，多年来在共同应对气候变化上不断推动着彼此务实合作，展现了金砖国家的大国担当，尤其包括增加环保投资和低碳投资，加强污染控制，重建能源生产体系，促进新能源的开发和利用，进一步完善新能源市场，加快清洁能源转型，减少化石能源消耗，减少排放，提高能效。总之，金砖国家在未来还将不断朝着绿色方向前进，在应对气候变化问题上不断增强合力，带动更多发展中国家实现绿色复苏和绿色转型升级，确保了《联合国气候变化框架公约》和《巴黎协定》的全面有效实施。

在建立可持续发展全球伙伴关系方面，金砖国家建立了多种务实合作机制。双方在商贸、金融、科技、农业、文化、教育、卫生、智库等数十个领域开展务实合作，不断增强金砖国家的互补性和多样性。目前，金砖国家拥有一套相对完整的组织合作机制，以及全方位、多层次、多领域的合作框架体系。2022年为金砖"中国年"，全年已在计划中的各级别会议和活动已有181个，涵盖政治安全、经贸财经、人文交流、可持续发展和公共卫生等领域，推动了金砖合作在多方面继续取得重要进展。金砖国家已从最初的投资理念演变为对重要的全球政治问题和国际经济治理具有重大影响的多边合作机制。

16年来，金砖国家始终遵循求同存异、共同发展的理念，在合作过程中重视各国的共同利益，相继制订了一批重要的合作成果文件，为解决南北发展失衡、促进世界经济增长提供强劲动力。金砖国家合作机制塑造了金砖国家开放、包容、合作共赢的精神。中国始终维护新兴市场国家和发展中国家的共同利益，始终将促进发展中国家的发展视为自己的责任。通过加强合作，2022 年以来，五国先后启动了加强供应链合作倡议、贸易投资与可持续发展倡议，通过了海关合作与行政互助协定、粮食安全合作战略，首次举办了应对气候变化高级别会议，不断推动务实合作。

二、协调性不足是推动可持续发展议程实施的主要问题

当前，尽管金砖国家正通过共同努力，积极推动减贫工作，树立全面、协调、可持续发展的理念的同时，大力推进绿色发展、循环发展和低碳发展，有效应对全球气候变化，增强可持续发展能力。但作为新兴市场国家，金砖国家本质上仍是发展中国家。它们在发展中有着内在的矛盾，协调性不足仍然是阻碍金砖国家促进可持续发展的主要问题。

（一）成员国之间的发展差距过大导致进一步发展的动力不足

整体上，金砖国家的土地面积、经济总量和人口规模占全球发展的很大份额。2021 年，金砖五国的 GDP 总额超过了美国，其在全球 GDP 中的份额也上升到近四分之一。然而，五国的发展水平极为不对称。中国的 GDP 总额为 17.7 万亿美元，占金砖四国总经济产出的 71.8%。印度经济近年来也发展

迅速，2021 年 GDP 超过 3 万亿美元，占金砖国家经济总量的
12.8%。俄罗斯和巴西的发展相对"平均"，但在过去十年中，
两国以美元计价的 GDP 总值不增反降，在 2021 年两国的 GDP
总额分别为 1.8 万亿美元和 1.6 万亿美元，占金砖国家经济总
量分别为 7.2% 和 6.5%。南非是金砖五国中经济规模最小的国
家，其 GDP 只有 0.4 万亿美元，占金砖国家经济总量的 1.7%。
相比之下，中国的经济规模几乎是印度的 6 倍，大约是俄罗斯
和巴西的 10 倍，是南非的 44 倍。可见，金砖五国的发展极不
平衡。

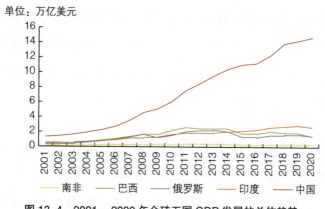

图 13-4　2001—2020 年金砖五国 GDP 发展的总体趋势
数据来源：世界银行

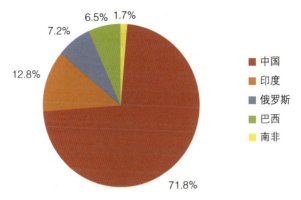

图 13-5　2021 年金砖各国 GDP 占总值的百分比

数据来源：世界银行

　　迄今为止，金砖国家尚未建立促进成员国之间可持续发展的协调机制。数据显示，中国经济发展在过去 20 年中增长了 13.6 倍。与此同时，在发展民生、改善投资、消除贫困和解决饥饿方面取得了空前的成绩。毫无疑问，在金砖国家中，中国的经济影响力、政治影响力都得到了史无前例的提升。其次，印度和俄罗斯的经济规模分别增长了 6.5 倍和 5.8 倍，属于金砖国家经济发展的第二梯队。印度经济的快速发展主要得益于其不断增长的人口。近年来，印度有望超越中国，成为世界上人口最多的国家，未来有着巨大的发展潜力。俄罗斯和巴西对外贸易主要依赖其国内丰富的自然资源，经济发展在很大程度上与全球大宗商品的走势成"正相关"。过去，由于大宗商品价格的波动性比较大，因此经济增长缓慢。此外，在过去十年，巴西和南非的经济增长速度是最低的，甚至低于全球平均水平，是金砖国家经济发展的第三梯队。过去 20 年来，两国经济规模的扩大不到两倍，对金砖国家发展的总体"利好"非常有限。显然，金砖国家长期面临发展协调不足的问题。

政府调控能力的差异是金砖国家发展不协调的另一个重要原因。自 21 世纪初以来，随着金砖国家经济的普遍发展和人民福祉的大幅改善，政府不得不不断增加预算支出，以满足社会发展的需要。例如，尽管巴西是一个发展中国家，但它长期保持发达国家的福利水平。虽然这一方法很快解决了巴西的饥饿问题，并在短时间内缓解了社会不平等，但之后巴西政府不得不大幅增加公共支出和社会援助，带来了巨额赤字、社会效率低下和民众就业积极性降低等副作用。政府支出大大超过其作为发展中国家的承受能力。由此引发的经济危机和公共支出的急剧下降加剧了巴西中低收入家庭的贫困程度。2014 年以来，巴西国内政局不稳定，经济发展也呈下降趋势。

此外，国际政治环境也是影响金砖国家推动可持续发展的另一个重要因素。为了实现可持续发展，除了不断改革目前低效的发展模式，还需要有一个和平稳定的国内和国际经济环境。过去，俄罗斯的经济发展一直受到西方持续制裁的严重阻碍；南非则由于许多非洲国家的政治不稳定严重影响了整个非洲的经济发展，南非的发展也受到影响。相反，印度的经济增长相对理想，因为它没有受到太多西方国家的制裁和干预，但其人均收入水平和增长率较低，人均 GDP 只有中国的 18% 左右。总之，金砖五国虽然代表着新兴市场国家和发展中国家，但各自发展不协调，经济差距巨大。

（二）金砖合作机制发展处于初级阶段尚且缺乏有力约束性

尽管金砖国家在实施《2030 年议程》方面取得了一些进展，但全球发展赤字依然存在。巴西作为全球四大粮食生产国之一，如今受到百年以来最大干旱的影响，其境内有过半人口面临粮食安全问题。印度仍是世界人均最不发达国家之一，其国内仍生活在贫民窟的人数高达 1 亿多，而且全国 70% 以上的人口至今无法过上体面生活。鉴于金砖合作机制仍处于初级发展阶段，缺乏正式的组织体系和对彼此合作进行适当的权力控制和法律约束性，使得五国难以形成合力摆脱贫困和饥荒、解决收入不平等、促进社会包容和环境可持续性，也无法团结一致抗击疫情并促进经济早日复苏。

究其原因，金砖国家合作机制自建立以来，虽在相对较短时间内已形成了一套制度化设计，但这种合作机制是渐进的。在初期这种合作机制相对松散，内在联系不深，主要采用的是成员国轮流举办领导人会晤的形式，在具体运作过程中虽兼具效率高与灵活性强的特点，但缺乏稳定性，也没有设立秘书处等常设机构，很难就各种全球性和紧迫问题及时进行协商，同时还难以执行成员国之间达成的协议。

由于每个成员国各自不同的意识形态、政治制度、经济制度以及经济发展程度的差异，因此每个成员国都有不同的利益和诉求，在参加金砖国家会议的积极性上也有很大区别。特别是在涉及自身利益和发展的议程上，合作机制的软模式无法保证内部协同效应的形成。同时，缺乏一个正式的争端解决机制，如果成员国不能就一些重要问题达成共识，冲突和矛盾将不可避免地增加，这将阻碍成员国之间的进一步交流与合作。

还应该指出，从短期和中期来看，发展中国家在经济全球化进程中仍将处于相对不利的地位，因为发达国家可以通过国际竞争在资源分配和"红利"分配方面占据更为主导的地位。此外，自 2008 年金融危机爆发以来，国际政治经济秩序的发展趋于更加碎片化。发展中国家需要更好地应对工业化国家经济政策调整对全球经济的影响，以及环境治理和疫情带来的挑战。此外，诸如流行病预防、气候、教育、移民、农村地区发展、基础设施建设等问题，如果仅仅以对话、讨论和交换意见的形式，不仅成效缓慢，而且耗时漫长。因此，金砖国家迫切需要制定统一的合作标准和激励举措，不断推动可持续发展转型，加快落实《2030 年议程》。

（三）成员国之间立场关系复杂使构建伙伴战略关系变得困难

重振可持续发展的全球伙伴关系是联合国《2030 年议程》所确定的 17 项目标之一。尽管金砖国家在社会和经济发展目标方面有许多相似之处，在许多国际问题上也有着相似的立场，对改革现有的全球政治经济体系和建立更加平衡的全球治理体系有着共同的要求。这些共同利益和类似立场是各国走到一起的核心因素。但由于成员国之间的发展水平参差不齐，一些国家仍然严重依赖发达国家，国际关系依然错综复杂。

发展中国家以追求现代化发展为首要目标，但在寻求适合自身发展的现代化道路的同时，往往会受到发达国家全球竞争发展的影响，进而在大国博弈中逐渐丧失自主发展的能力。由于国际关系中普遍存在"选边站"的形式，一些国家将被迫牺牲与其他国家的关系。同样，由于不同的历史发展进程，部分差异化的利益取向，金砖国家也不可能完全没有分歧。例如，中印、中俄和印俄，依然存在涉及边界争端或地缘政治的问题，都直接关系到各自的核心利益或主要利益，只能暂时搁置争议。从长远来看，只有各方能够真正尊重彼此核心关切，就核心问题达成共识，才能实现合作共赢。

20 世纪 80 年代之前，中国曾经也面临着在美苏夹缝中选边的难题，直到改革开放进程开启，中国通过采取更加灵活的方式，与双方达成共识，在分歧中找到了自己的立场，并通过互不侵犯和互不干涉内政取得了目前的发展成果。俄罗斯和欧美国家由于一段时间内处于冷战中，使得其彼此充满警惕。此外，俄罗斯幅员辽阔、资源丰富，工业基础雄厚，它的崛起将不可避免地挑战欧美大国在欧洲事务中的主导地位，会使欧洲格局发生重大变化，这导致俄罗斯与欧洲和美国之间的关系长期紧张。印度、巴西和南非也不同程度的与以美国和欧洲为首的西方国家保持着密切联系。例如，美国和印度在过去两年中签署了多项军事合作协议，两国之间的防务合作关系已提升到"准盟友"的水平。南非一直是美国在非洲最重要的盟友。巴西也是美洲国家组织（OAS）的成员，该组织实际上也是由美国主导的。

因此，虽然旧的国际关系体系和发展格局正在加速变革，但仍然在维持，而新的国际治理体系和可持续发展伙伴关系尚未完全建立。即使是新兴经济体，也仍在努力寻找合适的生存空间和平衡发展，而不是与现有国际规则全面对抗。《2030年议程》提出重振可持续发展全球伙伴关系，旨在改善这一不公平和不合理现象，促进全球团结、增进信任，推动彼此间同舟共济、共同维护国际公平和正义。我们相信，为实现巨大鸿沟的跨越，金砖国家之间的团结合作才是主流。在这方面，2010年金砖国家银行合作机制成立，为支持金砖国家的经济、贸易和投资促进，为经济社会可持续发展做出了重要贡献。金砖国家新开发银行形成了创新性的制度、机制和业务模式。通过这些尝试，金砖国家大大提升了新兴市场国家和发展中国家在国际金融治理中的代表性和发言权。

三、新冠肺炎疫情为金砖国家落实《2030 年议程》带来挑战

过去 7 年来，联合国和其他国家在推动实施《2030 年议程》方面取得了一些进展。然而，2020 年初，新冠肺炎疫情席卷全球，对整个人类社会产生了不可估量的影响，导致过去在许多领域取得的进步如今面临停滞或倒退。根据《全球发展报告》指出，2020 年全球可持续发展目标的平均指数首次下降，169个具体目标中有三分之二的目标受到疫情威胁，最贫困国家和地区在实现可持续发展目标方面的进展预计将推迟整整十年，世界的发展面貌在很大程度上被改变。由于当前疫情在全球范围内仍然存在，各国都无法独善其身，新兴市场国家和发展中国家首当其冲。同样，金砖国家在加快落实可持续发展方面也面临着严重挑战。

居民人均收入恶化，极端贫困人口增加。新冠肺炎疫情引发的危机导致全球极端贫困人口 20 多年来首次上升，扭转了多年来得来不易的消除贫困成果。例如，巴西国家地理与统计局（IBGE）数据显示，巴西居民的月平均收入从 2020 年的2386 雷亚尔（约合 455 美元）下降到 2021 的 2265 雷亚尔（约

合 431 美元），同期下降了 5.1%，为 2012 年以来最低，也是下降幅度最大的一年。其中，占巴西人口约一半的人均收入最低的人口中，平均收入只有 415 雷亚尔（约 79 美元），与 2020 年同期相比下降 15.1%。2021 年，每天生活费低于 3 美元的巴西人口数量达到约 1 亿，基尼系数也从 0.524 上升至 0.544，回到 2019 年的水平，巴西的收入不平等现象再度加剧。而另一份世界银行的研究报告也显示，目前在撒哈拉以南的非洲仍有约 4 亿人生活在极端贫困之中，其中南非 2021 年的极端贫困人口占比进一步上升至 21%，比 2010 年增加 5 个百分点，导致许多人无法享受平等的教育、医疗和食品保障，而且疫情肆虐下南非在减贫方面面临的压力将更大。

世界粮仓遭遇重挫，粮食安全形势恶化。根据《全球发展报告》，到 2020 年，全世界营养不足人口增至 7.68 亿，最不发达国家的营养不足发生率高达 23.1%。报告指出，区域冲突、气候变化、极端天气、新冠肺炎疫情、经济增速放缓等是导致近期粮食危机和营养不足问题的主要原因。根据 2021 年全球饥饿指数（GHI）显示，中国和巴西的指数都低于 5，俄罗斯则为 6.2，处于轻度饥饿级别；南非为 12.9，处于中度饥饿级别；而印度为 27.5，处于严重饥饿级别。2022 年，印度约有 2 亿人处于饥饿状态，而巴西的饥饿人口与去年相比增加了约 1400 万人，较同期大幅增长 73%。

疫苗全程接种率不同步，成员国间疫苗鸿沟显著。世界卫生组织指出，截至 2022 年 5 月 23 日，全球接种疫苗超过 118 亿剂，但不同国家的疫苗接种率严重不平衡，特别是低收入国家中仍有近 10 亿人口没有接种过新冠疫苗。目前，全球只有 57 个国家实现了新冠疫苗接种率达到 70%，其中包括中国和巴西。具体而言，在金砖国家中，中国是疫苗接种剂次在全球最多的国家，超过 33.4 亿剂次，其疫苗全程接种率（不含港澳台地区）在金砖国家中最高，达到 88.3%，而巴西的这一数字为 77%。印度已接种两剂疫苗的人口占比约为 65.3%，但接种加强针的人口占比不足 3%。到 2021 年底俄罗斯全国人口接种疫苗比例大约为 35%。此外，截至 2022 年 6 月，非洲已接种新冠疫苗的人口占比约为 17.3%，为新冠疫苗接种率最低的大陆。由此可见，金砖国家内部也存在疫苗接种率差距较大的问题。

疫情导致经济危机涌现，绿色低碳转型步履维艰。应对气候变化是一个全球性问题，但发达国家和发展中国家在促进气候治理方面的步伐并不同步，因为发展中国家往往需要更长的时间才能达到排放峰值，以实现减贫和发展的总体目标。根据"共同但有区别的责任"原则，发达国家应带头应对气候变化及其不利影响。然而，发达国家过去在减少排放和履行气候融资承诺方面的成效并不理想，针对向发展中国家每年提供 1000 亿美元气候援助的目标也一直未能如期实现，而以经合组织成员为代表的高收入国家多数在可持续消费和生产、气候行动、生物多样性保护等方面又进展不足。疫情进一步延长了发达国家实现净零的发展目标。高收入国家由于不可持续的消费、贸易、供应链、避税、利润转移等，对其他国家的环境和社会产生相对更大的负溢出效应，削弱了其他国家实现可持续发展目标的能力。

可持续发展资金缺口巨大，产业结构转型推进缓慢。新冠肺炎疫情进一步加剧了发展中国家的困难，例如，总体债务增加、巨大的债务偿还需求、外国直接投资净流入逐年下降以及汇款流量下降。鉴于疫情的影响和冲击，金砖国家高债务、高赤字、高失业的"三高"局面更加突出，可持续发展面临重大挑战。自 2022 年上半年以来，金砖国家等新兴市场国家总债务达到近 92 万亿美元，约占全球总债务的三分之一，债务水平增幅最大，严重影响了疫情后经济复苏的可持续性，就业和居民收入也受到严重影响，巴西、南非甚至已经陷入恶性循环之中。由于疫情持续反复，国际援助流入低收入国家的双边官方发展援助资金相应减少，2020 年仅达到 250 亿美元，比 2019 年下降了 3.5%，这表明低收入国家更难从市场渠道获得融资，使得全球经济复苏变得异常艰难。

疫情还可能加快全球价值链转移和回流趋势，加速全球供应链结构朝着不利于发展中国家工业化的方向发展，并进一步暴露出金砖国家内部存在的问题。例如，俄罗斯过去过于依赖能源和资源出口，产业结构非常不合理，市场运行效率低下。税收高，基础设施落后，制造业萎缩，经济增长乏力。长期以来，印度一直被其效率低下的民主制度所束缚，基础设施建设过于落后，经济的区域和行业分割非常严重。南非则一直受困于劳动力市场供需不平衡，产业结构不合理，收入差距过大。而反过来，这些问题又将进一步阻碍金砖国家的产业结构转型，阻碍其吸引外资，延长了经济复苏时间，削弱经济增长和可持续发展的动力。

四、落实全球发展倡议，加快推进《2030 年议程》

全球发展倡议被视为人类命运共同体的有机组成部分。全球发展倡议的提出表明中国正在参与引领全球治理，并且高度重视落实《2030 年议程》。主要体现在三方面：

第一，中国总体发展地位不断上升，在金砖国家的发展中起更大引领作用。过去 20 年来，中国一直是金砖国家中发展最快的国家。随着经济快速发展，中国建立了世界上相对齐全的工业制造业体系和发展体系，拥有较高素质的人力资源，在粮食安全、营养提升和减贫方面也取得了卓越的成就，并保持了持续的政治稳定。可以说，在推动金砖国家经济增长、促进社会包容和环境可持续性上，中国都是最关键的力量和主要的推动者。全球发展倡议的提出，将更加有力地促进世界各国围绕落实联合国《2030 年议程》，共同制定明确的发展政策和执行措施，推动构建团结、平等、均衡、普惠的全球发展伙伴关系。

现阶段，全球经济复苏的不确定性不断增加，全球治理面临严重挑战。然而，危机既会带来失序，也会催生变革。中国正处于近代以来最关键的时期。要实现中国的进一步发展，关键是把过去只发展经济的目标转变为经济发展与国际影响力并重的双重目标。中国"一带一路"倡议、全球发展倡议和"金砖+"的提出，成立金砖国家新开发银行和应急储备基金、全球发展和南南合作基金，以及加大对中国—联合国和平与发展基金的投入，等等，表明中国始终坚持以共商、共建、共享为基本原则与世界共同发展。通过不断参与国际合作，不断改革和完善自身发展体系，塑造了中国作为世界负责任大国有效的治理模式，从而推动经济全球化朝着更加开放、包容、普惠、平衡、共赢的方向发展。

落实《2030 年议程》不仅是金砖国家的重要目标，也是世界各国的重要目标。对于可持续发展议程所涉及的发展目标，中国可在优势领域加强中国做法的传播，与金砖各国共同分享发展的成功经验，继而向外辐射至全部发展中国家。

金砖国家过去的发展相对较为松散，其内部也缺乏完善的区域互助机制和合理的利益分配机制，这使得五国经济发展极不平衡，尚未形成内生经济发展。然而，中国拥有巨额外汇储备，俄罗斯是资源和能源大国，印度和巴西是粮食的主要出口国，南非是世界上五大矿业国之一。从供求角度来看，金砖五国可以形成互补。通过贸易和经济的合作，全面推进减贫、卫生、教育、数字互联互通、工业化等领域的合作。通过加强粮食、能源合作，提高粮食和能源安全保障水平。通过抓住新一轮科技革命和产业变革的机遇，促进创新要素全球流动，帮助发展中国家加快数字经济发展和绿色转型。通过积极开展抗疫合作，向发展中国家提供更多抗疫药物，争取早日战胜疫情。

　　第二，建立金砖国家长效合作机制，保障可持续发展议程目标的落实。《2030 年议程》，涵盖经济、社会、环境三大可持续发展的主要层面，以及与和平、正义和高效机构相关的重要方面，还确认了调动执行手段，包括财政资源、技术开发和转让，以及发挥伙伴关系的作用等。因此，这是一个内容广泛、多样且全面的重要共识。为推动《2030 年议程》目标的实现，金砖国家合作要从相对宽松的机制转变成一体化综合发展机制，可考虑设置一个常设秘书处，负责跟进每一届会议期间就各项发展议程合作达成的共识，并确保随时可与成员国保持顺畅的沟通和联系，来应对各国日益增多和复杂的交流、合作相关事务有效管理的需要。

　　除了设立秘书处等常设机构外，金砖国家还可以在全球发展倡议的引领下，达成共识，制定标准化的运作章程。章程可以将未来各方共同推动的几个关键合作领域作为其主要内容，包括深化全球减贫脱贫合作；提升粮食生产和供应能力；推进清洁能源伙伴关系；加强疫苗创新研发和联合生产；促进陆地与海洋生态保护和可持续利用；提高全民数字素养和技能，加快工业化转型升级，推动数字时代互联互通等，更好地动员各方发展资源，为各国发展注入新动力。

全球发展倡议的提出，其重点就在于"全球"和"发展"。不分国籍、不分血缘和不分性别，不同的种族、不同文化、不同意识形态的国家或地区在面对发展问题上均一律平等。虽然中国、俄罗斯、印度、巴西和南非同为金砖国家，但其分布在世界四大洲之中，地理位置相距遥远，发展水平和利益诉求有明显差异，各国关于合作理念的立场、态度和期望值非常不同，对合作的理解和看法也在不断变化。制定运作章程可以进一步明确金砖国家在促进全球发展方面合作的主要内容和形式，包括明确金砖会议的原则、精神、基本定位、组织形式、时间、轮值国和秘书长的确定方法、议题的定义、会议成果的保存和执行方式等的基本规定，以此来激励和规范金砖国家成员国的合作行为。

第三，通过扩大金砖国家的成员资格，共同推进国际社会的可持续发展。金砖国家作为新兴市场国家和发展中国家的代表是 21 世纪国际政治经济格局发展的重要组成部分。金砖国家要真正成为一个公平、公正、平等、民主和更具代表性的国际合作组织，就必须吸纳更多发展中国家。习近平主席在主持金砖国家领导人第十四次会晤上也指出，金砖国家并不是一个"小圈子"的排他性群体，相反，它是一个为了增进团结与合作，促进联合、抱团取暖，为了让所有发展中国家都能更好地表达自己的利益和发展需要的大家庭，同时还能削弱发达国家对发展中国家的外交政策干预和影响。

《2030 年议程》的提出也为中国实施"一带一路"倡议提供了难得机遇。作为两大促进全球发展的重要文件，二者都坚持以人民为中心，把促进发展、保障民生置于突出位置，倡导在所有国家和地区建立新型全球发展伙伴关系。金砖国家是新兴市场国家和发展中国家的主要代表，而"一带一路"沿线的大多数国家都是发展中国家。因此，两者是相辅相成的。

在疫情带来的严重冲击下，金砖国家合作为共同推动全球发展迈向平衡协调包容的新阶段积累了宝贵经验。金砖国家是在尊重和理解各国国情、核心利益和主要关切的差异上，创建的可持续发展的新伙伴关系，已经成为国际事务中一支积极、稳定、建设性的力量。当前，经济全球化是生产力发展的客观要求和不可阻挡的历史潮流，金砖国家也将与时俱进，未来共同扩大开放融合，实现同舟共济，推动包容并蓄。只有一个更加开放包容的世界，才能带给各国更广阔的发展空间，为人类带来更加繁荣的时代和未来。

施养正

第十四章

金砖合作加速器：中国贡献

一、金砖峰会综述

"金砖"，从 2001 年作为一个概念被高盛集团提出，到 2006 年转变成现实的国际合作平台，到 2009 年首届金砖峰会召开，再到 2022 年金砖国家领导人第十四次会晤，已经在世界历史上留下了浓墨重彩的一笔。金砖合作机制从建立到发展，一路稳步向前，如今已经成为全球最重要的合作机制之一。它的建立，反映了当今世界新兴市场国家群体性崛起的客观现实。它不仅是发展中国家解决自身问题，谋求合作发展的新范式，更是新兴经济体和发展中国家在国际事务中表达诉求的重要平台和途径，体现了它们谋求建立更为公正合理的国际秩序的迫切需要，这对于带动新兴经济体与发展中国家更多地参与到国际事务和国际经济金融事务中起着至关重要的作用。

随着中国"一带一路"倡议的提出和发展，金砖国家不断参与全球治理，积极推动构建人类命运共同体，为世界注入稳定性做出了重要贡献。在"一带一路"倡议的大背景下，由"金砖国家"转变为"金砖+"已经成为大势所趋，也是金砖合作机制的发展方向。走过了 16 年的风雨历程，金砖国家合作机制逐渐完善，在国际事务合作、全球治理、国际经济与金融体系中占据了重要地位，为世界经济金融的发展和全球发展做出了重要贡献。

金砖国家作为 21 世纪新兴经济体的代表，在国际政治经济舞台上扮演着越来越重要的角色。金砖国家为新兴经济体参与全球治理提供了重要的非正式机制平台。金砖峰会，是金砖国家经济发展成果的交流与展示，也是对金砖国家未来发展方向和国际事务合作的前瞻性讨论，有助于在金砖国家合作机制下推动金砖国家与新兴经济体、发展中国家的合作，从而为全球治理贡献力量。金砖峰会以领导人会晤为引领，以安全事务高级代表会议、外长会晤等部长级会议为支撑，对经贸、科技、农业、教育、文化、卫生等数十个领域展开讨论，通过对历届金砖峰会的回顾与展望，为成员国间的多边合作与交流提供了契机，有利于加强金砖国家间内部的协调性，切实推动务实合作，实现良性可持续发展。

金砖合作机制对于深化"南南合作"、推动金砖各国以及世界经济的发展都起到了良好的推动作用。但同时，波诡云谲的国际局势也使得金砖国家和其他经济体站在历史的十字路口，面临诸多挑战，此时，对过往的会议主题与大事件进行回顾（详细内容参见附录）、总结历史经验是推动完善金砖国家合作机制更快更好的手段之一。回顾过往十四次金砖峰会的会议主题与成果，国际形势问题、国际经济与金融发展改革、金砖国家合作以及发展中国家在国际事务中的发言权和代表权权重的变化等是历届会议中反复讨论并多次重申的重点问题。在这些共性之外，每一届的会议又都具有自身的主题与特色。其中，由中国作为轮值主席国举办的三届金砖峰会（2011 三亚峰会、2017 厦门峰会和 2022 北京峰会），在中国智慧、中国力量与中国情谊的加持下，取得了丰硕的成果。

二、回顾：金砖峰会在中国

（一）2011 年三亚金砖峰会

2011 年 4 月，中国首次作为东道国在三亚主持了金砖国家领导人的第三次会晤，这也是继南非加入金砖国家后，金砖五国领导人的首次会晤。4 月 14 日发表的包括 32 条共识和 23 条行动计划的《金砖国家领导人第三次会晤三亚宣言》（以下简称《三亚宣言》）记录了金砖五国领导人就国际局势、国际经济金融问题、发展问题、金砖国家合作等议题进行深入讨论后所达成的成果。《三亚宣言》展现了潜力巨大且凝聚了共同合作意愿的合作空间，在叶卡捷琳堡峰会和巴西利亚峰会的基础上使金砖国家的合作与发展向前迈进了一大步。

在中国和其他成员国的共同努力下，金砖国家从四国到五国，成员构成更具代表性。作为非洲第一大经济体，南非的加入极大程度上增强了金砖国家合作机制的代表性，为发展问题的讨论提供了新的思路和影响力。《三亚宣言》为金砖国家的未来合作定了基调，同时又充分体现了务实性。

《三亚宣言》聚焦了全球最紧迫的问题，其中，国际货币体系缺陷问题是最受关注的。《三亚宣言》提出，国际金融危机暴露了现行国际货币和金融体系的缺陷和不足，金砖领导人支持改革和完善国际货币体系，建立稳定、可靠、基础广泛的国际储备货币体系，强调欢迎就特别提款权在现行国际货币体系中的作用进行讨论，呼吁更多关注当前新兴经济体面临的跨境资本大进大出风险。加强国际金融监管和改革，加强各国政策协调与监管合作，促进全球金融市场和银行体系的稳健发展。

《三亚宣言》中还强调，金砖国家是各成员国在经济金融发展领域开展对话和合作的重要平台。以开放、团结、互助为基本原则，以循序渐进、积极务实的方式来推动金砖国家之间的合作，同时也愿意加强与新兴市场国家和发展中国家以及相关的国际性、区域性组织的联系与合作。在世界经济复苏的过程中，面对依然存在的不确定因素，主要经济体应努力推动世界经济强劲、可持续、平稳增长。同时，金砖国家关注发展中国家经济可持续增长，认为发展和增长是消除贫困、实现千年发展目标的重要因素。《金砖国家银行合作机制金融合作框架协议》的签署为成员国加强资本市场合作、扩大本币结算、推动企业上市等构建了基础。

在《三亚宣言》的后半部分，金砖国家一致赞同继续推进和扩大金砖国家之间的经贸投资合作，并对金砖国家贸易部长会议所取得的成果持欢迎态度。中国、巴西、印度、南非承诺并呼吁世界贸易组织其他成员国支持以世界贸易组织为代表的强大、开放、以规则为基础的多边贸易体系。中国、巴西、印度、南非全力支持俄罗斯早日加入世界贸易组织。

除经济问题外，粮食问题是《三亚宣言》关注的另一个重点。该宣言就粮食安全问题，提出支持国际社会加强合作，减少市场扭曲，进一步监管大宗商品金融市场，保持市场稳定和强劲发展的解决办法。同时，鼓励国际社会共同致力于增加产能，加强沟通，确保国际、地区和国家层面的可靠、及时的供求信息交换顺畅，就粮食安全问题开展更为紧密的合作。

五国领导人还对可再生能源的开发和利用、核能安全、发展问题、气候变化等进行了深入讨论，并表明了"支持非洲国家在'非洲发展新伙伴计划'框架下基础设施建设和工业化进程"的立场。

最后，《三亚宣言》提出了三部分行动计划，包括巩固已开展的合作项目，开拓新合作项目以及提出新的合作建议，为项目落实提供了保障，充分体现了此次峰会的全面性和务实性。

（二）2017年厦门金砖峰会

从2006年首次金砖国家外长会议到2017年金砖国家领导人在厦门重聚，十年间，金砖国家见证和助力了彼此的发展，此时也站在新的历史起点上，共同面临着新形势的挑战。2017年9月3日—5日，金砖国家领导人第九次会晤在"鹭岛"厦门举行，这是中国第二次以轮值主席国的身份承办该会议，也是金砖峰会第一个十年的总结和第二个十年的开端。此次会晤以"深化金砖国伙伴关系，开辟更加光明未来"为主题，共话金砖国家十年风雨历程。

回首过去十年，金砖的"含金量"不断增加。尽管五个成员国的优先发展方向和利益诉求差异迥然，但各国之间的联系不断增强，各领域之间增加了相互学习的机会。各成员国携手同行，探索进取，平等相待，共同发展，务实创新，合作共赢，使金砖机制得以不断完善。金砖五国经济总量占全球比重也从最初的12%上升到23%，对世界经济增长的贡献超过50%，成为世界经济的新亮点，无论从五国GDP的增量上，还是金砖国家相互之间的贸易增量上，都大大地提升了合作深度。在这一过程中，中国坚持支持经济全球化、努力促进全球贸易，并结合"一带一路"倡议推进更加包容的多边贸易体系，与其他成员国一道展现新兴市场国家和发展中国家在全球治理中的地位以及改善全球治理体系的担当。

在总结过去成绩的同时，金砖国家领导人厦门会晤更是为金砖合作的发展指明了方向。这次会晤成果丰硕，最终达成成果文件60余项、继续推进中的成果6项。全面覆盖政治、经济、安全、人文四大领域，为金砖国家打开新的"黄金二十年"，应对新形势新挑战做出了指引。其中经济类成果有40项，层次清晰、内容充实、措施具体。此次峰会发布的《金砖国家领导人第九次会晤厦门宣言》（以下简称《厦门宣言》）重申了金砖国家追求和平、安全、发展和合作的宏伟目标和愿望，明确了互尊互谅、平等相待、团结互助、开放包容、互惠互利的金砖精神，并提出金砖国家在未来发展中致力于加强如下合作：

一是深化务实合作，促进金砖国家发展；

二是加强沟通协调，完善经济治理，建立更加公正合理的国际经济秩序；

三是倡导公平正义，维护国际与地区和平稳定；

四是弘扬多元文化，促进人文交流，深化传统友谊，为金砖合作奠定更广泛的民意支持基础。

《厦门宣言》指明了金砖国家作为全球增长引擎的重要作用，强调有必要警惕防范内顾政策和倾向。这种政策和倾向正在对世界经济增长前景和市场信心带来负面影响。该宣言呼吁各国谨慎制定宏观经济政策和结构性政策，加强政策沟通与协调。

《厦门宣言》还指出，贸易投资合作有助于释放金砖国家的经济潜力，完善贸易投资的合作范围，具有体现加强金砖国家之间的经济互补性以及金砖国家经济多样性的重要作用。《厦门宣言》还重点强调了在符合各国央行法律授权的前提下，通过货币互换、本币结算、本币直接投资等适当方式，就加强货币合作保持密切沟通，探索更多货币合作方式，并鼓励金砖国家银行间的合作机制继续在支持金砖国家经贸合作方面发挥重要作用。

《厦门宣言》重申致力于工业领域合作，包括产能和产业政策、新型工业基础设施与标准、中小微企业等，共同抓住新工业革命带来的机遇，加速金砖国家工业化进程。《厦门宣言》鼓励探讨建立金砖国家未来网络研究机构。宣言还强调了能源对经济发展的战略重要性，致力于加强金砖国家之间的能源合作，鼓励设立金砖国家能源研究平台以继续开展对话，要求相关机构继续推进能源合作与能效领域的联合研究。

除经济务实合作之外，《厦门宣言》还包括了以下几方面的内容：

加强全球经济治理

《厦门宣言》强调各国"决心构建一个更加高效、反映当前世界经济版图的全球经济治理架构，增加新兴市场国家和发展中国家的发言权和代表性"，强调开放、韧性的金融体系对可持续发展的重要性，更好地利用资本流动。应急储备安排（CRA）是金砖国家金融合作中的里程碑，为全球金融稳定做出了贡献。同时金砖国家在南非设立新开发银行（NDB）第一个区域办公室——非洲区域中心；呼吁二十国集团进一步加强宏观经济政策协调，将对新兴市场国家和发展中国家造成的负面外溢效应和冲击降至最低。

维护国际和平与安全

金砖国家注意到世界正在经历深刻变革，需要金砖国家在国际场合就事关国际和平与安全的问题加强沟通与合作，重申维护世界和平与安全，捍卫国际法基本准则及《联合国宪章》宗旨和原则，包括坚持主权平等、不干涉别国内政。

金砖国家基于坚持主权平等、不干涉别国内政的原则对叙利亚、朝鲜、中东等地区的重点问题和事件表达了自身的立场并达成共识。

加强人文交流合作，夯实民意基础

习近平主席在 2014 年巴西福塔莱萨第六次金砖峰会中提出"互尊互谅、平等相待、团结互助、开放包容、互惠互利"的"金砖精神"。在此基础上，习近平主席在厦门峰会上又进一步阐释了金砖精神，提出"平等相待、求同存异""务实创新、合作共赢""胸怀天下、立己达人"的三个启示。经各方同意，"金砖精神"被写入《厦门宣言》，为共同打造更紧密、更广泛、更全面的战略伙伴关系奠定了坚实的思想基础。

"十年磨一剑。"尽管国际社会对金砖合作及前景的质疑声不断，金砖国家还是用事实说话，风雨兼程，顺应时代大势，向世界展现了良好的经济增长势头和发展动力。此次厦门金砖峰会是对金砖国家前一个十年的总结和回顾，更是第二个"金色十年"的完美开局，是承上启下、继往开来的会议。通过这一次主场外交，习近平主席提出的一系列中国倡议为优化金砖国家合作机制贡献了中国智慧，推动金砖合作从厦门扬帆起航，迈入第二个"金色十年"。

（三）中国智慧、中国力量与中国情谊

在金砖国家中，无论是人口、经济总量还是增长速度，中国都独占鳌头。无论是在金砖国家内部还是以金砖合作机制参与国，中国在国际事务中都积极承担自身角色，为推动金砖合作机制的发展贡献力量。与此同时，金砖峰会也为中国带来了发展机遇。从三亚峰会和厦门峰会不难看出，金砖峰会和中国互相成就。

首先，中国积极为金砖国家的合作和发展贡献中国智慧。早在三亚峰会举行之前，中国作为轮值主席国，与其他金砖国家商议并一致同意南非加入金砖合作机制中，将传统的"金砖

四国"（BRIC）升级为"金砖五国"（BRICS），为金砖国家的合作与发展引入了新鲜血液，增强了金砖国家合作机制的代表性。

在 2011 年的三亚峰会中，充分阐述中方对当前国际形势以及重大国际和地区问题的看法和主张，展望金砖国家合作的前景，并介绍中国的发展情况，并在此基础上提出四点主张，即对于大力维护世界和平稳定、推动各国共同发展、大力促进国际交流合作以及大力加强金砖国家共同发展的合作伙伴关系。为金砖国家牢牢把握机遇，妥善应对挑战提供了努力方向。

2017 年 9 月的厦门峰会中，中国正式提出了"金砖 +"的合作模式，将合作机制的范围扩大，打造一种更加开放、更加多元的发展伙伴关系。将更多新兴经济体与发展中国家纳入到金砖合作机制中，与中国"一带一路"倡议和高质量构建人类命运共同体高度契合，起到加强对接，相互促进，共同发展的作用。

其次，中国积极贡献中国力量。在三亚峰会中，针对已开展的合作项目，中国承担了多项高级代表和部长级会议的组织工作，如 2011 年下半年举行安全事务高级代表第三次会议；2011 年举办农业合作专家工作组会议、第二届农业部长会议等。另外，对于新开展合作项目，中国举行了首届"金砖国家友好城市暨地方政府合作论坛"及卫生部长会议，为友好城市问题的探讨打造了良好的开端。三亚峰会后，中国还承担了多项会议主办工作，为金砖峰会成果的落地与实施提供了有力的保障和支撑作用。

在厦门峰会中，基于《厦门宣言》重申的对于工业领域合作的支持，即加强金砖国家在物联网、云计算、大数据、数据分析、纳米技术、人工智能、5G及其创新应用等信息通信技术的联合研发和创新，提升五国信息通信技术基础设施建设和互联互通水平。中国也凭借世界领先水平在后续的合作中为其他国家发展高端工业提供必要帮助。

作为《厦门宣言》中的另一重点，即农业和粮食安全领域的合作，中国作为金砖国家中的粮食进口人国，为印度与巴西这些粮食出口大国带来合作机会。

再次，中国为支持其他成员国利益最大化贡献中国情谊。作为联合国常任理事国，中国与俄罗斯一道，多次提出重视印度、巴西与南非在国际事务中的地位，理解和支持它们在联合国发挥更大作用的愿望。对于俄罗斯加入世贸组织的问题，中国与巴西、南非、印度都表示将全力支持俄罗斯早日加入世界贸易组织。中国始终采取积极的实际行动来支持金砖国家共同发展，不遗余力地为金砖国家克服发展所遇到的困难做出努力。

回首自首次金砖峰会召开以来的16年中，金砖国家实施了多项政策举措，对于促进减少五国间贸易和投资的障碍做出了巨大贡献。中国作为金砖成员国，自然也是受益国。例如，厦门峰会之前，在2017年8月初举行的金砖国家经贸部长会议上，各国批准了《金砖国家投资便利化合作纲要》，要求简化投资相关行政程序，为投资者提供"一站式服务"，让企业以最快捷的方式完成投资。此外，金砖五国就加强服务贸易合作达成一致，明确旅游、教育、医疗等合作重点，为中国持续发展提供良好助力。

除了金砖合作机制为中国带来的机遇之外，作为东道国组织召开金砖峰会对于我国也具有积极意义。无论是海南还是厦门，金砖峰会在当地的召开有助于提升承办地的国际影响力，可以让世界有更多机会看到中国精神、中国面貌和中国水平。

三、解读：2022 年北京金砖峰会

时隔四年，2022 年金砖国家领导人迎来了第十四次会晤。此次金砖国家峰会由中国作为轮值主席国主办，主题为"构建高质量伙伴关系，共创全球发展新时代"。2022 年 6 月，金砖国家领导人会晤、工业部长会议、财长和央行行长会议以及经贸部长会议等已先后成功举办，金砖五国领导人以及部长级官员围绕国家间在经贸合作方面的发展进行了深入交流，并在会议中达成了大量共识，取得丰硕成果。

参与本次会晤的除金砖五国领导人外，相关新兴经济体及发展中国家的领导人也共同出席。由此可见，金砖合作机制不仅仅是中国、俄罗斯、巴西、印度和南非五国之间的合作，

也带动了新兴经济体和发展中国家参与其中，真正推动落实了"金砖 +"模式，与本次会议的主题相得益彰。

（一）习近平主席讲话

6 月 22 日晚，国家主席习近平以视频形式出席金砖国家工商论坛开幕式并发表题为"把握时代潮流　缔造光明未来"的主旨演讲。在演讲中，习主席提出了以团结协作、守望相助、同舟共济、包容并蓄为核心思想的四点主张。

就前两点主张，习近平主席提到两次世界大战与冷战给人类带来的浩劫，通过历史的教训提醒全人类，战争对世界发展所带来的巨大阻碍。同时对 2021 年所提出的全球发展倡议进行重申，呼吁围绕落实《联合国 2030 年可持续发展议程》，推动构建团结、平等、均衡、普惠的全球发展伙伴关系，全面推进减贫、卫生、教育、数字互联互通、工业化等领域合作。加强粮食、能源合作，提高粮食和能源安全保障水平。抓住新一轮科技革命和产业变革的机遇，促进创新要素全球流动，帮助发展中国家加快数字经济发展和绿色转型。要积极开展抗疫合作，向发展中国家提供更多抗疫药物，争取早日战胜疫情。

后两点主张将开放与包容提升到了一个新的高度，也更进一步彰显了"金砖精神"，对于当前全球经济发展中所出现的"逆风逆流"行为做出了有力的回应。谈到合作共赢的问题时，习近平主席指出，现阶段是发展的关键阶段，在这个关键的时刻，只有坚持同舟共济、团结合作，才能战胜经济危机。我们要心往一处想、劲往一处使，加强宏观经济政策协调，防止全球复苏进程放缓甚至中断。

这四点主张中的和平、发展、开放与合作，是密不可分的。和平是发展的基础，发展需要开放与合作。在开放与合作的基础上继续推动经济全球化的进程，在经济全球化的大背景下发挥各自优势实现共同发展。当前国内外发展形势复杂且严峻，中国一直在国际事务中积极发挥自身的作用，也一直在实践习近平主席所提出的四点主张，团结协作、守望相助、同舟共济、包容并蓄。

6月23日晚，习近平主席以视频形式出席了金砖国家领导人第十四次会晤，并发表重要讲话，在这次讲话中，习近平主席再次重申了在过去一年多的时间中提出的全球发展倡议与全球安全倡议，从四个要点为金砖合作机制的未来发展指明了方向。

6月24日，习近平主席以视频形式出席全球发展高层对话会，并发表题为《构建高质量伙伴关系　共创全球发展新时代》的重要讲话。在讲话的开始，习近平主席指出，发展是人类社会的永恒主题，并以自己的亲身经历做出了诠释。发展是人类社会进步的方式，只有发展，才能实现人类生活质量的不断提高，才能使人民生活安康，社会长期安宁的目标得以实现。

全球发展是一个重大议题，发展是发展中国家的内在需求。当今社会，发达国家的数量仅占全世界所有国家数量的一小部分，因此，发达国家的发展不能代表全世界的发展，而只有发达国家的发展，更不能称为是全球发展。在讲话中，习近平主席提到，当前新冠肺炎疫情正在吞噬全球发展的成果，《联合国 2030 年可持续发展议程》受到严重阻碍，南北世界之间的差距正在拉大。在此情形之下，依然有一些国家搞"小圈子"，将关乎全人类命运的发展问题视为政治工具，对外制裁，这不仅直接限制了一些国家的发展，更是严重影响全球发展的行为。但是全人类谋求发展、和平、合作的愿望与热情有增无减。这种情形之下，需要新兴经济体与发展中国家联合起来，坚定全球发展的信心与决心，共同推动建立全球发展的新格局。

在讲话中，习近平主席提到四点，第一点是要共同凝聚促进发展的国际共识，全球发展需要全球所有国家和人民都参与进来。毋庸置疑，发展的方向与目标会因为所处地区和国情的不同存在一定差异，所以求同存异是促进国际共识的基本准则与要求，但是在求同存异的基础上，所有国家应保持大方向一致，坚定不移地为全世界人民谋福祉，为全球发展做出贡献。《联合国 2030 年可持续发展议程》为全球发展打下了基础，也是凝聚国际共识的重要平台，积极落实议程内容，相互合作，才能真正促进全球发展。

第二点是要共同营造有利于发展的国际环境。习近平主席指出了搞"小圈子"、实行保护主义对于整个国际环境的危害。这种做法久而久之会形成恶性循环，严重阻碍全球发展。因此，全世界的新兴经济体与发展中国家需要联合起来，在构建高质量伙伴关系的基础上，维护国际环境，通过"金砖+""一带一路"等合作机制，共同维护国际环境，建立开放型的国际经济秩序，构建合理的全球治理体系，为全球发展打下坚实基础。

第三点是要共同培育全球发展新动能。在这一点中，习近平主席主要强调了创新的重要性。创新是发展的动力，要发展就要有创新，二者密不可分。科技创新与制度创新是现阶段发展的主要需求，中国的科技发展速度是全世界有目共睹的。在西方国家对中国进行技术封锁的情况下，中国通过自主创新的方式走出具有中国特色的科技强国道路。面对当前复杂的国际形势，科技的发展是推动全球发展的主要动能，用科技创新浪潮带动经济高质量发展，在开放的国际经济秩序中推动全球发展。

第四点是构建全球发展伙伴关系。要最终实现全球发展，国际共识、国际环境、发展新动能是方法与渠道，伙伴关系则是能够正确使用方法和渠道的基石。当前国际局势错综复杂，新渠道下的全球治理势在必行，需要更多国家加入到合作机制中来，建立高质量的全球伙伴关系，共谋发展。综上所述，在构建高质量伙伴关系的基础上，达成国际共识，营造国际环境，培育新动能是全球发展的重点所在。

在这几次讲话中，习近平主席都提到了金砖合作机制是一个开放包容的"圈子"，提到了金砖合作机制是新兴经济体与发展中国家的重要发声平台。从三亚峰会南非加入金砖国家，到厦门峰会"金砖+"合作机制的提出，再到北京峰会，中国在金砖国家合作机制中一直致力于扩大"朋友圈"，将更多的新兴经济体与发展中国家纳入到"金砖+"合作机制中来，充分展现出了开放、包容的外交理念，倡导合作，反对霸权主义，对推动高质量构建人类命运共同体具有重要意义。近年来有不少国家提出加入金砖合作机制，今年的会晤也开创性地邀请了嘉宾国出席金砖国家外长会晤，这一历史性的举措将加快推动金砖合作机制的扩大，同时也提升了金砖合作机制的代表性。金砖合作机制目前并不仅仅是金砖国家之间的平台，也是新兴经济体和发展中国家开展合作并在国际舞台发声的重要平台，"金砖+"的合作理念也已经深入人心，在"金砖+"的合作理念下，会有更多国家加入进来，让金砖合作机制在世界上具有更强的影响力。习近平主席强调，作为新兴经济体和发展中国家的代表，我们在历史发展的关键当口做出正确选择，采取负责任的行动，对世界至关重要。习近平主席呼吁，大家团结一心，凝聚力量，勇毅前行，推动构建人类命运共同体，共同开创人类美好未来。

"高质量"是习近平主席讲话中的重要关键词。在当前的国际形势下，我们要做到的不仅仅是发展与合作，更应该是高质量发展与高质量合作。当前经济全球化的趋势是不可阻挡的，虽然出现了一些阻碍，但这是历史发展的必由之路，经济是支撑世界发展的重要基石，经济基础决定上层建筑，经济发展迟滞，其他领域也会受到严重的影响。

习近平主席对于全球经济治理十分关注，在讲话中也多次提到了经济全球化的发展是全球发展的重要组成部分。因此，在金砖合作机制中，高质量经济发展，开展高质量的经济合作，建立高质量的合作体系与伙伴关系，就成为金砖国家未来的主要发展目标。

（二）北京金砖峰会成果：《北京宣言》

此次北京峰会发表了《金砖国家领导人第十四次会晤北京宣言》（以下简称《北京宣言》），该宣言包括了序言、加强和改革全球治理、团结抗击疫情、维护和平与安全、促进经济复苏、加快落实《联合国 2030 年可持续发展议程》、深化人文交流、完善金砖机制建设 8 个方面，共 75 条内容。

在《北京宣言》中，强调了全球经济治理对确保各国可持续发展至关重要，进一步支持新兴市场国家和发展中国家拓展和加大参与国际经济决策和规则制定进程。我们呼吁国际社会强化伙伴关系，强调要推动世界经济走出危机，要实现强劲、可持续、平衡和包容的疫后经济复苏，必须加强宏观政策协调。我们敦促主要发达国家采取负责任的经济政策，管控好政策外溢效应，避免给发展中国家造成严重冲击。

　　《北京宣言》重点强调全球治理，这是金砖国家要在全球治理中发挥更大作用的信号。首先是突出联合国的核心地位，金砖国家参与全球治理必须在联合国框架下进行；其次是重视中国、俄罗斯、巴西、印度和南非在国际事务中的地位和作用，支持金砖国家希望在联合国发挥更大作用的愿望。宣言还重申支持二十国集团在全球经济治理中发挥领导作用，强调二十国集团应保持完整、应对当前全球性挑战。在经济与金融领域，宣言重申金砖国家支持世贸组织和世界货币基金组织并提出改革方案，表明金砖国家是现行国际秩序的维护者也是其改革的积极推动者。《北京宣言》中，多次表达维护发展中国家利益、金砖国家是发展中国家利益的代表的明确态度；反对绿色贸易壁垒，重申将在相关问题上加强协调。

　　在深化人文交流方面提出，认识到旅游业复苏的紧迫性和增加游客互访量的重要性，将进一步加强金砖国家绿色旅游联盟工作，采取措施，打造有韧性、可持续、包容的旅游业。

　　《北京宣言》的发布，是本次金砖峰会的重要成果之一，从最高视角关注全球发展，继续秉持"开放包容、合作共赢"的金砖精神，充分体现了金砖国家在这一系列重大全球治理议题上的高度政治共识和互信，表达了对共同利益的关切，金砖合作机制作为一种整体性的力量，已经在一定程度上开始参与全球治理的发展进程，发出了强有力的"金砖声音"。

（三）开放与发展的金砖未来

在本次的金砖国家峰会中，习近平主席在不同场合的重要发言中多次提到高质量、全球伙伴关系、全球治理等关键词，凸显出中国参与全球治理、为全球发展、全球经济恢复做出贡献的坚定决心。中国将坚持在世界舞台发出属于中国的"金砖声音"，持续为全球发展与全球治理贡献具有中国特色的"金砖智慧"。

合作、发展、和平、安全这些字眼不仅是金砖峰会的"关键词"，也是新兴经济体和发展中国家乃至全世界共同关注的话题，当前中国政府大力推行"一带一路"倡议，并第三次以轮值主席国的身份成功举办金砖国家峰会，发表《北京宣言》，让新兴经济体和发展中国家的声音有机会被世界听到，也为其参与全球发展提供了更广阔的平台。无论是"一带一路"倡议，还是"金砖+"机制，都能够为构建高质量全球伙伴关系提供基础，为全球发展和全球治理做出贡献。

随着金砖峰会的闭幕，无论是习近平主席的三次重要讲话，还是《北京宣言》的发布，都让世界听到了来自金砖国家的声音，来自中国的声音。中国将更加重视高质量发展，提高对外开放水平，打造更加国际化、法制化、市场化的营商环境，加强与其他国家之间的贸易合作，实现共商共建共享。利用各国产业结构和资源禀赋互补优势，将各领域的合作提升到新的高度，同时助力各国产业结构转型升级，与更多新兴经济体与发展中国家共享发展成果，共同助力全球治理与全球发展。

"陆止于此，海始于斯。"每一次金砖峰会的闭幕都是一个全新的开端。中国声音与中国方案一直都是金砖声音的重要组成部分，从开放包容到共商共建共享，中国智慧也是金砖合作机制快速发展的强有力助推。本次峰会也依旧会继续在中国智慧、中国力量和中国情谊的推动下将金砖精神发扬光大，秉承开放与合作的理念，为全球发展贡献更加强大的中国声音和金砖声音。中国作为轮值主席国的三次金砖峰会都举办于世界政治经济形势出现巨大变动的时刻。2011年，受金融危机影响，世界经济一片狼藉；2017年英国脱欧，世界经济出现逆全球化趋势；2022年新冠肺炎疫情对世界经济造成无法估量的损失。在这些影响人类命运的关键时间节点上，中国政府都积极贡献中国智慧，在金砖峰会中提出重要的发展规划，在世界范围内发出响亮的中国声音。无论是扩大金砖合作机制的成员数量，还是在全球经济治理与全球合作中展现出的大国担当，都给金砖合作机制指出了正确的发展方向，提供了强大的发展动力。未来中国也将继续加速推动各合作机制的建设，为全球治理以及全球发展贡献中国力量。

康　宁　李嘉康

第十五章

金砖国家合作展望

　　金砖国家合作走过了不平凡的十六载春秋。在成员国的不懈努力下，金砖国家已经由20年前被提出时的资本市场投资概念演化为国际舞台上不断完善和发展壮大的多边合作机制，成为21世纪新兴市场国家与发展中国家合作的成功范例与重要标志。

　　16年来，金砖国家合作形成了高层次、宽领域、多方位的完备体系；成员国协同参与全球治理，在国际重大问题上共同发声；金砖经济体在愈加紧密的经贸往来中蓬勃发展，为世界经济增长提供了强劲动力。这些重要成就"点'砖（BRICS）'成'金'"，推动了金砖机制成员国自身的发展，更为全球的可持续发展提供了更多机遇。

　　很多读书人拿到书的时候，习惯先读开头和结尾，以求对全书先有个概貌了解，但本书各章节既有逻辑关系，又单独成篇，篇篇有干货！本书的各章节详细阐述了金砖国家这十几年来在各个领域的紧密合作过程，以及取得的阶段性成果。例如，金砖国家十余年间致力于减贫的工作已取得实质性的重大进展，一方面，归功于成员国在合作大环境下，各国经济稳定的快速增长；另一方面，金砖国家共同讨论的就业和社会保护措施，已帮助数以百万计的人摆脱了贫困。此外，第十二届金砖国家农业部长会议通过了《金砖国家粮食安全合作战略》，表明了金砖国家保障全球粮食安全的决心：交流经验、凝聚共识、挖掘潜能、共商应对危机挑战、努力实现《联合国2030年可持续发展议程》。同时，为推动农业发展，加强粮食安全，各成员国积极推进在农业生产、技术创新、小农户发展、农村建设等方面提升知识分享、技术交流、持续深化农业务实合作，致力于为全球粮食安全做出"金砖贡献"。全书的十五个篇章，涵盖了贸易、投资、金融、基础设施建设、数字经济、可持续发展等众多领域，读者可以从本书中全方位和多视角的看到金砖合作机制建立以来的成果总结和展望。

国与国之间在经济、政治、文化等领域的运作、合作、协作机制，都发生着根本的变化，金砖国家合作的成功经验向世界展示出新兴市场国家、发展中国家多边合作的巨大潜力和重要意义。展望未来，金砖国家将进一步提升各领域合作质量，进一步提升自身经济实力与世界经济的贡献，并致力于同广大新兴市场国家、发展中国家一道，发扬相互尊重、平等协商的精神，推动国际治理体系变革，为世界带来更响亮的发展中国家的声音。

习近平主席在金砖国家领导人第十四次会晤上指出，16年来金砖合作走出了一条相互砥砺、合作共赢的人间正道；并特别强调，站在历史的十字路口，我们既要回望来时路，牢记金砖国家为什么出发；又要一起向未来，携手构建更加全面、紧密、务实、包容的高质量伙伴关系，共同开启金砖合作新征程。

新形势下，金砖国家更要敞开大门谋发展、张开怀抱促合作，让经济全球化的正面效应更多释放出来，携手开辟更加光明美好的发展前景。具体来看，金砖国家要进一步完善合作框架、提高合作质量，在合作中不断提高金砖经济体的综合实力与对世界经济发展的贡献，并持续打造开放的金砖合作体系，与广大新兴市场国家、发展中国家一道探索全球治理新思路、新模式、新实践，在国际舞台展现高层次、高质量合作的实践经验，共同推动构建人类命运共同体，携手创造更加繁荣美好的世界。

一、完善合作框架，提高合作质量

金砖国家合作机制优势显著，在新的征程上要进一步提高合作质量，开拓创新合作模式、充分发挥优势。金砖国家在16年间的合作，建立起了以领导人会晤为引领，以外长会晤、安全事务高级代表会议等为支撑的全方位、高层次、宽领域的合作架构，已涵盖政府、企业、社会组织等主体，遍及经贸财金、政治安全、人文交流等众多领域，为金砖合作的进一步深化筑牢根基。以中国作为轮值主席国的 2022 年为例，除领导人峰会外，金砖机制下共计举办各项重要活动 170 多场，其中外长会晤 2 次，安全事务高级代表会议 1 次，协调人会议 5 次，专业领域部长级会议 36 次，高管会、工作组会、专家会 76 次，工商界、科研院所、民间组织等举办的研讨会、论坛和活动 60 次。和 2021 年相比，不仅会议的场次有所增加，还开拓了新的领域，如新兴市场国家和发展中国家对话会和工商论坛等。未来，金砖国家将进一步完善合作框架、提高合作质量，增进互信，凝聚共识，共同应对不断变化的国际局势。

目前，金砖国家合作体系已基本实现了合作领域的全覆盖，未来可探索进一步整合、联结各领域合作机制，将合作条和线编织成合作网络，更好地发挥协同效应。一方面，进一步增强财政金融、环境保护、科技创新等各个领域合作机制的沟通协调，以期通过更具整体性、战略性的视角提出合作方案。另一方面，更好地打通智库、商业团体与政府等各个主体合作机制的信息交流渠道，使得研究观点、企业建议与政府政策在各个主体间更充分、更高效地流动，形成金砖合作的更大合力。为此，可以探索建立金砖合作机制常设实体机构，专司跨领域、跨部门的信息共享、沟通协调工作，从战略高度统合金砖国家合作。

同时，金砖国家要进一步深化合作内涵、提升合作效能，最大化地发挥合作优势。虽然金砖国家在经济发展、文化社会环境等方面各有特色，但基于金砖国家共同的合作发展目标，应积极寻求能够实现互利共赢的合作机制，以共同的合作基础和利益为支撑点，求同存异。例如，加强成员国之间的文化交流，促进文化价值理念融通，形成文化纽带，强化金砖国家的合作。加强教育领域的合作，年轻人是未来，他们之间的了解、理解和互相学习，对未来的发展与合作会打下坚实的基础，在此理念指引下，可以建立金砖国家大学联盟，建立金砖国家之间学生短期交流和学位学习机制，全面推动教育领域的合作。合作是多方面的，一方面，应本着务实精神定期评估各个机制对既往共识的执行与落实情况，推动各项政策真正落地生根，并结合实际做出优化与改进，并在已有合作的基础上，开发新的内容和项目，但核心问题是要共同构建将纸面上的协议落实到具体实践的常态化、长效化、机制化的国际合作机制。另一方面，金砖国家各有优势，十多年来合作密切，完善现有机制的重点在于应注重总结金砖国家发展与合作的重要经验，在国际舞台上分享金砖国家合作的经验，为可持续发展、南南合作、经济发展等课题贡献具有理论价值与启发性的生动案例。为此，可以探索建立"金砖国家合作年报"制度，相关报告由金砖合作机制授权撰写并核准，汇总、评估各领域合作的具体进展，提炼金砖国家发展与金砖合作的经验，并提出相关意见建议。

二、携手合作谋发展，全面释放经济全球化正面效益

携手发展是金砖国家的共同追求，更是金砖合作的初心。目前，金砖经济体已经成为世界经济增长不可替代的重要引擎，其经济总量约占世界的四分之一，货物贸易与吸引跨国投资已接近全球的五分之一，近年来对世界经济增长的贡献率达50%，为开放、包容、绿色的全球可持续发展注入了源源不断的生命力与活力。根据经济合作与发展组织的预测，至2060年，以购买力平价计算，金砖五国的经济规模将达到全球的49.4%，即全球近一半的经济活动都将集聚于金砖经济体。与之相对，七国集团的经济总量占比将下降至27.2%，即大致相当于金砖经济体的一半。届时，开放的金砖经济体将以自身的超大规模市场为世界发展提供无限机遇。

当今世界，全球价值链、供应链深入发展，"你中有我、我中有你，"各国经济融合是大势所趋。目前，从经济规模、人口数量以及发展潜力来看，金砖国家潜力巨大。金砖国家近年来逐渐成为推动世界经济发展的重要引擎，同时各成员国之间的经贸合作潜力也在逐步释放。金砖国家第十二次经贸部长会议上，部长们一致同意加强数字经济、贸易投资与可持续发

展、供应链、多边贸易体制等领域合作。同时，会议批准了
《金砖国家第十二次经贸部长会议联合公报》，达成《金砖国家
加强多边贸易体制和世贸组织改革声明》《金砖国家数字经济
伙伴关系框架》《金砖国家贸易投资与可持续发展倡议》《金砖
国家加强供应链合作倡议》等成果文件。其中，《金砖国家第
十二次经贸部长会议联合公报》特别强调，"将建设性参与世
贸组织的必要改革，构建开放型世界经济，支持贸易和发展，
维护世贸组织在全球贸易规则制定和治理中的突出地位，支持
包容性发展，维护包括发展中成员和最不发达国家在内的世贸
组织成员的权利和利益"。可见，金砖国家各成员国之间的贸
易合作已成为重点发展目标。在此经贸合作基础上，金砖国家
合作机制可进一步重视贸易便利化的意义和作用，充分发挥各
国优势特点，结合长处，快速推进贸易便利化发展的改善提
升，为金砖国家经济合作提供坚实支撑。

此外，随着市场规模的扩大、研发投入的增加与体制机
制的变革，金砖经济体将极有可能在新能源、新材料、新工业
革命与数字经济等方面实现突破，为全球发展提供重要的智力
产品与科技公共产品。这将为世界各国的消费者、企业家带来
更多选择，有助于打破少数发达国家对高科技产品的垄断，促
进全球高科技产品市场的良性竞争。为促进金砖国家新一轮科
技革命和产业变革，需进一步加强金砖国家国际交流和人才队
伍建设。因金砖国家经济发展阶段不同，社会文化、地理环境

存在较大差异，培养标准化人才应成为实现发展中国家飞速发展的关键。一方面，金砖国家应进一步加强各自的标准化建设进程，包括机制建设、人才队伍建设，以及理论和实践创新，发挥各自的优势，利于开展合作。另一方面，金砖国家之间应持续推动高新技术和创新领域的信息交流，以及相关人才培养和队伍建设。人才培养作为促进科技创新和经济社会发展的关键，有利于提升金砖国家的国际竞争力。因此，不断深化金砖国家国际交流和人才培养，将为推动新兴市场国家和发展中国家实现跨越式发展提供重要支撑。

为此，应进一步发挥金砖经济体的互补性，鼓励本国企业努力开拓金砖国家市场并开展产业链合作；应进一步改善面向金砖国家的贸易基础设施，推进港口、运输线路等"硬"基础设施的建设，同时推进通关便利化等"软"基础设施的改建；应进一步鼓励企业、科研院所等在金砖机制下开展合作，形成相互促进、共享红利的新局面。

三、打造开放的金砖合作体系，探索国际治理新实践

金砖国家始终坚定地支持多边体制，始终呼吁提升新兴市场国家与发展中国家在现有国际治理体系中的代表性与参与度。同时，金砖合作机制自诞生之初就确立了开放包容的原则，致力于与新兴市场国家、发展中国家在相互尊重、平等协

商的原则下开展合作。基于这一精神，金砖国家于 2011 年决定吸纳南非作为新成员国，提升了金砖机制的代表性与活力。2013 年，南非在担任轮值主席国期间邀请部分非洲国家领导人与非盟委员会主席参加金砖国家领导人对话会，丰富了金砖国家与其他发展中国家合作的实践。2017 年，金砖国家领导人在厦门峰会上确立"金砖 +"模式，拓展合作领域，进一步增进与发展中国家的联系。2022 年，金砖国家外长在会晤联合声明中明确表示"支持通过讨论推进金砖国家扩员进程"，为金砖合作机制的进一步发展打下坚实基础。

"金砖 +"合作模式是对金砖国家合作机制的重要制度创新。"+"不仅代表成员国的增加，更意味着合作机制的深化，合作前景的开拓，合作水平的升级。此外，"金砖 +"合作机制注重拓宽地域范围，坚持灵活渐进，秉持发展优先原则，将有利于推动金砖国家成为南南合作的典范，使金砖国家合作机制真正成为具有全球影响力的国际机制。

金砖国家始终在通过自身努力探索更符合新兴市场国家与发展中国家实际情况的合作实践。2014 年，金砖国家领导人签署协定成立新开发银行，服务成员国的基础设施建设与可持续发展。新开发银行的五个创始成员国持有相同股权，与既有多边开发银行按照经济、人口规模分配股权的模式形成对照，彰显了金砖国家平等协商、相互尊重的精神。新开发银行不在贷款中附加政治条件，注重通过国别系统（Country System）与本币融资（Local Currency Financing）为客户提供服务，至今已累计批准了超过 300 亿美元的 80 余个项目。同时，新开发银行对所有联合国正式成员国开放。新开发银行的探索与实践充分体现出金砖合作机制的开放性与建设性。

　　虽然各个国家有着不同的政治经济体制、国情、历史、文化，处在不同的经济发展阶段，但金砖国家将秉持开放与包容的精神，继续与广大发展中国家一道，在务实合作的基础上，共同探索国际治理的新思路、新模式、新实践，为世界带来更多发展中国家的互鉴经验。

潘庆中

附录

历届金砖峰会总览

时间、地点	会议图标	参会国家	主题
2009 年 6 月 俄罗斯 叶卡捷琳堡		中国、印度、俄罗斯、巴西	一
2010 年 4 月 巴西 巴西利亚		中国、印度、俄罗斯、巴西	一
2011 年 4 月 中国 三亚		中国、印度、俄罗斯、巴西、南非	展望未来，共享繁荣
2012 年 3 月 印度 新德里		中国、印度、俄罗斯、巴西、南非	金砖国家治理与全球稳定、安全、繁荣的伙伴关系

时间、地点	会议图标	参会国家	主题
2013 年 3 月 南非　德班		中国、印度、俄罗斯、巴西、南非	金砖国家与非洲：致力于发展一体化和工业化的伙伴关系
2014 年 3 月 巴西　福塔莱萨		中国、印度、俄罗斯、巴西、南非	实现包容性增长的可持续解决方案
2015 年 7 月 俄罗斯　乌法		中国、印度、俄罗斯、巴西、南非	金砖国家伙伴关系——全球发展的强有力因素
2016 年 10 月 印度　果阿		中国、印度、俄罗斯、巴西、南非	打造有效、包容、共同的解决方案
2017 年 9 月 中国　厦门		中国、印度、俄罗斯、巴西、南非	深化金砖伙伴关系，开辟更加光明未来

时间、地点	会议图标	参会国家	主题
2018年7月 南非　约翰内斯堡		中国、印度、俄罗斯、巴西、南非	金砖国家在非洲：在第四次工业革命中共谋包容增长和共同繁荣
2019年11月 巴西　巴西利亚		中国、印度、俄罗斯、巴西、南非	经济增长打造创新未来
2020年11月 （视频形式）	—	中国、印度、俄罗斯、巴西、南非	深化金砖伙伴关系，促进全球稳定、共同安全和创新增长
2021年9月 （视频形式）	—	中国、印度、俄罗斯、巴西、南非	金砖15周年：开展金砖合作，促进延续、巩固与共识
2022年6月 中国（视频形式）	—	中国、印度、俄罗斯、巴西、南非	构建高质量伙伴关系，共创全球发展新时代

图书在版编目（CIP）数据

金砖力量 / 胡必亮等著 . —北京：北京师范大学出版社，2023.1
ISBN 978-7-303-28195-4

Ⅰ . ①金… Ⅱ . ①胡… Ⅲ . ①区域经济合作 – 国际合作 – 研究 – 中国 Ⅳ . ① F125.5

中国版本图书馆 CIP 数据核字 (2022) 第 193369 号

金砖力量
JINZHUAN LILIANG

胡必亮　潘庆中　马　勇　万　喆　等著

策划编辑：宋旭景　　责任编辑：宋旭景
美术编辑：书妆文化　　装帧设计：王齐云
责任校对：陈　民　　责任印制：陈　涛　赵　龙

出版发行：北京师范大学出版社	开本：730mm × 980mm　1/32	版次：2023 年 1 月第 1 版
印　　刷：北京盛通印刷股份有限公司	印张：11.75	印次：2023 年 1 月第 1 次印刷
经　　销：全国新华书店	字数：225 千字	定价：118.00 元

北京师范大学出版社

http://www.bnup.com
北京市西城区新街口外大街 12-3 号
邮政编码：100088
营销中心电话：010-58805602
主题出版与重大项目策划部：010-58805385

版权所有 · 侵权必究

反盗版、侵权举报电话：010-58800697
北京读者服务部电话：010-58808104
外埠邮购电话：010-58808083
本书如有印装质量问题，请与印制管理部联系调换。
印制管理部电话：010-58808284